植原行洋 著

EUの通商戦略と中小企業振興策の戦略的互恵関係

晃洋書房

したものに進化する経緯などの関係性を整理する．第3章では，COVID-19禍におけるEUや日本の中小企業をとりまく厳しいビジネス環境を紹介する．第4章では，COVID-19禍におけるEUや日本の中小企業支援策を追いかける．第5章では，EUのFTA締結国との輸出を中小企業に限定して分析し，さらにCOVID-19禍における中小企業の活動や政策効果の回帰分析を試みる．第6章では，ポストCOVID-19のEUの輸出などの経済状況について確認し，今後のEUの通商戦略と中小企業振興策の課題や方向性を考える．なお，これらの内容は筆者の過去の論文や博士論文に対して，2024年8月時点で可能な範囲で加筆したものである．

冒頭で紹介した「EUは人類の壮大な実験である」という話には実はちょっとしたオチがある．EUはこれまで欧州債務危機やBrexitなど，統合を揺るがしかねない事態を招いてきた．そのたびに「EUは失敗に終わり，EUは，共通通貨ユーロは崩壊する」という言説がまことしやかに飛び交った．しかし，そうはならなかった．筆者の周りの専門家の間では「EUは決して最終的に失敗に終わらない．なぜならば実験というものは失敗しながら成功の法則を見つけ出すためのものだからだ」という見解が多かった．確かにEUの政策理念や手法は先進的で，行き過ぎていることもあるが，最終的には現実的なところに調整してくる柔軟さも持ち合わせている．また，時には世界の新たな潮流を創出し，リードする力強さといった革新的な部分もある．

本書は，EUの壮大な実験に関心を寄せる人に読んでもらうことはもちろんのこと，通商や中小企業の政策に携わる行政関係者にとっても参考になる内容が含まれていよう．そして，ビジネス関係者にとっては，EUの政策思考やEU発の新潮流を知ることは，世界でEU企業と伍していくときに必要な情報となろう．本書がこれら広くの人に参考になればこの上ない喜びである．

は し が き

「欧州連合（EU）は人類の壮大な実験である」という表現を時折耳にすることがある．幾度もの大戦を経験した欧州において，戦争を防ぎ，平和と経済繁栄を目指して実験的な超国家機構の原型が約70年前に誕生したことは，広く知られている．異なる国々が，国家主権の一部を他の機構に譲りながらも，自由，民主主義，人権・自由の尊重，法の支配の原則という共通理念を共有し，手を携えながら経済発展していこうという国家連合の試みは世界に例を見なく，世界中の研究者や行政関係者，ビジネス界から注目されている．実際，日本においても，教科書的なものから専門書までEU関連の書籍が数多く出版されており，例えばアマゾンで「2023～2024年出版のEUがタイトルに付いた書籍」と検索してみると21件がヒットするという状況である．なぜそれほどまでに人々はEUに関心を寄せ，その動向を知りたがるのであろうか．かくいう筆者もその一人である．理由は各自様々であろうが，1つに，超国家機構が共通目標を達成するため，加盟国や産業界などのステークホルダーの利害を巻き込みながら，法案・政策提示・審議・調整・通知・施行するという意思決定プロセスに関心を抱くのであろう．研究者は法的な観点から，政策的な観点から，経済統合の観点から，はたまたビジネスの観点からなど様々なアプローチでEUの意思決定プロセスや，共通目標の達成状況を追いかけている．

　本書は，EUの共通目標のひとつである経済成長のために近年EUが重視する通商分野，すなわちEU企業が海外ビジネス（特に輸出ビジネス）を効果的に獲得するために必要な政策（通商戦略）を主題に掲げる．そしてこれまでに無い切り口として，EUの通商分野を中小企業に対する政策（中小企業振興策）にからめて論じていく．多くの国で経済活動の中心を担うのは中小企業である．中小企業の活躍が経済成長の根源にもなるため，多様な中小企業振興策がEUにおいて展開されており，それらの思想についても紹介する．第1章では，EUの通商戦略の思想の遍歴を紐解く．第2章では，EUの中小企業振興策について，思想の遍歴やエポックメーキングな政策を確認し，通商戦略が中小企業に配慮

目　　次

序　章　存在感を増す EU の通商戦略と中小企業 ……………………… 1

第 1 節　本書の目的　3
第 2 節　本書の構成　8

第 1 章　EU 通商戦略の歩み──単一市場から新世代型へ── ………… 11

は じ め に　13
第 1 節　世界に広がる EU の自由貿易ネットワークと通商戦略の
　　　　変遷　13
第 2 節　デカップリングの危機「EU・米」　20
第 3 節　自由貿易の錦の御旗「日 EUEPA」の意義　28
第 4 節　新たな段階に突入した EU の対 ASEAN 通商戦略　34
小　　括　49

第 2 章　EU の通商戦略と中小企業振興策の互恵関係 ………………… 57

は じ め に　59
第 1 節　EU の中小企業振興策　59
第 2 節　通商戦略と中小企業振興策の互恵関係の始まり　64
第 3 節　混乱から回復に向けた通商戦略と中小企業振興策の行方　72
第 4 節　互恵関係を強める通商戦略・中小企業振興策　79
小　　括　81

第 3 章　COVID-19 禍における EU・日本の中小企業の
　　　　ビジネス環境 ……………………………………………………… 87

は じ め に　89

第1節　COVID-19 禍（2020～2021 年）の EU と日本の中小企業の
　　　　ビジネス環境　*90*

第2節　EU と日本の中小企業の比較考察　*114*

小　　　括　*117*

第4章　COVID-19 禍における EU・日本の中小企業支援策と
　　　　　通商戦略 …………………………………………………………… *121*

は じ め に　*123*

第1節　なぜ中小企業振興策が必要なのか　*123*

第2節　COVID-19 禍における中小企業支援策　*127*

小　　　括　*144*

第5章　通商戦略と中小企業振興策の成果 ……………………………… *149*

は じ め に　*151*

第1節　海外市場獲得（通商戦略）の成果　*151*

第2節　COVID-19 禍における中小企業振興策の効果測定　*160*

小　　　括　*176*

第6章　ポスト COVID-19 における EU・日本の通商戦略と
　　　　　中小企業振興策 ……………………………………………………… *179*

は じ め に　*181*

第1節　ポスト COVID-19 の通商，中小企業を取り巻くビジネス
　　　　環境　*181*

第2節　EU の通商戦略・中小企業振興策の課題　*189*

小　　　括　*195*

終　　章　問われる通商戦略と中小企業振興策の互恵関係の強化 … *199*

第1節　まとめ　*201*

第2節　今後の研究課題　*202*

あとがき　205
参考文献　207
索　　引　217

序　章

存在感を増す EU の通商戦略と中小企業

第1節　本書の目的

　本書は，EU の通商戦略の発展経緯を歴史的観点から探究し，通商戦略が中小企業振興策と戦略的に関係性を築いた意図や成果を明らかにすることを目的とする．

　グローバル化が進展してきた中で，EU の通商戦略は拡大・高度化し，世界経済の方向性を示す先進的な存在になっている．その EU の通商戦略が拡大・高度化する過程において，中小企業に関する言及が近年増えてきた．EU において，中小企業の数や雇用者数は経済の大宗を占めていることから，中小企業は「経済の屋台骨（Backbone）」であると言われている[1]．中小企業は経済的・人的資源が脆弱であるため，手厚く支援し，「保護すべき存在」であるという弱者救済的なアプローチが EU 政策の根底にはあろう．これは正鵠を射ているが，通商戦略の文脈において中小企業の登場が増えている背景には，中小企業は「保護」されるだけではなく，例えば海外市場開拓の環境を整えれば，中小企業は EU 経済の「成長ドライバー」になり得るという，通商戦略が中小企業を積極的に取り込むアプローチが出てきているからではないかと仮説を立ててみたい．そして，そのためには通商戦略と中小企業振興策が長い時間をかけて「互恵関係」を戦略的に築いてきたのではないかと仮説を立ててみる．

　本書ではこれらの仮説に対し，EU の通商戦略における，中小企業やそれをサポートする中小企業振興策の重要性を確認する．そして，通商戦略の中に中小企業振興策を積極的に取り込むことで，通商戦略と中小企業振興策がどのように戦略的関係を築いたのか，その変遷を探求する．さらに，中小企業を取り巻く世界情勢の変化も併せて探究することで，通商戦略と中小企業振興策の有機的な政策効果を明らかにしたい．

　なお，近年の世界情勢の変化について，新型コロナウィルス感染症（COVID-19）が中小企業に与えた影響を素通りすることはできない．通商戦略や中小企業振興策にとっても重大な事件であるため取り上げたい．

　論を進めるにあたり，中小企業に関する基本的な情報を先に示しておく．EU における中小企業の定義は，ａ）従業員数 250 名未満，ｂ）当該会計年度

の総売上高 5000 万ユーロ以下もしくは貸借対照表の総資産 4300 万ユーロ以下，c）中小企業以外[2]に 25％以上を支配（資本や議決権）されていない，の 3 つの条件を全て満たすものである[3]．EU における中小企業の位置づけは**表 1** のとおりである．これら中小企業の全体像は第 2 章第 2 節にて紹介するが，冒頭にも記すことによって，本書で中小企業を「経済の屋台骨」または「成長ドライバー」として取り上げる理由が理解いただけるであろう．

　中小企業は企業数では 99.8％，従業員数では 64.4％と大宗を占めている（2021 年）．付加価値額では不動産（83.9％），建設（79.5％），宿泊・飲食サービス（78.0％）が上位 3 位の高いシェアを有する業種である．これは従業員数でみても不動産（89.1％），建設（87.2％），宿泊・飲食サービス（85.8％）の約 9 割が中小企業で働いている．

　中小企業による EU 域外の輸出割合も併せて確認する（**表 2**）．国別で高低はあるものの（キプロス 91.2％・エストニア 84.7％に対しルクセンブルグ 18.1％・スロバキア 18.2％など），平均すると EU の域外輸出の 39.0％が中小企業によって形成されており，EU 経済にとって重要な役割を担っている．これらのデータを確認するだけでも，中小企業が「経済の屋台骨」であることが分かる．

　先行研究と本書の違いについて紹介する．EU の中小企業は様々な経営課題を抱えているが，それらの課題を EU・加盟国の中小企業振興策に反映させ，解決に導くといった視点の先行研究の代表例は次のものがある．

　寺岡（1998）は 1990 年代の EU 各国の中小企業振興策について，経営環境，金融環境，国際化・情報化，教育・訓練・技術革新の観点から分析している．ドイツの中小企業研究所（IFM）の研究を引用しながら，各国の中小企業振興策に影響を与えている要因として，a）欧州統合，b）高失業，c）低成長経済を挙げている．特に欧州統合は，中小企業に国際化の軋轢を生じさせ，各国における中小企業の国際競争力強化と輸出振興について対応を迫られたと寺岡は指摘する[4]．

　イタリア，ポーランド，ドイツ，英国など国単位の中小企業振興策を詳細に論じる文献もある[5]．中小企業の国際化に関する研究も一定数存在する[6]．中でもCaiazza ら（2015）は，イタリアの混載業者（consolidator）が中小企業の輸出促進に果たす役割と国の中小企業振興策の関係性を分析しており興味深い．

表 1　EU 中小企業のシェア（2021 年）：付加価値額、従業員数、企業数

(単位：％)

業種	付加価値				従業員				企業数			
	零細企業	小企業	中小企業	全中小企業	零細企業	小企業	中小企業	全中小企業	零細企業	小企業	中小企業	全中小企業
鉱業・採石業	9.3	15.3	17.1	41.7	8.2	16.0	16.4	40.5	77.9	17.5	3.7	99.1
製造業	5.4	11.3	17.7	34.5	12.6	18.0	21.7	52.2	83.8	12.5	3.0	99.3
電気・ガス・熱供給業	16.0	6.0	9.6	31.6	15.6	5.4	9.9	31.0	97.1	1.9	0.7	99.7
水道・下水道・廃棄物管理・浄化業	7.8	15.0	21.1	43.9	8.8	15.1	22.7	46.6	80.8	13.8	4.3	98.9
建設業	34.2	29.2	16.1	79.5	46.1	28.4	12.6	87.2	93.7	5.7	0.5	99.9
卸売業・小売業	22.0	21.7	18.0	61.7	34.1	20.9	13.7	68.7	93.4	5.7	0.7	99.9
運輸業・倉庫業	11.6	15.5	16.4	43.4	19.3	17.6	15.5	52.4	91.1	7.4	1.3	99.7
宿泊業・飲食サービス業	29.5	30.8	17.7	78.0	38.8	33.3	13.7	85.8	88.2	10.8	0.9	99.9
情報通信業	11.1	11.3	15.0	37.4	22.5	15.5	16.7	54.7	94.5	4.4	0.9	99.8
不動産業	49.4	16.1	18.4	83.9	62.0	15.7	11.5	89.1	98.1	1.6	0.2	100.0
専門・科学・技術サービス業	37.6	20.9	15.4	74.0	51.1	18.5	11.8	81.3	97.1	2.6	0.3	99.9
管理・サポートサービス業	16.9	14.2	16.8	47.9	15.8	12.9	16.7	45.5	92.7	5.5	1.4	99.6
全業種	18.2	16.7	16.8	51.8	28.5	20.0	15.9	64.4	93.1	5.9	0.9	99.8

(出所) European Commission (2022), "Annual Report on European SMEs 2021/2022".

表2 EU域外輸出に占める中小企業の割合（2021年）：輸出額，シェア

（単位：1000ユーロ）

	合計	従業員 10人未満	従業員 10-49人	従業員 50-249人	全中小企業	割合 (%)
ベルギー	115,827,807.45	—	7,579,953.37	24,713,861.44	32,293,815	—
ブルガリア	—	—	—	—	—	—
チェコ	23,785,091.07	911,936.75	1,493,566.72	3,615,649.07	6,021,153	25.3
デンマーク	46,342,265.46	1,760,647.31	4,048,446.93	10,139,311.66	15,948,406	34.4
ドイツ	588,047,877.68	19,116,678.63	26,646,003.26	63,247,712.53	109,010,394	18.5
エストニア	4,196,971.13	621,109.88	612,361.99	2,323,095.49	3,556,567	84.7
アイルランド	96,262,016	3,959,330.76	4,774,338.67	12,437,670.78	21,171,340	22.0
ギリシャ	17,763,556.84	899,806.29	1,435,543.70	3,172,660.67	5,508,011	31.0
スペイン	110,382,801.87	9,272,728.16	12,743,153.02	23,112,862.87	45,128,744	40.9
フランス	195,183,748.92	8,108,685.31	11,262,882.94	19,650,175.56	39,021,744	20.0
クロアチア	—	—	—	—	—	—
イタリア	217,850,263.44	12,820,269.52	33,168,640.36	63,353,310.63	109,342,221	50.2
キプロス	2,335,424.87	1,064,376.21	339,015.72	726,896.25	2,130,288	91.2
ラトビア	4,804,475.75	597,401.38	1,012,813.16	1,537,170.65	3,147,385	65.5
リトアニア	10,192,282.75	1,269,195.84	1,289,497.39	2,309,382.22	4,868,075	47.8
ルクセンブルグ	2,595,117.83	64,731.63	69,276.33	335,093.68	469,102	18.1
ハンガリー	18,140,278.33	673,400.97	1,424,293.96	2,284,737.38	4,382,432	24.2
マルタ	1,333,660.75	134,118.6	212,145.54	215,289.33	561,553	42.1
オランダ	168,983,423.45	13,762,532.69	23,880,726.58	46,619,722.10	84,262,981	49.9
オーストリア	50,033,536.55	3,146,334.07	3,150,544.10	8,473,345.36	14,770,224	29.5
ポーランド	—	—	—	—	—	—
ポルトガル	15,584,934.51	1,414,151.95	1,992,455.67	4,269,465.17	7,676,073	49.3
ルーマニア	17,635,903	1,281,170.28	1,886,111.72	3,123,254.30	6,290,536	35.7
スロベニア	12,867,674.77	982,929.36	1,090,900.74	1,914,927.27	3,988,757	31.0
スロバキア	11,879,624.66	412,569.64	486,169.12	1,263,182.51	2,161,921	18.2
フィンランド	29,297,255.90	935,705.67	2,871,052.47	6,614,195.18	10,420,953	35.6
スウェーデン	69,914,604.41	2,761,995.63	6,332,000.29	13,131,554.51	22,225,550	31.8
					平均	39.0

（注）「—」はデータ無し.
（出所）Eurostatより筆者作成.

Wilson（2006）は中小企業の国際化において，地方政府・開発公社による支援は重要であり，国から地方政府・開発公社への権限移譲が望ましいとしている．

EU の中小企業振興策の代表的な研究としては，三井（2011）があげられる[7]．三井は EU の中小企業振興策の展開過程を 1989 年から 2011 年までを覚醒期から第四段階期と分類し，欧州小企業憲章，「Think Small First」原則，さらに欧州中小企業議定書（SBA）によって EU 内でどのように中小企業振興策の重要性が共通認識となったのかを詳述している．これらの憲章・原則等は後ほど詳しく紹介する．他方で，時代が下がり，EU の通商戦略が海外市場獲得に積極的になっていく過程における中小企業振興策の変容や互恵関係については，三井の執筆後のことであり，当然ながら触れられていないため，本書で最新に更新する意義があると考える．

EU の通商戦略そのものについての先行研究は多いため，序章では紹介しないが，論を進める中で引用するかたちで紹介する．

通商戦略において中小企業が重要であるという趣旨の研究は，欧州議会（2021）のレポートがある．同レポートでは，EU が締結する自由貿易協定（FTA 等）における中小企業の条項について説明し，中小企業間の同条項の認知度不足やFTA 活用が低いことを問題視している[8]．また，EU 貿易総局の Cernat ら（2020）は中小企業の域外輸出が EU 経済に与える影響力の大きさを分析している．2017 年時点で 70 万社の EU 企業が EU 域外に輸出しており，そのうちの 61.5 万社が中小企業である．4 億 7600 万ユーロの域外輸出額（域外輸出額全体の28%）を中小企業は生み出し，しかも輸出する中小企業は 1300 万人の雇用を有していると，域外輸出における中小企業の中心性を紹介している[9]．しかし，これらの研究は，2017 年時点を切り取って「通商戦略を進める上で中小企業は重要なパーツであることから支援が必要」という結論となっており，そこに至るまでの政策の意図や経緯は描かれていない．

従って，通商戦略が中小企業振興策と戦略的に関係性を築いた意図や成果を，両政策の発展経緯や思想，実績といった事実を積み上げながら，「通商戦略と中小企業振興策が戦略的に関係構築された」ことを総合的に論じる先行研究はないと捉え，本書の存在意義をここに確認する．また，通商戦略と中小企業振興策の有機的な政策効果についても定性的・定量的に試みるため，この点も本

書の独自性となろう.

第2節　本書の構成

研究手法として，a）文献調査，b）EU 統計を用いたデータ分析，c）テキストマイニング分析，d）政策の有効性の回帰分析，e）EU 中小企業の海外ビジネス成功事例からの定性分析など複数の手法を用いて総合的に進める.

主な対象期間は 2000 年から COVID-19 以降の 2023 年までとなっている. 2000 年代に入り間もなくして統一通貨ユーロの流通が始まり EU が東方に拡大するなど，EU が世界から注目される時代を迎えた. そして，同じ時期に EU の中小企業振興策も発展の萌芽が見られる. さらに，世界金融危機や欧州債務危機など EU は苦難の時代も経験する. 2020 年には COVID-19 感染拡大が発生し，世界経済は混乱を極め，当然ながら筆者の問題意識にも大きな影響を与えた. 本書は EU をとりまく 2000 年以降の最新情報を可能な限り取り込み執筆したものである. 地理的範囲は EU 周辺に留まらず米国からアジアと幅広くカバーし，特に日本とのつながりを忘れないように心がけた.

第1章では，EU の通商戦略の思想の遍歴を紐解く. 2006 年の通商戦略「グローバル・ヨーロッパ」以降の通商戦略の進化を追う. EU と米国の通商関係について，FTA の経済効果など過去の交渉記録を確認する. 地政学的に東に視野を広げ，日 EUEPA の初年度の輸出の成果や ASEAN との関係を考察する.

第2章では，EU の中小企業振興策について，思想の遍歴やエポックメーキングな政策が始まった 2000 年「欧州小企業憲章」以降の内容を確認する. 通商戦略が中小企業に配慮したものに進化する経緯などの関係性を整理する.

第3章では，各種の公的調査結果やテキストマイニング分析から，COVID-19 禍における EU や日本の中小企業をとりまく厳しいビジネス環境を紹介する.

第4章では，COVID-19 禍における EU や日本の中小企業支援策を追いかける. 経済混乱時における中小企業支援策の必要性を，世界や日本の中小企業支援策も紹介しながら考察する.

第5章では，EU の FTA 締結国との輸出を中小企業に限定して分析する.

EU の中小企業の FTA 活用成功例から定性分析を行う．さらに COVID-19 禍における中小企業の活動や政策の効果の回帰分析をいくつか試みる．

第 6 章では，ポスト COVID-19 の EU の輸出などの経済状況について確認する．また，EU が抱える課題を紹介し，今後の EU の通商戦略と中小企業振興策の方向性を考える．

注

1 ）例えば域内市場・産業・起業・中小企業総局の HP https://single-market-economy.ec.europa.eu/smes_en など（最終アクセス日 2023 年 12 月 1 日）．

2 ）公的投資機関，ベンチャーキャピタル，大学，非営利研究機関，機関投資家などは対象外

3 ）The Commission of The European Communities（2003），"COMMISSION RECOMMENDATION of 6 May 2003 concerning the definition of micro, small and medium-sized enterprises", C（2003）1422.

4 ）寺岡寛（1998），「比較中小企業政策論の課題：欧州諸国の中小企業政策展開をめぐって」，『中京経営研究』7（2），101-126 頁．

5 ）以下は一例

平澤克彦（2002），「ドイツにおける中小企業政策」，『経済科学研究所紀要』第 32 号，281-29 頁．

藤野洋（2016），「欧州における地域活性化のための中小企業政策——英国の政策・企業法制を中心に——」，『商工金融』2016.4，22-60 頁．

福島久一（2002），「中小企業政策の国際比較——分析方法と比較基準をめぐって——」，『経済科学研究所紀要』第 32 号，183-192 頁．

6 ）以下は一例

Caiazza, R., Volpe, T., and Stanton, J.（2015），"Global supply chain: The consolidators' role", *Operations Research Perspectives 3*, pp.1-4.

Caiazza, R.（2016），"Internationalization of SMEs in high potential markets", *Trends in Food Science& Technology 58*, pp.127-132.

Kasperkowiak, W. and Malecka, J.（2019），"Enterprise size and perception of risk in SME internationalization-Selected aspects", The 13th International Days of Statistics and Economics, Prague, September 5-7th 2019, pp.668-677.

Wilson, K.（2006），"Encouraging the internationalization of SMEs", Promoting Entrepreneurship in South East Europe Policies And Tools, OECD, Chapter 2.

7 ）三井逸友（2011），『中小企業政策と中小企業憲章』，花伝社．

8 ）European Parliament（2021），"Benefit of EU trade agreements for small and medium-sized enterprises（SMEs）".

9) Cernat, L., Jakubiak, M. and Preillon, N. (2020), "The Role of SMEs in Extra-EU Exports: Key Performance Indicators".

第 1 章

EU 通商戦略の歩み

―――単一市場から新世代型へ―――

は じ め に

　本章では EU の通商戦略の思想の遍歴，FTA の実績や経済効果，米国や日本との経済連携の経緯，そして成長著しい ASEAN を EU がどのように取り込んでいるのかを紐解き，EU の通商戦略の優位性を探求する．

　2020 年 7 月 24 日，欧州委員会は初代の首席貿易執行オフィサーにレドネット氏を指名した[1]．貿易協定の確実な執行，貿易紛争・障壁の解決を統括する役目に加え，EU の中小企業が貿易協定のメリットを余すことなく享受し，成長できるようにと新たに設けたポストである．COVID-19 終息の目途が立たず，グローバリゼーションに逆風が吹くこの時期に，貿易を確実に推進するポストをあえて作った姿勢に，EU の自由貿易に対する本気度が垣間見られる．

　現在の不安定な世界情勢を 1930 年代のブロック経済の再来となぞらえて懸念する論者も多い．自国優先主義，保護主義，米中の経済覇権争い，WTO 機能不全，COVID-19 のようなパンデミックなど国際経済面での不安定要素には事欠かない．他方で，日英 EPA の発効（2021 年 1 月）[2]，東アジア地域包括的経済連携（RCEP）の発効（2022 年 1 月）[3]など FTA による自由貿易の胎動は世界で途絶えていない．

　EU の基本理念の一つに「自由貿易主義」がある．歴史的に世界の経済覇権や世界大戦などの争いの中心であった欧州は，危機回避や回復，世界との連携のノウハウを豊富に有している．それゆえ，「倒れかけた自由貿易の旗を立て直す」と EU が気炎を吐き，世界経済を成長軌道に導くことが可能ではないか．それでは，EU の通商戦略の思想の遍歴，FTA の実績や経済効果を紐解いてみよう．

第 1 節　世界に広がる EU の自由貿易ネットワークと通商戦略の変遷

1.1　巨大な自由貿易ネットワーク

EU の特徴の一つに「自由貿易協定（FTA 等）の巧者」が挙げられる．EU

の各国との発効（暫定含む）済み協定数は，2024年5月現在，カナダ，日本，韓国，シンガポール，ベトナム，メキシコ，英国，ニュージーランドとの8つのFTA[4]等に加え，EEA（欧州経済領域），関税同盟，SAA（安定化連合協定），AA（連合協定），EPA[5]（経済パートナーシップ協定）など関税が撤廃・低減される内容が入った協定を合計すると78カ国に及ぶ[6]．さらに，署名・批准待ちの協定は26カ国，交渉中は6カ国であり[7]，前述の78と合わせると110の国となり，世界の国数（193カ国：国連加盟ベース）の半数以上を占める巨大な自由貿易ネットワークを築こうとしている．また，国単位だけではなく，ASEANの地域協力機構とも交渉を鋭意進めている．

　なぜEUはこれほどの巨大な自由貿易ネットワークを築こうとしているのだろうか．その原動力を知るためにはEUが歩んできた道を知っておく必要がある．EUは1952年のECSC（欧州石炭鉄鋼共同体）に始まり，1958年にEEC（欧州経済共同体），1967年にEC（欧州共同体），そして1993年のEU（欧州連合）と組織や機能を拡大・深化して発展してきた．

　その過程において，通商戦略の転機の一つとなったのは，1987年の単一欧州議定書である．「ヒト・モノ・カネ・サービスの自由移動が保障された国境のない地域」を域内で完成することとし，単一市場の構築を加速させてきた．域内の規制緩和（非関税障壁の削減）が進み，域内貿易や直接投資が活性化され，EUの統合は「深化」していった．また，EUは2004年以降，新たな単一市場を中・東欧諸国に求め，「拡大」していった．さらに，WTOのドーハ開発アジェンダの交渉凍結（2006年7月）の多国間貿易交渉の行き詰まりが，EUの通商戦略を独自の二国・地域間FTA交渉に向かわせる要因にもなった．

1.2　拡大と軌道修正の通商戦略

　2006年，EUは通商戦略を世界に「拡大」する意思を強く表明した「グローバル・ヨーロッパ」[8]を発表し，FTAは次なる高みに突入した．

　EUが締結したFTAは大きく分類すると，a）バルカン諸国や中東などの近隣地域と経済連携することで欧州の安定化を目指すもの（SAAやAA），b）旧植民地を中心に歴史的関係を基盤にしたもの（EPA），c）EU企業が他国企業に比して競争上不利にならない（レベル・プレイング・フィールド）ための「新

世代型 FTA」（前述の 8 つの FTA）に大別される[9)10)].

「新世代型 FTA」は関税撤廃・軽減にとどまらず，サービス分野，非関税障壁，知的財産権，政府調達など非伝統的な分野に広範囲に渡り高水準自由化を目指す．「グローバル・ヨーロッパ」では米国，中国との通商関係を課題にあげながら，FTA 交渉優先国として ASEAN，韓国，メルコスールを明示し，成長著しい新興国を取り込むことを提唱した．ASEAN とは交渉が難航しているが，韓国とは 2011 年 7 月に暫定適用（2015 年 12 月発効）に至り，EU にとってはアジアとの初の野心的な FTA となった．EU 韓国 FTA は，類似製品をEU に輸出する日本にとって，韓国にレベル・プレイング・フィールドで劣後してしまうという危機感を植え付けることにもなった（本章第 3 節にて詳述）.

2010 年には通商戦略「貿易・成長・世界問題」が EU の 10 カ年経済成長戦略「欧州 2020」の一環として発表され，ここで米国，中国，ロシアと共に日本が FTA 交渉優先国として示された[11)]．日本とは 2019 年 2 月に EPA（経済連携協定）の発効に至った.

2015 年には通商戦略「万人のための貿易」を発表．ここで EU はこれまで企業や経済利益を優先に推し進めていた FTA を，広く社会や一般市民をも含んだ「インクルーシブ」なものに昇華させようと軌道修正を図った.

この背景には，大型貿易協定の締結交渉で，「一般市民より企業の利益を優先しているのではないか」「誰のための通商戦略なのか」という懸念が出されたことがある[12)]．消費者や中小企業に対し，交渉過程を透明化し，（FTA により）手にする外国産商品が人権や環境に配慮されて作られたものなのかを知らせ，安心して商品が購入できるようにすべきという EU の意識変革が通産戦略にも反映された．2015 年に国連で採択された「持続可能な開発のための 2030 アジェンダ」，いわゆる SDGs へのコミットメントも一役買っていた．EU は，「万人のための貿易」において交渉の透明性の他に，効果的（実益の保証，中小企業に効果をもたらす条項設置），EU の価値（腐敗防止，相手国労働者権利保護，サプライチェーンの責任ある管理）を主眼に据えた[13)]．環大西洋貿易投資パートナーシップ（TTIP），EU カナダ包括的経済貿易協定（CETA），日 EUEPA などの進展する大型貿易協定に対する一般市民の一抹の不安を緩和するために盛り込まれた内容であろう.

このように，EU は単一市場の「深化」，WTO 多国間貿易交渉の行き詰まりを契機にした二国・地域間交渉への「拡大」，そして SDGs や中小企業を含むインクルーシブな通商戦略への「変容」を繰り返しながら，自由貿易ネットワーク構築の「ノウハウ」に磨きをかけていったのである．

1.3　回復力が問われる新通商戦略

「透明性」「効果的」「EU の価値」を主軸にしたインクルーシブな通商戦略「万人のための貿易」は，CETA，日 EUEPA，EU ベトナム FTA の成果を出してきた．

2019 年に発足したフォン・デア・ライエン委員長率いる欧州委員会は，2024 年までの「6 つの優先」を設定し，「欧州グリーン・ディール」「デジタル対応」に並び，「世界におけるより強い欧州」を掲げた．欧州委員会は，欧州議会や市民社会とコミュニケーションを図り，「高水準の透明性」を維持するとし，「世界におけるより強い欧州」と通商戦略との整合性も図った．また，ニュージーランド，オーストラリアとの FTA 交渉の速やかな合意（ニュージーランドとは 2024 年に発効），米国とバランスの取れた互換的な貿易パートナーを目指すとした．気候，環境，労働保護などの「貿易及び持続可能な開発（TSD）」の章を設けると明言し[15)]，世界における規範リーダーとしての EU を印象付けた．フォン・デア・ライエン委員長は，自由で公平な貿易を目指すことや，貿易はEU の GDP に占める割合が高く，3600 万人の雇用を生んでいると重要性を強調した．

このように「自由・公平な貿易の規範リーダー」として意欲的な EU だが，COVID-19 拡大により，通商戦略について若干の軌道修正を迫られた．2020 年5 月に発表されたポスト COVID-19 の回復プラン「欧州の節目：回復と次世代への準備[16)]」を受け，新しい通商戦略の「意見公募[17)]」が 2020 年 6 月に開始された（**表 1-1**）．特筆すべきは「開かれた戦略的な自立性」（Open Strategic Autonomy）である．感染症に対して不可欠なマスクや医療機器等を自給自足できるようサプライチェーンを確かなものとする内容で，同分野において複雑に域外に広がったサプライチェーンの見直しを新しい通商戦略では検討した．さらに，ポスト COVID-19 の経済回復のためには，貿易や直接投資にその役割があり，

第 1 章　EU 通商戦略の歩み　　*17*

表 1-1　新通商戦略の意見公募のポイント

（1）　回復力の構築：域内・域外の側面
・開かれた戦略的な自立性（不可欠な医療関連物資の自給自足）
・サプライチェーンの回復力強化
・域外の安定性や予見可能性を高めるためのルールに基づいた貿易や互換的なパートナー シップ・貿易協定による国際ガバナンス
（2）　社会経済的な回復と成長の支援
・貿易や FDI による回復のため，安定性，予見可能性，ルールに基づいた国際ガバナンス
・WTO 改革による貿易ルール策定，紛争解決の努力
・世界に広がる EU の貿易協定ネットワークの恩恵
（3）　中小企業への支援強化や貿易協定の利活用
（4）　グリーンディールの支援や貿易の持続性と責任強化
（5）　デジタル取引と技術開発
（6）　公平，レベル・プレイング・フィールドの確保
・ポスト COVID-19 において一部大国による大規模国家介入の産業政策や強制的措置等の横 暴行為の増加を懸念

（注）本章に関連する内容を掲載しており全内容は網羅していない.
（出所）European Commission（2020e），"Renewed trade policy for a stronger Europe: Consultation Note" より筆者作成.

　安定性や予見可能性を高めるためにはルールに基づいた貿易の枠組みを必要とする．国境が閉鎖される事態となった COVID-19 を経験してもなお，EU は決して自由貿易の旗は降ろしていない．また，名指しは避けているが，一部大国による横暴な産業政策を EU は問題視し，米中の経済覇権争いや自国優先主義を暗に批判している．これに関連し，WTO 改革についても触れており，施行規則や紛争解決メカニズムのアップグレードが必要としている．

　「意見公募」の結果や，本プロセスを受けて 2021 年 2 月に発表された新しい通商戦略「開放的・持続可能性・影響力ある通商戦略」"An Open, Sustainable, and Assertive Trade Policy" については第 2 章で詳述する．

1.4　EU の貿易

　これまで，EU の自由貿易ネットワーク構築の思想を，歴代の通商戦略などから概観した．EU は，「公平で開かれた自由貿易」が経済発展の源泉と信じ，通商戦略を時代の変化や要請に臨機応変に対応させている．

　では，次に EU 経済にとっての貿易の重要性について，基礎データを使って

確認したい．図1-1は2022年までの世界の財輸出総額における主要国のシェアを示したものである．2014年までを見ると，EUの輸出シェアは長らく1位と存在感を示している．2015年に中国にその座を明け渡すが，攻めの通商戦略による世界に広がるFTAネットワークの恩恵もあってか，下降気味ではあるものの2位の座を保持している．2002年比で米国は4.6ポイント減，日本は5.2ポイント減，EUは4.5ポイント減となっているが，EUの世界全体の貿易に占める割合は13.7%となっており，輸出がEU経済の一つの支柱であることに変わりはない．一方で，中国は11ポイント増と大きく伸ばしており，世界貿易における主役交代は明らかである．

図1-2は2022年のEUの貿易相手国の分布である．2022年，FTA締結国への貿易額は43.6%を占めている．これにFTA交渉妥結しているが発効前の状態である国3.6%を足すと合計47・2％と，貿易額の約半分がFTA相手国

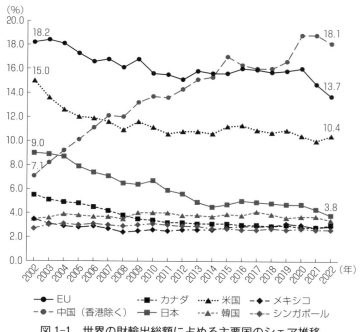

図1-1　世界の財輸出総額に占める主要国のシェア推移

（出所）Eurostatより筆者作成．

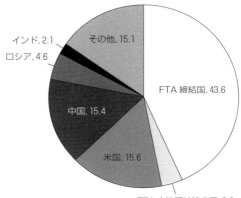

図1-2 EUの貿易相手国の分布（2022年）
（単位：％）

（出所）欧州委員会（2023），"the Implementation and Enforcement of EU Trade Policy" ならびに Eurostatから筆者作成．

となっている．なお，経済産業省の資料によると，各国の貿易額（2022年3月時点）のFTA等カバー率（発効済）は，日本77％，韓国77％，EU44％とEUが比して低くなっている[18]．これはEUが米国とFTAを未締結なことが主因と考えられる．米国を今後どう取り込めるかが通商戦略上の大きな課題である．この課題は本章第2節で詳述する．

EU産業界の自由貿易ネットワーク維持に対する期待も高い．2020年4月，産業団体のビジネスヨーロッパはCOVID-19拡大を受け「欧州経済回復のための提案」を提言した[19]．a）迅速なEU投資（復興）基金の設置，b）単一市場の活性化と単一通貨の強化，c）ルールに基づいた公平・自由な貿易投資と多国間解決の指導的唱道者としての役割，d）加盟国の成長・雇用施策の財政支援に対するガバナンス強化という4本柱から構成される．c）ルールに基づいた公平・自由な貿易投資については，COVID-19対策のため医薬品・医療機器の関税賦課一時停止措置の延長を求めた．また，保護主義・自国優先主義に抗するため，WTO改革，デジタル貿易，ヘルスケア分野における多国間交渉や連携の重要性を訴えた．COVID-19で進展するデジタル経済・貿易を念頭に，新しいFTAにはデジタル章を設けることを提言している．米国やメル

コスールとの FTA も訴えている[20]．このように COVID-19 の状況においても，産業界は FTA に積極的な姿勢を示している．

第2節　デカップリングの危機「EU・米」

2.1　暗礁に乗り上げる TTIP

本節では EU と米国の通商関係について考察する．米国との貿易状況や対米の通商戦略は，EU が抱える大きな課題の一つである．米国との FTA の経済効果についてはその期待値からか，何度も試算されており，それらの公的資料から内容を確認する．この経済効果はポスト COVID-19 の回復の処方箋になる可能性がある．

まず，EU と米国の貿易関係からその重要性をみてみよう．2023 年の EU の最大の貿易相手国は米国（輸出 5021 億ユーロ，輸入 3442 億ユーロ），次いで中国（輸出 2235 億ユーロ，輸入 5144 億ユーロ）となった（**表 1-2**）．また，2022 年に米国が中国をわずかに上回り EU の最大の貿易相手国となったが，2023 年にはその差はさらに広がり，米国が首位の地位を固めている．対米輸出は 2009 年リーマン・ショック時，2020 年 COVID-19 拡大時には大幅減となったものの，総じて堅調に伸びている（**図 1-3**）．貿易収支は輸出の伸びに準じて EU の黒字が続いている．他方，米国は，EU との貿易に対して貿易赤字の常態化や最大の輸入国上進など不公平感を募らせていると推測できる．

対中国に関しては，2023 年の貿易額の減少（輸出 3.0 減，輸入 18.0%減）だけを見ると，よく耳にする「中国離れ」が EU にも起こっているように思いがちだが，2019 年の貿易額と 2023 年を比較すると，輸出：1982 億ユーロ→ 2235 億ユーロ（12.8%増），輸入：3630 億ユーロ→ 5144 億ユーロ（41.7%増）とむしろ増大しており，中国離れは起きていないという冷静な判断ができよう．

EU と米国は世界の主要経済圏である．世界の GDP の約半分，貿易の約三分の一を占めている[21]．人口は両国合計で 7 億 7575 万人と全世界の 10.1%を占めている[22]．両国が自由貿易圏を構築すれば環太平洋パートナーシップ協定（TPP11）をも凌ぐ巨大な経済圏が登場することになる．この夢は両国関係者の間で昔から語られてきた．具体的には 2007 年の大西洋横断経済評議会であり，

表1-2　EU 域外貿易相手国の推移 （単位：10 億ユーロ，%）

	域外輸出								
	2019	2020	前年比	2021	前年比	2022	前年比	2023	前年比
米国	384.4	353.0	-8.2	399.4	13.1	509.3	27.5	502.1	-1.4
中国	198.2	202.5	2.2	223.3	10.1	230.3	3.0	223.5	-3.0
英国	319.8	277.5	-13.2	283.6	1.9	328.6	15.9	334.7	1.8
スイス	146.5	142.4	-2.8	156.5	10.0	188.0	20.1	188.5	0.3
ロシア	87.8	79.0	-10.0	89.3	13.0	55.2	-38.1	38.3	-30.4
トルコ	68.3	69.9	2.3	79.2	13.0	99.6	25.9	111.3	11.7
ノルウェー	51.6	48.6	-5.8	56.5	16.3	67.7	19.6	61.0	-9.8
日本	61.1	54.5	-10.8	62.4	13.0	71.6	14.9	64.0	-10.6
韓国	43.3	45.3	4.6	51.9	14.6	60.1	16.0	57.1	-5.0
インド	38.2	32.2	-15.7	41.9	30.1	47.7	14.1	48.3	1.7

	域外輸入								
	2019	2020	前年比	2021	前年比	2022	前年比	2023	前年比
米国	232.6	202.0	-13.2	232.0	14.3	358.4	53.5	344.2	-4.2
中国	363.0	383.5	5.6	472.2	22.6	626.0	32.1	514.4	-18.0
英国	194.3	167.2	-13.9	146.0	-13.6	218.6	48.6	179.8	-17.3
スイス	109.9	108.6	-1.2	123.6	13.5	145.2	16.9	138.3	-5.0
ロシア	145.0	95.2	-34.3	158.5	67.4	203.4	24.3	50.6	-75.0
トルコ	69.8	62.6	-10.3	78.0	25.0	98.6	26.4	95.5	-3.4
ノルウェー	54.1	42.3	-21.8	74.5	75.3	160.7	115.7	119.1	-26.0
日本	62.9	54.9	-12.7	62.3	13.3	69.7	11.9	70.2	0.3
韓国	47.4	44.1	-7.0	55.4	25.6	71.7	29.2	72.8	0.7
インド	39.6	33.1	-16.4	46.2	40.0	67.4	45.9	64.9	-4.1

（注）各年2月の euroindicators から作表しているため，増減率が表上の計算と合致しない場合がある.
（出所）各年2月の euroindicators，Eurostat から筆者作成.

2013 年に交渉が始まった環大西洋貿易投資パートナーシップ（TTIP）を話し合った枠組みである.

　米国は第二次世界大戦後に圧倒的な商品力や生産力により輸出を増やし，なかば一方的な自由貿易を世界に展開した．同時に GATT による国際的な自由貿易政策も推し進めた．しかし，1970〜80 年代には欧州・日本・アジアから

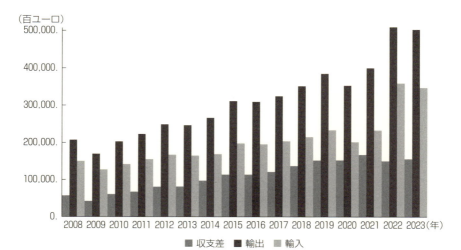

図1-3　EU27の対米貿易額（財）の推移

（出所）Eurostatより筆者作成.

の輸入が増加し，貿易赤字構造に陥る．そこで米国は「公正貿易主義」をレーガン政権下で志向するようになった．自由貿易とは不公正な貿易慣行が無い状態を指し，外国の不公正貿易慣行に対しては報復措置を辞さないという米国流の「公正貿易主義」という考えである．米国の貿易思想の根底には「公正貿易主義」が通奏低音のように流れていることを忘れてはならない．2010年にはオバマ大統領の国家輸出イニシアティブにより5年間で輸出を倍増させる通商戦略が発表された．リーマン・ショック後の回復を輸出増大によって，雇用創出，中小企業支援，国内生産強化を図るというものだった．[23]

　歴史的背景やGATT/WTO下の自由貿易準拠もあり，EUと米国間の関税率は既に低い（トランプ政権時のような関税報復合戦時は除く）．EUの資料によると，2017年EUの輸入関税率は工業製品で平均3.7％，米国は3.8％となっている．従い，両国間でFTA交渉をする際には，工業製品の関税率を下げるという動機は双方ともあまり働かず，自然と交渉の焦点は非関税障壁となる．具体的には自動車や化学品などの規制協力，知的財産権保護，政府調達，投資保護などで，高次元で内政にも影響を及ぼす難しい内容である．

　2013年6月，満を持してTTIPの交渉が正式に始まった．TTIPはEUから

働きかけたというのが通説である．この 2013 年は日本が世界の FTA の潮流に大きくインパクトを与えた年であった．2013 年 3 月，安倍首相は TPP 参加を表明．メガ FTA が EU の逆側の太平洋で鼓動し始める時だった．これに加え，オバマ大統領の国家輸出イニシアティブ（輸出倍増戦略）に伴うアジアシフト，中国の世界貿易における台頭も EU を TTIP 推進に突き動かした．「米国が東南アジア諸国に有利な市場アクセスの条件を提供すれば，対 EU 貿易が減りかねない」「米欧が貿易ルールで合意しなければ，中国の基準を受け入れざるを得ない」と EU 側は焦燥感を募らせていた[24]．

　米国にとっても TTIP の提案は渡りに船であった．米国企業のグローバル進出により，米国企業のレベル・プレイング・フィールドを EU 市場で確保するのは輸出倍増戦略にも合致する．太平洋における TPP，大西洋における TTIP の 2 大メガ FTA の中心に，米国が坐するのは願ったり叶ったりであった．

　しかし，TTIP は当初より交渉難航が予想されていた．なぜならば，前述のとおり関税率がそもそも低いため，規制協力，知的財産権，政府調達，投資保護など非関税障壁が交渉のメインとなり，相手国の主権に踏み込まざるを得ないからである．特に揉めたのが投資家対国家紛争解決（ISDS）だ．米国企業が制度を多用することがあれば，EU 消費者が守られないと EU 市民の警戒心が強まった．また，EU 側の厳しい衛生検疫規制（SPS）による遺伝子組み換え作物の輸入禁止，ハリウッド映画などの映像・音楽分野の流入に懸念を示すフランス問題など，EU 側の規制や権利保護の姿勢が交渉を難しくした．結果，2016 年 10 月までの 3 年間で 15 回の交渉を行ったが合意に至ることになかった．

　さらに決定打となったのは 2017 年のトランプ大統領の登場である．2017 年 1 月にマルストロム欧州委員（通商担当）は「TTIP 交渉は停止状態」と事実上の中断を示し[25]，デ・グフト欧州委員は「トランプ大統領就任により TTIP は死んだ」と厳しい見方を示した[26]．

　また，通商戦略「万人のための貿易」の原則に従い，EU 市民への説明責任や透明性を重視し，拙速な交渉や合意により EU 不信が助長されないよう配慮をしたことも交渉を難しくした要因であろう．折しも英国の EU 離脱で EU の求心力低下が懸念されていた頃であった．

　「タリフマン」を自称するトランプ大統領による関税引き上げ攻撃は EU に

も向けられた．米国の通商拡大法 232 条に基づく鉄鋼・アルミ製品への追加課税発動に対して，EU は 2018 年 6 月，二輪車やウィスキーなどに報復関税を発動．欧州の売り上げが多いハーレーダビッドソンは影響が大きいと懸念を示した[27]．

2018 年 7 月，悪化した状況を回復しようとユンケル欧州委員長とトランプ大統領は，a）自動車を除く工業品の関税撤廃，b）鉄鋼・アルミニウムの追加関税問題，c）大豆などの市場アクセス改善，d）WTO 改革などを目指す貿易交渉に合意した．これで貿易摩擦は一旦沈静化するかに思われた．しかし，自動車や農産品を交渉対象に求める米側，早期妥結を図るためフランスに配慮して農産品を対象から外した EU，そして WTO ルール（FTA 締結には実質的に全ての関税撤廃が必要：GATT 第 24 条 8）との整合性など課題は山積し[28]，交渉は難航した．

これに追い打ちをかけるように両国間に 15 年間横たわるエアバス補助金問題が再燃した．WTO が米国に報復関税を承認したことを受け，2019 年 10 月，米国は EU 製品に報復関税を発動した．EU も同様に米国によるボーイングへの補助金も不正だとして報復関税を取る姿勢を示し，泥沼化していった．2020 年 7 月，EU はフランスとスペインがエアバスに対して投資契約を WTO の裁定に準拠し見直すなどの譲歩を示した．同時に，米国が引き続き 7500 万ユーロ相当の EU 輸出に対する追加関税を続けるならば，EU は対抗措置を取ると発表した[29]．米国は追加関税の対象リストを若干修正したものの，撤廃する意向は読み取れない（2020 年 8 月時点）[30]．

両地域の協力関係が停滞する中，EU と米国は 2020 年 8 月 21 日，一部品目の関税低減に合意したと突如発表した[31]．EU 側は米国の冷凍ロブスター・関連製品を 5 年間最恵国待遇に低減（2017 年の米国輸出 1 億 1100 万ドル），米国側は一部の EU の調整食料品，クリスタルガラス，表面処理材，発射薬などの関税率半減（同 EU 輸出年平均 1 億 6000 万ドル）を約束した．トランプ大統領には大統領選を有利に進めるための実績作りの側面もあったのだろう．包括的な貿易協定には到底至らない，小さな合意ではあるが，20 年以上ぶりの関税低減というエポックメーキングな出来事である．EU と米国が「対立」から転じ，「歩み寄る」姿勢は，世界にとって歓迎すべきことであった．両政府は引き続きさら

なる交渉を行うとした.

このように,EUと米国は巨大な自由貿易圏構築を巡り,「接近」や「対立」を繰り返している.米中の貿易摩擦によりデカップリングが顕在化する時流において,ましてやCOVID-19でEU経済が痛んだ現在,EUは自由貿易の功利を米国と改めて共有すべきである.「対立」ではなく,米国をEU側に「懐柔」するほうがEUにとっても得策であろう.中国が世界の中で異質な存在として扱われる現状において,EUと米国が連携しないことにはEUの経済は元より,世界経済の回復も遅れてしまう.

2.2 EU 米国の貿易の重要性

本項ではEU米国間の貿易の特徴を詳述することで,EU経済の回復に重要な米国との経済的連携のメリットを具体的に考える.前項のとおり,EUにとって米国は最大の貿易相手国である.品目別ではどうだろうか.後ほど関税削減による経済効果について述べるため,商品群別の平均関税率が示されているEU資料(2017年データ)[32]を使って分析する.EUの対米輸出額で大きなものは機械・電気機器,化学品,輸送機器である(表1-3).これらへの関税率は平均1.5〜3.5%と高くないものの,輸送機器ではトラックに最高25%の高い関税率が課されており,EUは問題視している(EU側は最高22%).また,米国は靴・被り物(最高48.0%),繊維・衣服(最高32.0%)など日常生活用品の関税率が高い特徴がある.

他方,米国の対EU輸出額の上位は機械・電気機器,化学品,輸送機器と品目はEUと類似している.EU側には米国のように30%以上の高関税は無いため,一見EUは市場開放度が高いように見えるが,上位品目への課税平均が米国に比べ高くなっている(2.1〜5.2%).EUは価額の大きいものに厚めに課税していることが分かる.

関税撤廃の経済効果は大きい.EU米国間で貿易協定が成立した場合の経済効果について,欧州委員会が過去に発表したものをいくつか紹介する(表1-4).TTIP交渉が始まった2013年の発表では,包括的FTA・野心的予測の場合,EUの対米輸出額(2027年)は28.03%増,米国の対EU輸出は36.57%増となると予測を立てた.さらにスピルオーバー効果もあり,EU米国以外の地域,

表 1-3　EU 米国の輸出入額と関税率（2017 年）

品目	EU 輸出額（米国輸入額）（百万ユーロ）	従価関税最高（%）	従価関税平均（%）	EU 輸入額（米国輸出額）（百万ユーロ）	従価関税最高（%）	従価関税平均（%）
鉱物性生産物	10,901	7.0	0.4	16,719	8.0	0.8
化学品	85,067	6.5	3.5	50,341	12.8	4.3
プラスチック・ゴム	10,462	14.0	3.7	9,587	6.5	4.6
皮革	2,199	20.0	5.7	416	9.7	3.9
木材	1,515	18.0	2.2	1,548	10.0	2.2
紙	3,578	0.0	0.0	3,551	0.0	0.0
繊維・衣服	4,617	32.0	8.9	1,596	12.0	8.2
靴・被り物	1,953	48.0	10.2	177	17.0	8.2
石・陶磁器・ガラス	4,135	30.0	5.4	2,458	12.0	4.0
真珠・宝石	7,713	13.5	3.1	8,147	4.0	0.6
卑金属	16,406	15.0	1.7	8,474	10.0	1.8
機械・電気機器	86,559	15.0	1.5	71,669	14.0	2.1
輸送機器	61,924	25.0	2.2	38,809	22.0	5.2
計測機器	26,187	16.0	1.6	22,422	6.7	1.9
武器弾薬	1,379	5.7	1.4	223	3.2	2.2
雑製品	5,659	16.0	3.0	2,330	10.5	2.6
美術・骨董品	7,245	0.0	0.0	2,318	0.0	0.0
工業製品合計	337,539	48.0	3.8	240,787	22.0	3.7

（出所）European Commission（2019b），"Liberalization of tariffs on industrial goods between the United States of America and the European Union: An economic analysis" より筆者作成．

特に新興国にも好影響をもたらすと世界的効果を強調した．交渉開始当時の大きな期待が読み取れる，夢のある予測となっている．

　2016 年発表の経済効果予測も 2013 年版を踏襲している．EU 側は革製品・繊維・衣服，自動車，米国側には非鉄金属，その他食肉，その他機械の生産高が増えると予測した．次に 2019 年発表の経済効果予測である．包括的な TTIP からトーンダウンした関税撤廃中心の交渉になったため，輸出に焦点を当てて予測している．EU 側は衣服，皮革，魚の加工品の対米輸出が増えるとし，特に衣服は 110％増（2033 年）と好予測を示している．米国側の対 EU 輸出は衣服，二輪車，繊維の増加を予測している．前述したとおり 2018 年に

表 1-4　TTIP 等の経済効果予測

	発表者	経済効果予測	効果の詳細
1	欧州委員会 （2019 年 2 月）[*1] ＊ 2033 年の予測 ＊工業製品の関税全撤廃の場合	・輸出増 　EU　8％，270 億ユーロ 　米国　9％，260 億ユーロ	・EU の主な輸出増品目 　衣服（110％），皮革製品（69％），魚の加工食品（58％） ・米国の主な輸出増品目 　衣服（109％），二輪車（46％），繊維（46％）
2	欧州委員会 （2016 年 7 月）[*2] ＊ 2030 年の予測 ＊野心的な協定シナリオの場合 （関税完全撤廃，加工食品を除く商品とサービスの非関税障壁 10％減，公共調達の非関税障壁半減）	・GDP（年率） 　EU　0.5％増 　米国　0.4％増 ・国民所得 　両国とも年 0.3％増 ・労働者賃金 　両国とも 0.5％上昇 ・輸出増 　EU　27％ 　米国　35.7％	・EU の産業別の生産高増 　革製品・繊維・衣服（1.8〜2.7％） 　自動車（1.5％） ・米国の産業別の生産高増 　非鉄金属（3.2％） 　その他食肉（2.2％） 　その他機械（1.5％）
3	欧州委員会 （2013 年 3 月）[*3] ＊ 2027 年の予測	〈関税協定のみの場合〉 ・GDP（年率） 　EU　0.10％増 　米国　0.04％増 ・輸出増 　EU　6.57％ 　米国　12.36％ 〈包括的 FTA＋20％スピルオーバー効果の場合：保守的予測〉 ・GDP（年率） 　EU　0.27％増 　米国　0.21％増 ・輸出増 　EU　16.16％ 　米国　23.20％ 〈同上：野心的予測〉 ・GDP（年率） 　EU　0.48％増 　米国　0.39％増 ・輸出増 　EU　28.03％ 　米国　36.57％	〈包括的 FTA＋20％スピルオーバー効果の場合：野心的予測〉 ・GDP（年率） 　ASEAN　0.89％増 　東欧　0.33％増 　地中海地域　0.08％増 　インド　0.04％増 　中国　0.03％増 　メルコスール　0.03％増

（注）＊ 1　European Commission（2019），"Liberalization of tariffs on industrial goods between the United States of America and the European Union: An economic analysis".
　　　＊ 2　ジェトロ（2016），"EU 米国の包括的貿易投資協定（TTIP）に関わる交渉進捗状況と交渉を取り巻く課題" ならびに同報告書内の 2016 年 12 月に記載されている欧州委員会の調査結果（2016 年 7 月）の内容を一部転記.
　　　＊ 3　European Commission（2013），"The impact assessment on the future of the EU-US trade relations".
（出所）欧州委員会等の各種資料（表中の注釈）を元に筆者作成.

EU 米間で貿易摩擦が発生した際，ハーレーダビッドソンへの影響が注目された．二輪車の輸出増予測には米政権も強い関心を寄せたであろう．また，過去の経済予測では，輸出増のみならず，GDP への寄与，賃金増など雇用に関する効果もあると報告している．

　このように EU 側は 3 年に一度のペースで経済効果予測を発表し，双方にメリットがあることを再三強調している．2013 年 2 月（TTIP 交渉開始時）の会見でバローゾ欧州委員長は「TTIP は納税者の税金を 1 セントも費やさずに経済を活性化できる」と述べた[33)]．ポスト COVID-19 の EU 経済の「回復」を考えれば，米国との FTA 締結の必要性はもはや論を俟たない．米国との FTA 交渉には障害が多いだろうが，EU にとって一定のメリットはあるため，諦めることなく交渉再開の機会を探るであろう．

第3節　自由貿易の錦の御旗「日 EUEPA」の意義

3.1　守られた自由貿易主義

　これまで EU の通商戦略の変遷，EU 米国間の FTA の必要性について述べてきた．本節以降は地理的視野を東側に広げる．まず EU と日本の通商関係について記しておきたい．

　2019 年 2 月 1 日，EU と日本は歴史的な瞬間を迎えていた．米中貿易摩擦の出口が見えず，世界的に自由貿易主義への逆風が吹き，世界貿易の縮小が懸念されていた中，EU と日本が「自由貿易の旗手としてその旗を高く掲げ自由貿易を力強く前進させていく」と高らかに宣言し，両国間の経済連携協定（EPA）が発効した．「世界 GDP の 3 割」「世界貿易の 4 割を占める巨大で自由な先進経済圏の登場」「工業製品や農林水産品の高い関税撤廃率の達成」などとその期待は世界中で報道された．

　2013 年 3 月に正式に始まった交渉は，当初 2015 年の合意を目指していたが[34)]，日本が EU に求める関税低減に対し，日本側の関税が既に低率であったため緊急性を欠き，速やかな合意へのモチベーションが EU にあまり生まれなかった．本協定は交渉開始前から日本の産業界の要望に基づいて双方で事前協議が持たれていた．2008 年 7 月に日 EU の産業界がまとめた『日本・EU 合同タスク

フォース報告書』において「関税撤廃については双方が異なる見解を持っていることを認識」と表現された[35]．また，これに続く『日本・EU EIA 研究報告書』（2009 年 6 月）においても「日本の産業界にとっては関税の削減・撤廃が重要である．他方，EU 側は非関税障壁について関心を有している．医療機器，木材製品，さらにはサービス，政府調達に関わる問題について，EU 側の関心が高いことを承知」と書かれている[36]．両報告書からは，双方の異なる優先事項が読み取れる．

　双方の優先度の違い，EU の低いモチベーション，日本の非関税障壁に対する改善要求の国内対応の難しさなどから，"低速運転" を続けていた交渉が 2017 年 7 月 6 日の大枠合意に向けて急加速した要因は何であったのだろうか．結論を先にいえば，EU と日本を取り巻く世界情勢の急変が絡み合った結果である．経済的要因，政治的要因の 2 つの視点からみてみよう．

　経済的要因では，EU 韓国 FTA（2011 年 7 月暫定適用）の経済効果レビューの高評価が EU に作用したのであろう．EU にとって，韓国との FTA はアジアとの初の FTA でかつ野心的な内容でもあり[37]，様々な不安を抱えながらのスタートであった．2016 年 6 月発表のレビューでは，EU の対韓輸出額（2014 年 7 月〜2015 年 6 月）は暫定適用前の同時期比で 55％増となり，品目別では機械・部品は 24％増，自動車は 204％増と好調であった[38]．他方，韓国の対 EU 輸出額は 5％増，品目別では化学品が 115％増，自動車は 5％増と，EU に比べて伸び悩んだ．韓国自動車の輸出急増が心配され，欧州自動車工業会などの意見もありセーフガード条項が導入された本協定だが[39]，韓国の自動車輸出急増は杞憂に終わった．暫定適用後，毎年レビュー（先のレビューは 4 回目）され，その都度発表される EU 側の好成績が，アジアとの野心的な FTA 協定に対する "経済的な安心感" を与え，日本との締結への機運醸成に寄与したのであろう．また，2013 年から日本が参画し，2016 年 2 月に署名された TPP も，メガ FTA の潮流に EU が取り残されてはならないという "経済的な危機感" を植え付けたのであろう．

　政治的要因は，2016 年 6 月の英国の EU 離脱を巡る国民投票結果（Brexit）が挙げられる．これまで深化・拡大を遂げてきた EU にとって，初めて加盟国が離脱することは衝撃であり，英国に続く離脱国が出ることは絶対に避けなけ

ればならない事態であった．そのためには EU の信条である自由貿易主義を活性化させ，加盟しているメリットを加盟国に象徴的に示す必要があり，日 EUEPA は絶好の案件であったであろう．

さらに衝撃だったのは 2017 年 1 月の米トランプ大統領の登場である．同大統領は就任後，TPP からの離脱宣言，NAFTA 再交渉など「自国優先主義」「保護貿易主義」の色合いを強めた．前節で紹介したように，TTIP もトランプ大統領就任により 2017 年初頭には事実上止まってしまった．トランプ政権誕生により世界の自由貿易主義への不穏な動きが EU と日本を近づける結果となった．2017 年 1 月と 2 月の EU 日閣僚会合では「保護主義的な動きに対抗するために日 EUEPA の可能な限り早期の大枠合意が極めて重要であることを再確認[40]」と明確に示され，大枠合意前日の閣僚会合では「保護主義的な動きのなか，世界に前向きで力強いメッセージを送ることができるとの認識で一致した．自由貿易の牽引役である日 EU が世界に範を示すに足る，包括的でレベルの高い，かつバランスの取れたものになった[41]」と強調した．

経済的には，EU が有していた EU 韓国 FTA に対する懸念の払しょくや TPP などのメガ自由貿易圏での取り残され感，政治的には，Brexit による EU 統合危機，トランプ大統領登場による保護貿易主義台頭の衝撃，これらが複合的に EU に作用し，日本との FTA 合意に突き動かしたことは想像に難しくない．

3.2 好調だった日 EUEPA 初年度

自由貿易の旗手として期待を集めた日 EUEPA の初年度（2019 年 2 月〜2020 年 1 月）の成果はどうだったのであろうか．財貿易から概観する．EU 側データでは，2019 年 2 月〜2020 年 1 月の EU の対日輸出額は 683 億 5200 万ユーロ（前年同期比 4.71％増），対日輸入額は 741 億 6300 万ユーロ（同 5.63％増）と双方向とも 5 ％前後の伸びを示した（図 1-4）．5 年間の貿易総額は堅調に推移しており，EPA 初年度の貿易総額は 5.19％伸びた．EU は対日貿易で赤字が常態化している．

日本側データでは，初年度の日本の対 EU 輸出額は 8 兆 9427 億円（前年同期比 2.70％減），対 EU 輸入額は 9 兆 6945 億円（同 0.02％増）であった．EPA 初年度の貿易総額は 1.3％減となった（図 1-5）．

第1章　EU通商戦略の歩み　*31*

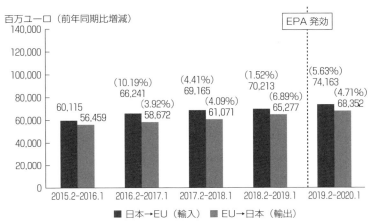

図 1-4　日EU間の財貿易の推移（EU側の統計）

（出所）Eurostatより筆者作成．

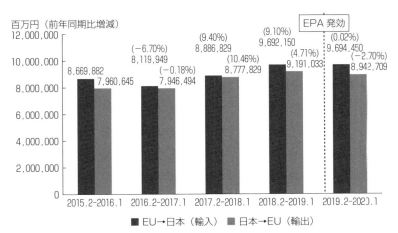

図 1-5　日EU間の財貿易の推移（日本側の統計）

（出所）財務省貿易統計より筆者作成．

　貿易統計は不整合問題によって各国の輸出入数値が一致しないことがある[42]．不一致はこの際無視して，輸出元国の輸出統計に統一して判断すると，日EUEPA初年度は，EU輸出4.71％増，日本輸出2.70％減となることから，EU側に軍配があがったと言えよう．ジェトロの推計によると2019年の世界全体

の輸出額は 2.9%減であった[43]．貿易紛争による不確実性増大や世界経済の成長
鈍化による需要減に加え，燃料価格下落が続いたことが背景にあるとしている．
比較期間はジェトロ推計と 1 カ月ずれるが，EU と日本それぞれの EPA 初年
度の輸出額は，ハネムーン効果もあってか，世界と比較しても総じて良い結果
だったと判断できる．

3.3 EPA 初年度の EU・日本企業のビジネス動向

本項では日 EUEPA 初年度（2019 年[44]）の輸出品目をブレークダウンして，ど
のような成果が具体的に出たのかを確認する．なお，最新の日 EU 間の貿易に
ついては，第 6 章においてポスト COVID-19 の情勢を踏まえて紹介する．

ここでは輸入国側の統計をそれぞれ用いて考察する．これには後述する
EPA 利用率が輸入国側統計を採用しており，それに揃えるという理由がある．

EU の輸出品目（日本側の輸入統計）で増減率が顕著（2 桁以上）だったのは，
表 1-5 のとおりである．資源系はエネルギー情勢の影響で乱高下することがあ
るため対象外とするが，食料系，電算機類・周辺機器，航空機の輸出が伸張し
た．減少は半導体等電子部品（IC）が目立った．

食料系については，牛肉は 38.5%の関税が 1 年目に 27.5%（16 年目に撤廃），
豚肉は 4.3%（従価税）が 1 年目に 2.2%，482 円/Kg（従量税）が 1 年目に 125
円/Kg と下がっており，恩恵を受けたとみられる（従価税は 10 年目撤廃，従量税
は 10 年目 50 円/Kg[45]）．他方，電算機類・周辺機器は元々ゼロ関税であり関税低減
の影響は考えられない．航空機もゼロ関税だが，単価が高額のため一時的な需
要による大幅増が考えられる．

表 1-5　EU の対日輸出額の主な増減品目（2019 年 2 月～2020 年 1 月，前年同期比，HS 分類）

増加 （2 桁 以上）	魚介類及び同調製品	肉類及び同調製品	穀物類及び同調製品	鉄鉱石	石炭	電算機類（含 周辺機器）	絶縁電線及び絶縁ケーブル	航空機類
	16.00%	13.40%	12.10%	109426.60%	3027.20%	13.50%	11.90%	70.30%
減少 （同）	鉱物性燃料	石油製品	揮発油	鉄鋼	非鉄金属	非金属鉱物製品	IC	
	▲ 57.20%	▲ 25.90%	▲ 30.20%	▲ 10.80%	▲ 12.80%	▲ 12.20%	▲ 15.80%	

（出所）財務省貿易統計より筆者作成．

なお，欧州委員会が2020年1月に発表した初年度レビュー（ただし2019年2～11月分，EU側輸出統計）でも，肉製品（豚肉，冷凍牛肉），電算機類・周辺機器（電子機器），同部品（電気回路，記録装置）が2桁以上増加であった。[46] 他にはワイン，紅茶，乳製品，皮革製品も同様に2桁伸びたとした。

EUはレビューの中で，スペイン皮革Masaltos，フランス種苗HEMP，アイルランド食品（牛肉）BordBiaをEPAの恩恵があった企業例として挙げている。EPAにより年間10億ユーロの関税削減がEU側にあると試算を出している。

では，日本の輸出品目（EU側の輸入統計）はどのような結果だっただろうか（表1-6）。2桁以上の強い伸びを示した主な品目は，食料品及び動物（前年同期比18.66％増），飲料及びたばこ（22.27％増），化学工業製品（12.52％増）であった（特殊取扱品は除く）。他方で，2桁減少した品目は無かった。中分類ベースでは，取得できるEU側輸入統計の都合により，2019年1月～12月と1カ月比較期間がずれるが，衣服（前年比30.9％増），自動車関連製品（18.3％増），石油関連製品（26.8％増），EU発電機（16.4％増）となった。[47]

日本側の輸出統計（2019年1月～12月）においても自動車の15.3％増が確認された。[48] Brexitを見越した在庫積み増しの特殊要因が存在したかもしれないが，自動車や同部品の関税は複数年かけて段階的または即時に撤廃されるため，同分野の輸出はさらに伸びるだろう。また，飲料分野では，日本政府が注力する日本酒のEU輸出額が7％増となり堅調に伸びた。品目別にみても，EUなら

表1-6　日本の対EU輸出額の主な増減品目（2019年2月～2020年1月，前年同期比，SITC分類）

増加 （2桁以上）	食料品及び 動物	飲料及び たばこ	化学工業製品	特殊取扱品 （大分類以外）		
	18.66%	22.27%	12.52%	164.68%		
減少 （同上）	該当なし					
（参考）	原材料（鉱物 性燃料除く）	鉱物性燃料， 潤滑油など	動物性・植物 性油脂	原料別製品	機械・輸送 用機器	雑製品
	0.51%	0.69%	6.66%	▲2.31%	2.72%	4.52%

（出所）Eurostatより筆者作成。

びに日本の輸出はまずまずの成果を残したと言えよう.

しかし,課題もある.2020 年 6 月,EU と日本は日 EUEPA 第 2・32 条に従い,輸入統計(2019 年 2〜12 月)の交換を行った.そこで判明したのは必ずしも高くない EPA 利用率(PUR)[49]である.日本の対 EU 輸出(EU 側輸入統計から算出)では 39%,EU の対日輸出(日本側輸入統計から算出)は 54%の利用率であった.EPA 利用には原産地証明など複雑な手続きが時に障害になる.輸出経験が限られる中小企業に対し,利用率を高める工夫が特に求められる.

第 4 節 新たな段階に突入した EU の対 ASEAN 通商戦略

4.1 進化する ASEAN との通商関係

本節では,引き続き地理的視野を東に広げ,EU が近年接近を試みる ASEANとの通商関係を明らかにする.EU と ASEAN の外交・経済の歴史を振り返りながら,現在の立ち位置を紹介する.なお,これまで EU は主にビジネス面から中国と良好な関係を築こうとしていたが,人権問題,権威主義,法の秩序を無視した覇権主義など EU には受け入れがたい事案が近年噴出しており,通商戦略や中小企業振興策などの規範・価値観が共有できない相手となってしまった.EU が最近頻繁に使う「同志国/同じ考えを共有するパートナー(Like-Minded Partners)」や「戦略的パートナー(Strategic Partners)」とは呼べない国となっている.それに加え,米中の対立や,ロシア寄りの立場を取る中国の姿勢もあり,西側諸国の一角である EU は中国に対して一線を画さざるを得ない.

また,EU は地政学的には CIS 地域や西バルカン地域,北アフリカ,中東が近く,SAA(安定化連合協定),AA(連合協定)などの自由貿易協定によって連携を図っているものの,ロシアによる侵略,民主化を求めたアラブの春後の不安定化など,様々な問題を抱えるこれらの地域に大きな成長は期待できない.従って,EU が地政学的には遠いにも関わらず,ASEAN を将来の成長パートナーとして掲げているのは自然である.政権転覆など一部の ASEAN 加盟国に非民主的な動きはあるものの,民主・資本主義を進め,単一市場を志向する地域である ASEAN との関係強化は EU の FTA 政策とのシナジー効果が発揮できる地域であろう.

さて，両地域間の経済関係の歴史を振り返ってみよう．欧州と ASEAN 諸国の経済関係は長い歴史を有する．中世の香辛料を中心とした東方貿易，15世紀末以降のポルトガルや欧州列強の東南アジア進出による独占的貿易，そして 20 世紀まで続く植民地時代である．ウォーラーステインの「近代世界システム」と呼ばれる国際分業体制による従属的関係がこれらの時代に構築され，両地域間のサプライチェーンの原型にもなった．欧州発の資本主義の各種制度がこの時代に東南アジアに移植されたが，欧州が ASEAN 諸国を経済的に「搾取」するという一方的な関係であった．

第二次世界大戦後，ASEAN 諸国が独立し，1967 年の ASEAN 発足，2015年の ASEAN 経済共同体への進化と，同地域は地域統合により経済力を高めてきた．ASEAN 諸国と欧州の関係は一方的なものから，双方が利益を分かち合うパートナーシップに徐々に変容していく．

EU と ASEAN は 1972 年に非公式な外交関係，1977 年には公式な外交関係を樹立した[50]．2022 年は外交樹立 45 周年として初めて EU・ASEAN 首脳会議が開催された．この目的については後述する．

EU は経済統合の先輩として ASEAN の経済統合への支援・協力を続けてきた．1996 年に始まった ASEM（アジア欧州会合）の枠組みにおいては，様々なテーマでの地域間対話が行われており，政治・安全保障・経済など相互理解の場として重要な役割を果たしている．EU の意識変革のターニングポイントとなったのは欧州委員会の 1994 年政策文書「新アジア戦略に向けて」であり，「成長するアジアのバスに乗り遅れるべきでない」と警鐘を鳴らした[51]．近年では，EU は 2015 年の新アジア戦略「EU と ASEAN：戦略目的を有したパートナーシップ」，2017 年には「第二次 EU－ASEAN アクションプラン（2018-2022年）[52]」を発表し，ASEAN の経済統合を強力に支援する姿勢を示した．2014-2020 年には ASEAN 経済統合のため 2 億ユーロの支援金を提供している[53]．これら支援の背景には，非関税障壁の低減などの ASEAN の高度な経済統合が，EU の ASEAN ビジネスに裨益するという思惑が透ける．

2020 年 5 月に発表された EU と ASEAN の協力進展を記した「EU-ASEANブルーブック 2020[54]」に付けられたタイトルは「Natural Partners」であった．そして 2020 年 12 月，EU と ASEAN は「EU・ASEAN 戦略パートナーシップ

（Strategic Partnership）」を締結し，両国間の協力関係をアップグレードした．「経済」「安全保障」「持続可能な連結性」「持続可能な発展」の４つの分野に注力するとし，法の支配による国際秩序，効率的で持続可能な多国間主義，自由・公平な貿易の実現を目指して両地域間で協力するとした．これに呼応するように，EU-ASEAN ブルーブックの 2021 年のタイトルは「Strategic Partners」という表現になった（2022 年も同じタイトル）．

　2016 年に始まった本ブックのタイトルが「Development Cooperation」から「Cooperation」，「Natural Partners」そして「Strategic Partners」と変わってきたことからも読み取れるように，EU と ASEAN の協力関係は「一方的な支援」という段階から，切っても切れない「対等で相互依存的な関係」になっている．

　2020 年のブルーブック「Natural Partners」の中で EU は次を強化するとした．ａ）ASEAN 加盟国との FTA，ｂ）持続的・包括的な経済統合と貿易（ARISE+：多面的運輸，非関税障壁低減，航空，GI，インテリジェント交通など），ｃ）グリーン・ディール（グリーンテクノロジー，スマートグリーンシティーなど）である．特にグリーン・ディールは EU 現体制の優先政策であり，ASEAN にも早期に広め，グリーンテクノロジーに強みを有す EU 企業のビジネスチャンスを後押ししようという意図が見える．

　2022 年のブルーブック「Strategic Partners」では上記を強化する内容に加え，欧州委員会のウルピライネン国際パートナーシップ担当委員は，ASEAN の COVID-19 対策としてワクチン提供や人的貢献を含め８億ユーロの支援を行っていることを強調する．また，ディーセント・ジョブ（働きがいのある人間らしい仕事）やグリーン・持続可能な発展を共に目指すこと，そのために 2021 年 11 月に「グリーン・チームヨーロッパ・イニシアティブ」を ASEAN との間に立ち上げたこと，両地域間のよりよい貿易や経済的・人々の関係性に関する投資を推進するための「グローバル・ゲートウェー・イニシアティブ」の重要性を述べている．

　地域統合で優先的に協力する分野は**図 1-6** のとおりである．これらの協力は，EU の多年次財政枠組み計画（2021～2027 年）における新資金調達手段である「グローバル・ヨーロッパ（近隣・開発・国際協力手段）」によって実行される．さ

第1章 EU通商戦略の歩み　37

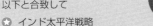

図1-6　EU-ASEANの協力分野

（出所）Delegation of the European Union to the Association of Southeast Asian Nations (2022), "EU-ASEAN Strategic Partners", EU-ASEAN Blue Book 2022.

らに「インド太平洋戦略」「欧州グリーン・ディール」「グローバル・ゲートウェー」などの大きな戦略が紐づいており，様々なスキームを複層的に投入し，厚みのある内容に発展させた．このようにEUは通商戦略を中核に，各種戦略や枠組みをASEANに積極的に働きかけている．近年，いかにEUがASEANを重視し，安全保障・経済成長・持続可能な社会の文脈から同地域を仲間として取り込んでいこうとしているかが理解できる．

　2022年12月，両地域間にとって歴史的に大きな意味を持つ行事が開催された．外交樹立45周年を記念し，初のEUとASEANの首脳会議（サミット）が

ブリュッセルで開かれ，両地域の首脳は 2020 年の EU・ASEAN 戦略パートナーシップの内容を再確認し，具体的なアクションプラン（2023-2027）を発表した[57]．23 頁に及ぶ内容は包括的で 5 つの大項目から構成される．

① 政治・安全保障協力
② 経済協力
③ 社会・文化協力
④ 横断的（cross pillar）な協力
⑤ アクションプランのフォローアップ

ここでは ② 経済協力について取り上げる．同項目は「貿易の拡大・ビジネスと投資」「知的財産権」「官民パートナーシップ（PPP）」「零細・中小企業」「交通・エネルギー・デジタルエコノミー・技術」「食品・農業・漁業・林業の協力」「研究・イノベーション・科学技術」「競争法・消費者保護」の分野について強化や協力を網羅的に掲げている．

EU・ASEAN の FTA については，「棚上げになっている問題点を精査し，二地域間 FTA を考慮しながら，合同ワーキンググループの作業を前進させる方法を探る」という控えめな表現となっている．さらに両地域間の貿易をデジタル貿易や投資など，（FTA ではない）代替的なイニシアティブで深めることを探るとする．サミットの共同声明ではミャンマーの危機的な状況を懸念する[58]といった趣旨を 1 ページ近く使って表明しており，同問題が解決しない限り EU・ASEAN の FTA 交渉は大きくは動かないことが予想できる．

また，わざわざ項目を立てて「零細・中小企業の強化」をうたっていることも特徴の一つである．ファイナンス・イノベーション・サステイナビリティー・強靭で競争力のある零細・中小企業のベストプラクティスを両地域間で共有し，デジタル経済を含めた政策や規制枠組みの交換を奨励するとしている．共同声明では EU の決まり文句である「中小企業は経済の屋台骨（Backbone）」という言い回しを ASEAN の経済にも適用し，同様だと中小企業支援の必要性を強調している．これらアクションプランや共同声明を読む限り，同サミットを契機に両地域間の協力関係は次世代型にレベルアップしていることが分かる．

ビジネス界の ASEAN に対する期待も高い．ビジネスヨーロッパはサミッ

表 1-7　EU・ASEAN の主な外交・経済関係

1972	非公式な外交関係	
1977	公式な外交関係樹立	
1994	欧州委員会の政策文書「新アジア戦略に向けて」発表	
1996	ASEM（アジア欧州会合）の枠組み設置	
2007	「ニュルンベルク宣言」（EU・ASEAN パートナーシップ強化）	
2012	第一次 EU・ASEAN アクションプラン（2013-2017 年）	
2015	在 ASEAN 欧州代表部設置 新アジア戦略「EU と ASEAN：戦略目的を有したパートナーシップ」	【EU-ASEAN ブルーブックのタイトル】 2016〜2017 　Development Cooperation
2017	第二次 EU・ASEAN アクションプラン（2018-2022 年）	2018〜2019 　Cooperation
2020	「EU・ASEAN 戦略パートナーシップ」	2020 年 　Natural Partners
2022	初の EU・ASEAN の首脳会議（サミット） 第三次 EU・ASEAN アクションプラン（2023-2027）	2021〜2022 年 　Strategic Partners

（出所）EU 機関各所から筆者作成.

ト開催の同日に声明を発表し，インド太平洋の地政学的・経済的な重要性が増しているとしながら，地域対地域のアプローチは現在の選択肢としては無く，FTA 交渉中のインドネシア，マレーシア，フィリピン，タイとの個別国交渉の再開の努力を加速すべきと EU に求めた[59].

4.2　二国間 FTA にシフトする EU の方針

　本項では，EU と ASEAN ならびに ASEAN 各国との FTA の経緯を紹介する．まず EU と ASEAN である．2007 年に交渉を開始し 2009 年までに 7 度の FTA 交渉を行ったが中断．2017 年に交渉再開の準備に合意し，合同ワーキンググループで 3 回協議したが[60]，その後は棚上げ状態が続いている．ASEAN 各国間の経済レベルの格差，市場開放に対する意識の違い，ミャンマーの人権問題などが主な障害となっている．

　そこで EU は ASEAN 各国別の交渉に舵を切り，一定の成果を出している．

2019 年 11 月シンガポール発効，2020 年 8 月ベトナム発効，インドネシアとは 2016 年から交渉中である．フィリピン，マレーシアは政治問題などにより一時交渉を中断している（2023 年 3 月時点）．

タイは中国，インド，日本と FTA を締結しているが，EU とタイは FTA 未締結なことから，在タイ EU 企業がタイ企業に対してサプライチェーンの観点からレベル・プレイング・フィールドで劣後しているという問題意識を EU は有している．

在タイの EU 企業を中心に構成される駐タイ欧州商工会議所（EABC）の欧州ビジネスポジションペーパー 2022 年版では，EU・タイ FTA が締結されると EU のタイ輸出は年率 2.81％増，タイの EU 輸出は 2.83％増するというタイ政府の試算を紹介している[61]．FTA は製造業の生産コストを下げることに加え，交通・金融・保険のサービスセクターのアップグレードも可能にすると EABC は期待を寄せる．EU・タイの FTA は環境・人権保護・責任ある企業行動（貿易及び持続可能な開発：TSD）などの広範で深化した新しい分野の高水準のものにすべきと同ペーパーでは強調する．この TSD については，EU の新通商戦略「開放的・持続可能性・影響力ある通商戦略（2021 年 2 月）」でも掲げられている内容である．また，貿易活性化のみならずビジネス執行環境の改革を FTA ですべきと同ペーパーでは注文を付ける．同ペーパーでは中小企業について章立てして取り上げ，EABC のメンバー構成は 50％が中小企業であり，欧州の中小企業がタイ側にしっかり認識されておらず現地の中小企業に比して不利益を被っているため，「現地中小企業と同様な扱い・便益を受けられるように調整すべき」と抱える問題点を指摘している．EABC は欧州の中小企業のタイ進出やその逆も歓迎しており，そのためには中小企業の国際化を支援する EU のスキームの活用を述べている．EU・タイ FTA の決着（finalised）を 2023 年と予期しており，FTA 締結が実現すれば上記の効用や課題解決につながるであろう．

EU とタイは 2013 年に FTA 交渉を開始し，7 回の交渉を行ったが 2014 年のタイの軍事クーデターにより中止となった．2022 年 12 月の EU・ASEAN サミットの機会を捉え，パートナーシップ・協力協定（PCA）に署名を行い，環境・エネルギー・気候変動・貿易投資・労働人権・中小企業支援などの広い

分野について協力を約束した[62]. 協定の文書には双方の貿易の重要性は数多く記述されているが, FTA 交渉については触れられていなかった. そんな中, 2023 年 1 月, タイ政府は FTA 交渉を再開するための国内手続きにタイ・EU 双方が合意したと突然発表した. タイにとって EU は 4 番目に大きな貿易相手国で (中国, 米国, 日本に次ぐ), 重要な地域であり, タイは FTA 締結に積極的である. ジェトロによると, 2022 年のタイの対 EU 貿易総額は前年比 2.9% 増の 410 億 3800 万ドルとなり, タイの貿易全体の 7% を占めている. EU のタイ輸入額 (タイにとって輸出) は 5.2% 増の 227 億 9400 万ドルで, 主な品目はコンピュータ・同部品, 自動車・同部品, エアコン・同部品, ゴム製品, 宝石・貴金属, 鶏肉加工品である. 一方 EU のタイ輸出額 (タイにとって輸入) は 0.1% 増の 182 億 4400 万ドルで, 主な品目は機械類, 化学・医薬品である[63].

2023 年 3 月には EU もタイとの FTA 交渉再開の正式な発表をしており[64], 同年 9 月には最初の交渉が持たれた. 協定案が EU 側から提示されており, 前述の TSD 条項はもとより, 中小企業については独立章として提示している[65]. FTA における中小企業の独立章設置の動きは第 2 章で詳しく紹介する.

フィリピンとは 2015 年に FTA 交渉が始まり, 2017 年までに 2 回の協議を行った. 初期の協定テキスト案を EU は提示している[66]. 9 つのトピックスから構成され, 原産地規則, 競争法, 中小企業, 関税・貿易, 知的財産権, 公共調達といった標準的なものであるが, 貿易及び持続可能な開発 (TSD) についても別途議論している[67]. FTA が経済・社会・人権・環境に将来与える影響を調べる「持続可能性インパクト評価 (SIA)」は完了しているものの, その後の交渉日程は明示されていない[68]. フィリピンの政府系メディアの報道 (2023 年 2 月 23 日) によるとフィリピンは EU の GSP+ (Generalized Scheme of Preferences Plus) 適用が 2023 年に終了する予定であり, フィリピン政府の調査によると輸出の 26% が GSP+ の恩恵を受けているため, フィリピン側は更新を求めた[69]. それと同時に FTA 交渉を再開させたいとフィリピンを訪問した EU 議会メンバーに要請した. EU の企業も同国とのビジネス拡大に意欲的であり, 2022 年 12 月の EU・ASEAN 首脳会議の日に, ビジネスヨーロッパはマルコス大統領や貿易大臣を迎えてフィリピンのビジネスミッションとのラウンドテーブルをブリュッセルで開催した[70]. 同国の増加する再生可能エネルギーのインフラや原材

料・豊富な人材などの重要資源に EU ビジネス界は注目する．

マレーシアとは 2010 年に FTA 交渉を開始し 7 回協議し，包括的・野心的な合意を目指していたが，2012 年にマレーシア側の要望により中断となっている[71]．2016〜2017 年に FTA 交渉再開のための棚卸し作業（stocktaking exercise）が行われた．フィリピンと同様に SIA を完了[72]している．2021 年，マレーシアの新政権が高度でオープンな FTA 交渉の意向を示していたが[73]，2022 年の政権交代により交渉再開の目途は立っていない．

交渉が最も進んでいるのはインドネシアである．2016 年に交渉が始まり2023 年 2 月に 13 回目の協議が行われた．25 のテーマで協定テキスト案が EU から提示されており，原産地規則，競争法，中小企業，関税・貿易，知的財産権，公共調達に加え，貿易及び持続可能な開発，デジタル貿易，越境データフローなどハイレベルな内容となっている．13 回目の協議において，「規制に関する良い慣行（Good Regulatory Practices）」の章と「地理的表示」のセクションが合意に至ったと発表している[74]．これらの経緯から基本合意はそう遠い日ではないことが予想できる．

EU 企業はインドネシア市場を十分に開拓できていない可能性がある．**表1-8** は ASEAN 主要国との財貿易額の推移である．EU の輸入では，サプライチェーンの一環の品目や消費財があり，マレーシアやベトナムからの輸入がインドネシアに比べてかなり大きい．これら品目の輸入も EU の経済には重要ではあるものの，ここでは EU の輸出に注目したい．インドネシアは ASEAN の中で人口（約 2.8 億人）や GDP は最大である．シンガポール経由で最終仕向地インドネシアへの輸出品目も一定額あろうが，2021 年の対インドネシア輸出額（79 億 6350 万ユーロ）はタイ，マレーシア，ベトナム，（133 億 2250 万ユーロ，117 億 6900 万ユーロ，106 億 4640 万ユーロ）よりも少ない傾向が続いている（**表 1-8，図 1-8**）．インドネシアの半分程度の GDP しかないフィリピンと大差ない輸出額に留まっている．インドネシアの成長性や購買力を考えると，EU 企業がこれから開拓する余地が特に残されている国であろう．協定テキスト案のファクトシート[75]では「EU の中小企業のインドネシア市場参入を増やしたい」と明記されており，サプライチェーン・公共調達・E コマース分野に注目している．EU の中小企業の参入（直接投資）が増えれば，インドネシアでの雇用を創出す

表 1-8　EU・ASEAN 財貿易額推移　(単位：100万ユーロ)

	2019 輸出	2019 輸入	2020 輸出	2020 輸入	2021 輸出	2019比 増減	2021 輸入	2019比 増減
シンガポール	35152.9	20400.2	24123.0	16935.7	27361.8	-22.2%	15707.9	-23.0%
タイ	14944.9	23098.1	11422.0	17938.9	13322.5	-10.9%	22205.5	-3.9%
マレーシア	14506.8	27100.3	10596.0	24685.8	11769.0	-18.9%	29077.4	7.3%
ベトナム	11786.3	39964.9	8773.4	34541.7	10646.4	-9.7%	38546.7	-3.5%
インドネシア	10153.6	16030.3	7257.5	13291.9	7963.5	-21.6%	16792.2	4.8%
フィリピン	8195.6	8085.1	5768.1	6518.7	7057.9	-13.9%	8168.9	1.0%
ミャンマー	645.5	3119.3	511.4	2588.8	323.6	-49.9%	2250.5	-27.9%

(出所) Eurostat より筆者作成.

ることにもなるとしており，双方にメリットがあると主張する．

4.3　期待高まる EU ベトナム FTA

　本項では ASEAN 国の中で EU との FTA が発効され，経済協力が進んでいるベトナムについて記し，通商戦略の将来を予測してみる．

　2020 年 8 月，約 8 年間の交渉を経て EU ベトナム FTA が発効した．17 の章から構成され[76]，物品の市場アクセス，関税・貿易，貿易の技術的障壁，再生可能エネルギー分野の貿易投資の非関税障壁，投資の自由化・E コマース，政府調達，競争法，知的財産権（原産地規則），貿易及び持続可能な開発と包括的な内容となっている．EU にとって，アジアの開発途上国との初の FTA であったため，今後の開発途上国との FTA の標準形となりうる．近年 EU が力を入れている中小企業に関する独立章は無いが，中小企業については全トピックスから恩恵を受けられるということであろう．

　EU は同 FTA のベネフィットとして関税撤廃，規制障壁・行政手続きの軽減，地理的表示による保護，サービス分野や公共調達の開放を挙げる[77]．ベトナム側は 10 年，EU 側は 7 年かけて，双方で 99％の関税が撤廃される．EU はこの撤廃期間の差を，ベトナムが開発途上国であることを考慮したとしている[78]．ベトナム側（EU にとって輸出）は 65％が即時撤廃された．例えば機械・電気製品（最高税率35％），約半分の医薬品（同 8 ％），繊維製品（同12％），約 7 割の化

学品（同 5 %）などである．

　また，非関税障壁では EU の自動車認証の適合をベトナムに発効 5 年後に認めさせた．同内容は日 EUEPA の交渉時にも取り上げられたものと類似する．

　EU は農産品・食品分野でビジネスチャンスが多いとする[79]．関税では，ワイン（最高税率 50%）（関税撤廃スケジュール 9 年），チーズ（同 10%）（同 3 年），牛肉・羊肉（同 30%）（同 3 年），オリーブオイル（同 20%）（同 3 年），となっており，フェタ・パルミジャーノレッジャーノチーズ，ポルト・リオハワインなど 169 の EU の地理的表示が保護されることとなった．2023 年 8 月に 3 年の撤廃スケジュールを迎えるため，2023 年後半から上記品目などの輸出が上向くか注目である．

　EU 企業は直近のベトナムとの FTA に高い期待を寄せている．ビジネスヨーロッパは「本 FTA は開発途上国との最初の包括的なものであり，EU と ASEAN の経済統合への試金石である．EU が地政学的な戦略を強化するためには，アジアでの存在感を高める必要がある」「欧州企業が（ベトナムと通商協定を有する）他国企業と公平な競争の条件（レベル・プレイング・フィールド）となった．欧州の価値観や規範（環境や労働基準等）を ASEAN に普及することにもつながる」とその意義を強調する[80]．

　この欧州の価値観や規範に関し，EU ベトナム FTA が果たした役割について論が展開されている．貿易及び持続可能な開発（TSD）条項は EU が近年の FTA で熱心に取り組んでいる分野であるが，Marslev ら（2022）の研究は[81]，TSD はこれまで大した成果を出していなかった（poor track record）と指摘する．しかし，ベトナムは，交渉過程において ILO の中核的労働基準のいくつかを順守すべく，国内法を改定した．Marsleva らは，自由貿易主義が懐疑的になる中で，TSD を EU の通商交渉の武器にしたベトナムでの成果は，欧州委員会の EU 内での交渉力を回復することになっていると結論付けている．この傾向は前項で紹介したタイとの FTA 交渉でも続くであろう．

　欧州商工会議所は EU が近年注力する地理的表示（GI）を取り上げ，「本 FTA は相互の公共調達・サービス市場へのアクセス改善や非関税障壁の低減のみならず，リオハワインやフェタチーズなどの GI 保護において，欧州企業のビジネス機会が拡大する」と期待感を示した[82]．さらなる要望として「インド

ネシアやタイなどのキーマーケットとの FTA 締結も望む」と注文を付けた.

　ベトナム商工会議所のホームページでは EU とのビジネスイベントが相次いでいることが確認できる. 2022 年 11 月デンマーク[83], 2023 年 2 月チェコミッション団受け入れ[84], 2023 年 2 月ドイツなどである[85].

　他方, 発効後 2 年が経ち, 効果を調査したレポートでは課題も明らかになってきている. ジェトロによると, ベトナム商工会議所が開催した効果検証セミナー（2022 年 11 月）では, EU の対ベトナム輸出額（2020 年 8 月〜2022 年 7 月）は発効前 2 年間（2018 年 8 月〜2020 年 7 月）の 280 億ドルから 16.1％増の 325 億ドルになった. また, ベトナムの対 EU 輸出額は同 706 億ドルから 18.4％増の 836 億ドルへと拡大した[86]. 2 年単位で一見すると, 双方堅調のように見られるが, EU 側の統計で COVID-19 前の 2019 年と 2021 年の単年度ベースでデータを確認すると, EU の対ベトナム輸出額は -9.7％, ベトナムの対 EU 輸出額は -3.5％となり, COVID-19 前の水準には戻っていない（表 1-8）. ただし, EU の輸出額では, FTA 未締結のインドネシア（-21.6％）・マレーシア（-18.9％）・フィリピン（-13.9％）に比べて, FTA 締結国のベトナムの減少幅は小さく, EU ベトナム FTA が輸出を下支えした可能性がある.

　同効果検証セミナーでは, ベトナム企業の FTA 利用率（PUR）は 40.8％であったが, その内訳は在ベトナムの外資系企業のほうが利用率は高かったと分析している. ベトナム地場企業の理解不足や原産地規制を満たさない製品の存在という課題があるとしている. EU ベトナム FTA には持続可能な発展や関税など 9 つのトピックスで国内アドバイザリーグループ（DAG）などの協議体を配置しており, 発効後の課題や効果的な運用を逐次議論していくことが求められる.

4.4　ASEAN 加盟国別貿易の特徴

　これまで EU の対 ASEAN・各国との通商戦略の遍歴を述べてきた. 本項では, 近年の同地域との経済関係をデータから今一度確認し, 成長市場の可能性を考察する.

　基本情報として, 在 ASEAN の EU 企業数を Eurostat のデータからまとめてみた（表 1-9）. 2020 年時点で 5837 の EU 企業（製造業・サービス業）が ASEAN

表 1-9 在 ASEAN の EU 企業数

	2015	2016	2017	2018	2019	2020	2015 比 増減
ASEAN	5,015	5,593	5,507	5,786	5,846	5,837	16.4%
インドネシア	*561*	*649*	610	676	*604*	566	0.9%
カンボジア	45	49	55	59	51	55	22.2%
シンガポール	1,974	2,234	2,196	2,255	2,305	2,363	19.7%
タイ	711	751	782	834	825	814	14.5%
フィリピン	*300*	367	*344*	*369*	*374*	*387*	29.0%
ブルネイ	*31*	*24*	*19*	21	25	21	-32.3%
ベトナム	416	436	451	493	541	539	29.6%
マレーシア	*937*	*1,038*	*993*	*1,013*	1,042	1,018	8.6%
ミャンマー	*25*	*33*	44	54	64	*61*	144.0%
ラオス	*15*	*12*	*13*	*12*	*15*	*13*	-13.3%

(注) EU の数値が発表されていない年は，公表されている EU 加盟国別の数値を足し上げ
た（斜字）．ASEAN 合計は表上で合計値を算出した.
(出所) Eurostat より筆者作成.

に進出している．2015 年比では 16.4％増えており，EU 企業が同地域で精力
的にビジネス展開を試みていることがうかがえる．国別企業数ではシンガポー
ル（2363 社），マレーシア（1018 社），タイ（814 社）が多く，増加率ではベトナ
ム（2015 年比 29.6％増），フィリピン（同 29.0％増）となっている．一時期アジア
最後のフロンティアとして注目されたミャンマーは同 144.0％増と急増してい
るが，そもそもの母数が小さい（25 → 61）ことや，2021 年 2 月の軍事クーデタ
ー発生により，民間の直接投資がこれ以上進むとは思えず，期待は持てない.

　内訳ではフランス企業の進出が多いことが特徴である．例えば，インドネシ
アではフランス 196 社，ドイツ 104 社．マレーシアではフランス 277 社，ドイ
ツ 214 社といった具合である．植民地時代の経済関係の名残もあろうか.

　企業規模別の統計は存在しないが，駐タイ欧州商工会議所（EABC）による
とメンバー構成は 50％が中小企業であるとしており，他の ASEAN 諸国の構
成も同様に中小企業が一定数進出していることが想像できる．これら中小企業
の業種としては，前出の EU の輸出成功事例からも食品が多いと思われる.
ASEAN においても中小企業に対する通商戦略や中小企業振興策が求められる

であろう.

次にEUとASEANの貿易状況を確認してみよう.図1-7から明らかなとおり,EUとASEANの貿易はASEANの輸入超過が続いている.2022年は対ASEAN輸出額921億ユーロに対し,輸入額は1790億ユーロと,輸入額が輸出額の倍である(表1-10).サプライチェーンの一環として素材・中間財の輸入があることや,購買力が開発途上の国もある(輸出額が増えない)といった要因はあろうが,ASEANの将来的な発展を見据え,EU製品の売込みを強化すべきであろう.

品目別の内訳で,EUの輸出額で多いのは機械・輸送機器(2022年割合40.4％),化学製品(同21.9％)などの製造品である(表1-10).EUの輸出額で順調に伸びを示しているのは食品・飲料(同9.3％)である.この分野にEUの商品ブランドの強みがあると考える.

同様にEUの輸入額で多いのも機械・輸送機器(同42.2％),その他製造品(同33.0％)となっている.金額ベースでは2倍以上の製造品がEUに輸入されており,製造品供給の拠点としてのASEANの重要性が分かる.原材料(Raw

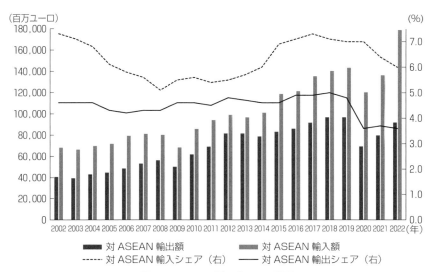

図1-7 EUの対ASEAN貿易

(注)2020年からは英国を抜いたEU27の数値.
(出所)Eurostatより筆者作成.

表1-10　EU・ASEAN間の品目別貿易

(単位：100万ユーロ)

EU → ASEAN（輸出）	2018年	2019年	2020年	2021年	2022年	2022年の割合
全品目合計	85,805.2	85,296.4	69,388.8	79,804.2	92,064.2	
食品・飲料・たばこ	6,239.2	6,825.6	6,057.2	7,243.8	8,565.2	9.3%
原材料（鉄鉱石など）	2,318.2	2,571.8	2,400.7	3,459.9	3,425.8	3.7%
鉱物燃料・潤滑油・関連材料	4,605.9	2,366.4	1,626.3	2,707.9	1,760.9	1.9%
製造品	70,703.8	71,512.9	57,699.4	64,565.7	76,726.3	83.3%
化学品・関連品など	13,227.2	13,916.5	13,766.8	17,560.4	20,155.0	21.9%
その他製造品	15,768.7	16,307.0	13,537.3	14,994.6	19,346.1	21.0%
機械・輸送機器	41,708.1	41,289.6	30,395.2	32,010.4	37,225.2	40.4%
その他	1,938.0	2,019.6	1,604.9	1,826.6	1,585.8	1.7%

ASEAN → EU（輸入）	2018年	2019年	2020年	2021年	2022年	2022年の割合
全品目合計	121,431.3	125,449.7	120,462.4	136,529.	179,013.3	
食品・飲料・たばこ	7,354.7	7,317.	6,943.	7,189.9	10,207.9	5.7%
原材料（鉄鉱石など）	7,292.5	6,534.5	7,047.2	9,158.5	11,404.4	6.4%
鉱物燃料・潤滑油・関連材料	1,790.3	1,678.2	1,560.5	1,810.4	4,644.8	2.6%
製造品	103,246.9	109,104.7	103,091.1	117,252.4	151,227.5	84.5%
化学品・関連品など	12,928.9	12,002.7	10,847.8	11,232.2	16,650.2	9.3%
その他製造品	36,324.8	39,262.6	36,488.7	42,753.6	59,037.1	33.0%
機械・輸送機器	53,993.0	57,839.3	55,754.1	63,266.6	75,539.8	42.2%
その他	1,746.6	815.6	1,820.6	1,117.9	1,528.5	0.9%

(出所）Eurostatより筆者作成.

materials）もEUの輸入額（同114億400万ユーロ）は輸出額の3倍以上が続いている．さらにエネルギー（Mineral fuelsなど）の輸入額は2022年に急増（18億1040万ユーロ→46億4480万ユーロ）し，原材料調達などのサプライチェーン上流でのASEANの役割が増していることが読み取れる．

　ASEANを国別にみると，FTA締結済のシンガポール（2019年11月発効）はアジアのゲートウェイの色合いもあり，EUからの輸出のほうが多く特殊である．ベトナム（2020年8月発効）はサプライチェーンの一角として輸入超が顕著である（図1-8）．

　現地の所得増による消費市場の登場に伴い，ベトナム，タイ，マレーシア，

第1章 EU 通商戦略の歩み　49

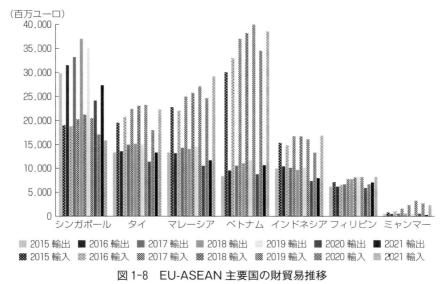

図 1-8　EU-ASEAN 主要国の財貿易推移

（注）国別に左から 2015EU 輸出・EU 輸入→ 2021 年 EU 輸出・EU 輸入の順．2020 からは英国を抜いた EU27 の数値．
（出所）Eurostat より筆者作成．

インドネシアには EU 製品の輸出潜在性が存在するため，EU ベトナム FTA により対ベトナム輸出が今後どれくらい伸長するか注目である．EU にとって ASEAN 各国は重要な資源調達先であると同時に，EU 商品の販売先として開拓の余地が多く残された地域であるといえよう．

EU ベトナム FTA による貿易額の変化は前項で既述のため，改めて記載しないが，COVID-19 発生までは堅調であったが，2021 年は COVID-19 前の水準に未だ戻っていない．EU とベトナムの FTA 効果に関しては，中小企業の文脈の貿易データを使って第 5 章第 1 節で検証する．

小　　括

本章では EU の通商戦略の思想の遍歴，特に米国や日本との経済連携の経緯，FTA の実績や日 EUEPA 初年度の経済効果，そして成長著しい ASEAN を EU がどのように取り込んでいるのかを紐解いた．

通商戦略の転機は，2006年の通商戦略を世界に「拡大」する意思を強く表明した「グローバル・ヨーロッパ」である．「新世代型FTA」を目指し，関税撤廃・低減にとどまらず，サービス分野，非関税障壁，知的財産権，政府調達など非伝統的な分野に広範囲に渡り，高水準の自由化を試みた．続く，2010年「貿易・成長・世界問題」や2015年「万人のための貿易」など時代を先取りした通商戦略を発表し，EUは単一市場の「深化」，WTO多国間貿易交渉の行き詰まりを契機にした二国間交渉への「拡大」，そして「SDGsや中小企業を含むインクルーシブ」な通商戦略への変容を繰り返しながら，自由貿易ネットワーク構築の「ノウハウ」に磨きをかけていった．また，気候，環境，労働保護などの「貿易及び持続可能な開発（TSD）」の章を今後のFTA設けるとも宣言している．

　EUと米国は巨大な自由貿易圏構築を巡り，「接近」や「対立」を繰り返した．米中の貿易摩擦やCOVID-19でEU経済が痛んだ現在，EUは自由貿易の功利を米国と改めて共有するべきである．「対立」ではなく，米国をEU側に「懐柔」するほうがEUにとっても得策であろう．

　地理的視野を東側に広げ，日EUEPAの交渉経緯を政治的要因や経済的要因から分析し，保護主義的な動きの中での自由貿易主義のエポックメーキングな出来事とした．

　そしてASEAN各国とのFTAの遍歴を追い，関係は一方的なものから，双方が利益を分かち合うパートナーシップに徐々に変容していく様子を分析し，「Development Cooperation」から「Strategic Partners」と，両地域の協力関係は「対等で相互依存的な関係」になっていると結論付けた．この背景には非関税障壁の低減などのASEANの高度な経済統合が，EUのASEANビジネスに裨益するという思惑が透ける．

　EUはASEAN各国別の交渉に舵を切り，一定の成果を出している．タイ，インドネシア，ベトナムとのFTAの関係を詳述し，ベトナムはEUにとって，アジアの開発途上国との初のFTAであり，今後の開発途上国とのFTAの標準形となりうること，また自由貿易主義が懐疑的になる中で，TSDをEUの通商交渉の武器にしたベトナムでの成果は，欧州委員会のEU内での交渉力を回復することを紹介した．

ASEAN においても中小企業に対する通商戦略や中小企業振興策が求められるであろう．EU の輸出額で順調に伸びを示しているのは食品・飲料である．この分野に EU の商品ブランドの強みがあると考える．原材料調達などのサプライチェーン上流での ASEAN の役割が増している．EU にとって ASEAN 各国は重要な資源調達先であると同時に，EU 商品の販売先として開拓の余地が多く残された地域であるといえよう．

注

1）https://ec.europa.eu/commission/presscorner/detail/en/IP_20_1409（最終アクセス日 2023 年 10 月 9 日）．

2）https://www.mofa.go.jp/mofaj/press/release/press 1 _000474.html（最終アクセス日 2023 年 10 月 9 日）．

3）https://www.mofa.go.jp/mofaj/press/release/press 4 _009162.html（最終アクセス日 2023 年 10 月 9 日）．

4）FTA（自由貿易協定）や日本との EPA（経済連携協定）を示す．日本とメキシコに関しては EU 側資料で Global Agreement と表現されることもある．

5）この場合の EPA とは旧植民地を中心に歴史的関係を基盤にした協定で，EU は Economic Partnership Agreements with African, Caribbean and Pacific State としており，日本との EPA とは性質が違うものである．

6）EU が分類する Partnership and Cooperation Agreements はカウントしない数．https://ec.europa.eu/trade/policy/countries-and-regions/negotiations-and-agreements/（最終アクセス日 2024 年 5 月 6 日）．

7）オーストラリア，インド，インドネシア，フィリピン，タジキスタン，タイの 6 カ国．中国は投資協定，シンガポールはデジタル貿易協定（2019 年に FTA 発効済）のためカウントせず．

8）Commission of the European Communities（2006），"Communication from the Commission to the Council,the European Parliament, the European Economic and Social Committee and the Committee of the Regions, Global Europe: Competing in the world", COM（2006）567 final.

9）ジェトロ（2009），「EU の FTA 戦略および主要 FTA の交渉動向」，『ユーロトレンド 2009 年 6 月』，2 頁．

10）なお，EU では貿易協定を 4 つに分類している．① New Generation of preferential trade agreements，② DCFTA，③ First Generation of preferential trade agreements，④ Economic Partnership Agreements with African, Caribbean and Pacific States. European Commission（2019a），"2019 Report on Implementation of EU Free Trade

Agreements".

11）European Commission（2010），"Communication from the Commission to the European Parliament, the Council, the European Economic and Social Committee and the Committee of the Regions, Trade, Growth and World Affairs".

12）http://eumag.jp/feature/b0216/（最終アクセス日 2020 年 8 月 14 日）.

13）ここでは 3 つの主眼のうち，代表的なものを書き出した．詳細については次を参照されたい．
European Commission（2015），"Trade for All".

14）https://ec.europa.eu/info/strategy/priorities-2019-2024_en#documents（最終アクセス日 2020 年 8 月 14 日）.

15）Von der Leyen, U.（2019），"A Union that strives for more My agenda for Europe",Political Guidelines for the Next European Commission 2019-2024.

16）European Commission（2020d），"Communication from the Commission to the Council, the European Parliament, the European Economic and Social Committee and the Committee of the Regions, Europe's moment: Repair and Prepare for the Next Generation", COM（2020）456 final.

17）European Commission（2020e），"Renewed trade policy for a stronger Europe: Consultation Note".

18）経済産業省（2023），「通商白書 2023 年版」.

19）Business Europe（2020），"Business Europe proposals for a European economic recovery plan", 30 April 2020.

20）メルコスールに関しては 2019 年 6 月に政治的妥結（political agreement）しているが未署名・未発効.

21）https://ec.europa.eu/trade/policy/countries-and-regions/countries/united-states/（最終アクセス日 2020 年 8 月 19 日）.

22）世界銀行 2019 年のデータ.
https://data.worldbank.org/indicator/SP.POP.TOTL?name_desc=false（最終アクセス日 2020 年 8 月 19 日）.

23）本段落は田村考司（2019），「アメリカン・グローバリゼーションの限界とトランプ政権の通商政策」『桜美林エコノミックス』第 11 号を参照・要約した.

24）日本経済新聞朝刊，「特集－米欧 FTA，中国意識，貿易ルール，国際標準狙む，日 EU は自動車が焦点」，2013 年 2 月 17 日.

25）ジェトロビジネス短信，「欧州委米国との TTIP 交渉は停止状態との見解示す」，2017 年 2 月 1 日.

26）https://www.vrt.be/vrtnws/fr/2016/11/10/de_gucht_je_pensequelettipestmortmaintenant-1-2816689/（最終アクセス日 2020 年 8 月 31 日）.

27）日本経済新聞朝刊，「EU，米与党地盤狙う」，2018 年 6 月 22 日.

28) 日本経済新聞朝刊,「「車関税ゼロ」米をけん制」, 2018 年 9 月 11 日.

29) https://trade.ec.europa.eu/doclib/press/index.cfm?id=2171 (最終アクセス日 2020 年 8 月 31 日).

30) 見直しは, ドイツとフランスのジャム 7 品目の追加, チーズ（牛乳由来を除く）のギリシャ除外, スイーツビスケットの英国除外など. それ以外は航空機 15%, ワイン・チーズなど食品・飲料 25％の追加関税を維持.
    ジェトロビジネス短信,「米 USTR, EU とのエアバス補助金への報復関税対象を変更, 一部食品の追加など」, 2020 年 8 月 14 日.

31) https://trade.ec.europa.eu/doclib/press/index.cfm?id=2178 (最終アクセス日 2020 年 8 月 30 日).

32) EU 米の交渉対象に農産品は入っていないため本資料では農産品は掲載されていない.
    European Commission (2019b), "Liberalization of tariffs on industrial goods between the United States of America and the European Union: An economic analysis".

33) ジェトロビジネス短信,「環大西洋貿易投資パートナーシップ（TTIP）交渉開始へ」, 2013 年 2 月 14 日.

34) http://warp.da.ndl.go.jp/info:ndljp/pid/8729139/www.meti.go.jp/press/2014/07/20140722008/20140722008.html (最終アクセス日 2020 年 8 月 23 日).

35) ジェトロ (2008),「日本・EU タスクフォース合同報告書」.

36) 日・EUEIA 研究会事務局 (2009),「日本・EU EIA 研究会報告書」.

37) 関税の撤廃に留まらず, 自動車, 医薬品, 医療機器などの非関税障壁の撤廃などに野心的に取り組んできた協定. 2015 年 12 月に正式発効した.
    https://ec.europa.eu/trade/policy/countries-and-regions/countries/south-korea/(最終アクセス日 2020 年 8 月 28 日).

38) European Commission (2016), "Annual Report on the Implementation of the EU-Korea Free Trade Agreement".

39) https://www.acea.be/press-releases/article/auto_industry_welcomes_parliaments_vote_for_stronger_safeguards_in_con1 (最終アクセス日 2020 年 8 月 28 日).

40) https://www.mofa.go.jp/mofaj/ecm/ie/page4_002804.html (最終アクセス日 2020 年 8 月 28 日).

41) https://www.mofa.go.jp/mofaj/ecm/ie/page4_003105.html (最終アクセス日 2020 年 8 月 28 日).

42) 統計基準, FOB 価額（輸出時）と CIF 価額（輸入時）, 原産国認定, 為替変動, 輸送期間などの差異のこと. 貿易統計の不整合問題は次の論文に詳しく書かれている (https://warp.da.ndl.go.jp/info:ndljp/pid/11457100/www.jterc.or.jp/members/journal/assets/no57-03.pdf, 最終アクセス日 2020 年 8 月 28 日).

43) ジェトロ (2020),「ジェトロ世界貿易投資報告 2020 年版」.

44) 発効は 2019 年 2 月であることから, 2019 年 2 月〜2020 年 1 月を初年度として可能な限

りデータを作成した.

45) https://www.maff.go.jp/j/kokusai/renkei/fta_kanren/f_eu/attach/pdf/1seisann0925.
Pdf 並びに https://www.meti.go.jp/press/2017/12/20171225008/20171225008-3.pdf（最終アクセス日 2020 年 8 月 28 日）.

46) https://trade.ec.europa.eu/doclib/press/index.cfm?id=2107（最終アクセス日 2020 年 8 月 28 日）.

47) European Commission Directorate-General for Trade (2020), "European Union, Trade in goods with Japan".

48) https://www.customs.go.jp/toukei/shinbun/trade-st/gaiyo2019.pdf（最終アクセス日 2020 年 8 月 28 日）.

49) EPA 利用率（PURs）＝（実際に EPA の特恵関税を利用した輸入額）／（特恵関税の適用対象になり得る品目の輸入額）（https://www.mofa.go.jp/mofaj/ecm/ie/page22_003347.html, 最終アクセス日 2020 年 8 月 28 日）.

50) https://www.eeas.europa.eu/asean/european-union-and-asean_en?s=47#10059（最終アクセス日 2023 年 3 月 13 日）.

51) 田中俊郎（2016），「EU とアジア」,『日本 EU 学会年報』第 36 号, 1-28 頁.

52) European Commission High Representative of The Union for Foreign Affairs and Security Policy (2015), "Joint Communication to the European Parliament and the Council the EU and ASEAN: a partnership with a strategic purpose", JOIN (2015) 22 final.

53) https://eeas.europa.eu/sites/eeas/files/EU-ASEAN_factsheet_july_2019.pdf（最終アクセス日 2023 年 3 月 13 日）.

54) Mission of the European Union to ASEAN (2020), "EU-ASEAN Natural Partners", *EU-ASEAN Blue Book 2020*.

55) https://www.eeas.europa.eu/sites/default/files/fact-sheet-eu-asean-strategic-partnership.pdf（最終アクセス日 2023 年 3 月 13 日）.

56) Delegation of the European Union to the Association of Southeast Asian Nations (2022), "EU-ASEAN Strategic Partners", *EU-ASEAN Blue Book 2022*.

57) European Union (2022b), "Plan of Action to Implement the ASEAN-EU Strategic Partnership (2023-2027)", AFM-EU/2022/01/POA.

58) Council of the European Union (2022b), "EU-ASEAN Commemorative Summit (Brussels, 14 December 2022)- Joint Leaders' Statement", COASI 244.

59) https://www.businesseurope.eu/publications/efforts-must-be-stepped-trade-agreements-ASEAN-countries-0（最終アクセス日 2023 年 3 月 13 日）.

60) https://trade.ec.europa.EU/doclib/docs/2017/march/tradoc_155416.%20AEM-EU%2015%20-%20Draft%20JMS%20-9%20March%20-cln.pdf（最終アクセス日 2023 年 3 月 13 日）.

61）European Association for Business and Commerce（2022），"2022 European Business Position Paper".

62）Council of the European Union（2022a），" Framework Agreement on Comprehensive Partnership and Cooperation between the European Union and its Member States, of the one part, and the Kingdom of Thailand, of the other part", 11910/22.

63）ジェトロビジネス短信，「タイ，EU との FTA 交渉を再開へ」，2023 年 02 月 02 日.

64）https://ec.europa.eu/commission/presscorner/detail/en/ip_23_1628（最終アクセス日 2023 年 3 月 13 日）

65）EU DG Trade（2023），"EU-TH FTA - SMES - EU TEXT PROPOSAL".

66）https://policy.trade.ec.europa.EU/EU-trade-relationships-country-and-region/countries-and-regions/philippines/EU-philippines-agreement/documents_en（最終アクセス日 2023 年 3 月 13 日）.

67）European Commission（2017a），"Report from the 2nd round of negotiations for a Free Trade Agreement between the European Union and the Philippines".

68）https://policy.trade.ec.europa.eu/analysis-and-assessment/sustainability-impact-assessments_en（最終アクセス日 2023 年 3 月 13 日）.

69）https://www.pna.gov.ph/articles/1195952（最終アクセス日 2023 年 3 月 13 日）.

70）https://www.businesseurope.eu/events/eu-philippines-business-roundtable（最終アクセス日 2023 年 3 月 13 日）.

71）https://policy.trade.ec.europa.eu/eu-trade-relationships-country-and-region/countries-and-regions/malaysia_en（最終アクセス日 2023 年 3 月 13 日）.

72）https://policy.trade.ec.europa.eu/analysis-and-assessment/sustainability-impact-assessments_en（最終アクセス日 2023 年 3 月 13 日）.

73）European Commission（2023a），"Overview of FTA and other trade negotiations".

74）European Commission（2023b），"Report of the 13th round of negotiations for a Free Trade Agreement between the European Union and Indonesia".

75）European Commission（2017b），"The EU Proposal on Small and Medium-sized Enterprises（SMEs）Explanatory note".

76）https://policy.trade.ec.europa.eu/eu-trade-relationships-country-and-region/countries-and-regions/vietnam/eu-vietnam-agreement/texts-agreements_en（最終アクセス日 2023 年 3 月 13 日）.

77）European Commission（2020a），"MAIN BENEFITS Opportunities to increase trade and support jobs and growth".

78）https://policy.trade.ec.europa.eu/news/eu-vietnam-trade-agreement-memo-2018-10-17_en（最終アクセス日 2023 年 3 月 13 日）

79）European Commission（2020b），"AGRICULTURAL BENEFITS New opportunities for farmers".

56

80）https://www.businesseurope.eu/publications/ratification-eu-vietnam-agreements-high-economic-and-strategic-value（最終アクセス日 2023 年 3 月 13 日）.

81）Marsleva, K., and Staritz, C.,（2022）, "Towards a stronger EU approach on the trade-labornexus? The EU-Vietnam Free Trade Agreement, social struggles and labor reforms in Vietnam", *REVIEW OF INTERNATIONAL POLITICAL ECONOMY Volume 30*, pp.1125–1150.

82）https://www.eurochambres.eu/wp-content/uploads/2020/06/200212_-_ECH_Press_Release_Ratification_of_EU-Vietnam_trade_agreement_underlines_Europes_ambition_as_a_Global_Player-2020-00013-01.pdf（最終アクセス日 2023 年 3 月 13 日）.

83）https://www.vcci.com.vn/hop-tac-doanh-nghiep-viet-nam-dan-mach-thuc-day-chuyen-doi-xanh（最終アクセス日 2023 年 3 月 13 日）.

84）https://www.vcci.com.vn/dien-dan-doanh-nghiep-viet-nam-sec（最終アクセス日 2023 年 3 月 13 日）.

85）https://www.vcci.com.vn/mo-rong-quan-he-hop-tac-doanh-nghiep-viet-nam-duc（最終アクセス日 2023 年 3 月 13 日）.

86）ジェトロビジネス短信,「EU・ベトナム FTA 発効から 2 年, 地場企業の活用には課題も」, 2022 年 11 月 21 日.

第 2 章

EU の通商戦略と中小企業振興策の
互恵関係

第 2 章　EU の通商戦略と中小企業振興策の互恵関係　　*59*

は じ め に

　本章では EU が「経済の屋台骨（Backbone）である」と度々言及する中小企業に焦点を当てる．最初に，中小企業振興策の基本理念を歴史的な歩みと共に紐解いていく．そして前章で詳述した「通商戦略」が，中小企業の抱える諸課題を軽減させながら成長に導く「中小企業振興策」とどのような関係性を構築してきたのか，その経緯や意義を論じる．

第 1 節　EU の中小企業振興策

1.1　中小企業の定義

　本節では EU の中小企業の概観ならびに中小企業振興策の発展の経緯について論じていく．

　EU の中小企業の定義は序章にて紹介したが，再度確認しておこう（表 2-1，表 2-2）．

　 a ）従業員数 250 名未満，b ）年間の総売上高 5000 万ユーロ以下もしくは年間の貸借対照表の総資産 4300 万ユーロ以下，c ）中小企業以外に 25％以上を支配（資本や議決権）されていない，の 3 つの条件を全て満たすものである[1]．この定義に当てはまる中小企業の数は，2020 年時点で約 2253 万社ある．この数は金融以外の産業において 99.8％，雇用者数は 65％を占めている．まさに「経済を支える屋台骨」である．さらに，93.3％が零細企業（従業員 10 人未満＆売上高または貸借対照表の総資産 200 万ユーロ以下[3]）であり，事業規模が小さい層が太宗を占めている．

　Birch（1979）は企業の規模別の雇用貢献度を比較し，雇用は主に中小企業から創出されると分析し，その重要性を論じた[4]．この頃から雇用の維持・拡大のためには中小企業の振興が重要であるという思想が EU にも徐々に知られるようになった．

　企業が中小企業として扱われることはどのようなメリットがあるのだろうか．大半の加盟国は，EU の中小企業定義を採用しているが，軽減税率などの優遇

表 2-1　EU の中小企業の定義

従業員数	貸借対照表 4,300 万ユーロ未満（総資産）	独立性
250 人未満	OR	中小企業以外に 25%以上を 支配（資本や議決権）されて いない
	5,000 万ユーロ未満（総売上高）	

(出所) EU のホームページ, The Commission Of The European Communities (2003), "COMMISSION RECOMMENDATION of 6 May 2003 concerning the definition of micro, small and medium-sized enterprises" より筆者作成.

表 2-2　EU の中小企業の存在の大きさ (2020 年)

	零細企業	小企業	中小企業	全中小企業	大企業	全企業
企業						
数	21,044,884	1,282,211	199,362	22,526,457	40,843	22,567,300
％	93.3	5.7	0.9	99.8	0.2	100.0
付加価値						
付加価値額 （百万ユーロ）	1,179,476	1,071,196	1,087,613	3,338,286	2,956,544	6,294,829
％	18.7	17.0	17.3	53.0	47.0	100.0
従業員						
数	36,988,539	25,313,006	20,130,548	82,432,093	44,358,284	126,790,377
％	29.2	20.0	15.9	65.0	35.0	100.0

(出所) Eurostat より筆者作成.

税制は各国が権限を有している．従って，優遇税制の内容も国によりまちまちである．加盟国でも独自の中小企業振興策を実行するが，EU は共通振興策として，中小企業向けの補助金制度，行政手続きの簡素化推進，融資アクセスの介助，ビジネスマッチングのサポート，FTA 網整備などを行っている．

1.2　画期的な「欧州小企業憲章」「Think Small First 原則」「欧州中小企業議定書（SBA）」

EU の中小企業振興策の発展の変遷をみていこう．

2000 年，「欧州小企業憲章」が採択された．EU の中小企業振興策の中でもエポックメーキングな出来事であった．なぜならば，起業家精神の重要性や中

小企業の存在意義，そのための環境整備の重要性が強く主張されたことに加え，加盟国のトップが中小企業振興に関して合意した初の文書であったからである．そして，直接の拘束力はないものの，加盟国の中小企業振興策の実行状況を検証する方式を採用したことは，加盟国への一定の圧力となった[5]．

　さらに，振興策の策定・実行に際して，中小企業のことを常に考慮すべきという「Think Small First」原則の徹底が強く求められた．本原則は脈々と受け継がれ，EU の中小企業振興策の中核思想となっている．

　その後も重要な中小企業振興策が策定された．2006 年の通商戦略「グローバル・ヨーロッパ」発表の 2 年後に発表された 2008 年の「欧州中小企業議定書（Small Business Act for Europe：SBA）[6]」である．SBA は「Think Small First」原則を掲げ，中小企業が直面する様々なビジネス障害を取り除き，支援することで，「中小企業にとって EU が世界的に優れた環境になること[7]」を優先的に考えた．

10 の原則を採択した．主なものは以下のとおりである．

- ・起業家精神が報われる環境にする
- ・公共調達への参加促進
- ・融資へのアクセス改善
- ・単一市場からの恩恵増加の奨励
- ・域外市場からの成長果実を得るよう奨励し支援

　ここでは「域外市場から成長果実を得るよう奨励し支援」原則について概説する[8]．SBA では，2008 年当時の問題意識として，中小企業の売上高に占める輸出比率が 8％と，大企業の 28％に劣後していると問題視する．中小企業の限られたリソースや低いリスク許容力により，大企業に比べ，中小企業は貿易障壁から大きく打撃を受けると指摘する．従い，貿易障壁を低減させることが肝要で，そのためには以下が必要とする．

- a）域外市場における公共調達へのアクセス改善や知的財産権保護の強化
- b）公平な市場競争環境の確保
- c）市場アクセスへの促進

ａ）域外市場の公共調達へのアクセスについては，WTO や FTA 交渉を通じて開放するように積極的に模索するとした．SBA での指摘が，その後の EU の FTA 交渉における相手国の公共調達開放要求に一定の影響を与えたことが推測できる．ｃ）市場アクセスについては，中国の WTO 加盟（2001 年）による中国市場拡大の期待から「ゲートウェイ中国プログラム」を立ち上げた．中小企業経営層の教育プログラムを施すことで，中小企業が中国の巨大市場で競争力を有し，市場獲得できることを目指した．中小企業向けの欧州ビジネスセンターも中国に設立した．

SBA の画期的な点の一つは，加盟国にレビューを毎年行うことを求めたことである．EU は加盟国における SBA の 10 の原則の実施・進捗状況を 2011 年から現在まで毎年管理しており，加盟国内の中小企業振興策の調和に寄与している．

1.3 中小企業振興策の段階説

2005 年までの EU の中小企業振興策を，三井（2005）は 4 つに分類している[9)]．

前 段 階（1983-1989 年）：雇用問題解決を期待し，中小企業の存在と政策の必要への覚醒の時期

第一段階（1989-1993 年）：市場統合の効果発揮を重視し，柔軟性活用と企業の連携協働を意図した

第二段階（1994-2000 年）：欧州経済の不振下に政策の統合化を図る一方，金融や取引企業など中小企業の直面する具体的な困難と不利の問題に対処する施策を重ねた

第三段階（2000-2005 年）：2000 年の長期成長戦略「リスボン戦略」にもとづき，革新的な中小企業の創業と発展に望ましい環境を作ることが欠かせないことを認識．「欧州小企業憲章」（2000 年）によって中小企業は「欧州経済の屋台骨」と位置づけられ，「Think Small First」原則を実現すべく中小企業に望ましい法制や事業環境を築く

上記の分類は，（前段階）中小企業振興策の必要性の「認識」→（第一段階）市場統合への「組み込み」→（第二段階）経済不振下における中小企業振興策の

「統合」→（第三段階）成長戦略の中で経済の屋台骨である中小企業の「環境を整備」と整理でき，2005年までの中小企業振興策の発展段階を端的に示している．2005年以降を分類したものは筆者が渉猟する限りでは見つかっていない．従って，論を展開する中で筆者が新たに試みたい．

1.4 長期成長戦略と中小企業振興策の中核プログラム COSME

本項では，EUの長期成長戦略「欧州2020」（2010年策定）における中小企業の位置づけを紹介する．なぜならば，通商戦略や中小企業振興策などは，長期成長戦略という大きな幹に影響を受け策定されるため，長期成長戦略を理解することが，各戦略を理解する第一歩になるからである．

「欧州2020」では3つの優先事項を決定した．

① 知的な経済成長
② 持続可能な経済成長
③ 包摂的な経済成長

この中で「中小企業」が頻繁に登場するのが，②「持続可能な経済成長」のパートである．中小企業が同分野で課題を抱えていることがうかがえる．「持続可能な経済成長」は昨今のバズワードであるが，2010年頃から中小企業の文脈においてEUでも語られてきた．

「欧州2020」（2010年策定）を受け，2014年，EUの中小企業振興策の中核プログラムとなる「COSME（the EU Programme for the Competitiveness of Enterprises and Small and Medium-sized Enterprises）」が策定された．COSMEは中小企業の以下の4つの課題を解決することを目的とし，2020年まで続いた[10]．11のプログラムが実施され，COSME実施期間中の総予算額は23億ユーロ（2836億円）であった[11]．

① 金融サービスへのアクセス
② 国際化や市場アクセス
③ 起業家精神の奨励
④ ビジネス環境の整備・競争力維持のための枠組み

ここでは，通商に直結する ②「国際化や市場アクセス」に関連する主要プログラムの内容について紹介する．

- ・欧州企業ネットワーク（Enterprise Europe Network : EEN）
  中小企業が域外市場を獲得できるよう，60 カ国 600 の組織・パートナーが，海外ビジネス・技術パートナーの発掘，EU 補助金・金融サービスへのアクセスを支援
- ・中国・ASEAN・メルコスールでの知的財産権（IPR）の相談窓口
  IPR SME ヘルプデスクを 3 地域に設置
- ・日欧産業協力センターや中国 EU 中小企業センターの運営資金提供
- ・若手起業家を EU 域内の中小企業に長期間派遣する人材教育プログラム：Erasmus for Young Entrepreneurs Programme[12]

筆者は通商系を専門とする政府機関での業務経験が長いが，これまで業務上で EU の通商関係に携わった際は，EEN や日欧産業協力センターによる来日プログラムを頻繁に耳にすることがあった．これらを通じて多くの EU の中小企業が来日し，積極的に対日輸出を開拓していった印象がある．

第 2 節　通商戦略と中小企業振興策の互恵関係の始まり

2.1　互恵関係の構築過程

本節では，EU2020 の成長戦略や COSME のもと，通商戦略が中小企業に配慮したものに進化することで，中小企業の海外市場意欲を刺激し，結果として通商戦略が拡大され経済成長を促すという，通商戦略と中小企業振興策が有機的に関係性を深めながら互恵関係を築いていく過程を整理する．

「グローバル・ヨーロッパ」発表（2006 年）の 2 年後に表明された SBA において強調された「Think Small First」原則の理念は，グローバル・ヨーロッパ下で進められた FTA 交渉に少なからず影響を与えたことは既述した．ここでは EU が締結する FTA の協定文において，「中小企業」という条項が増えたかどうかを分析する．本検証をすることによって通商戦略と中小企業振興策が互恵関係を築いていったのかが垣間見えてくると考える．

第2章　EUの通商戦略と中小企業振興策の互恵関係　　65

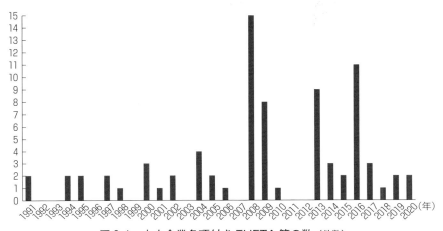

図 2-1　中小企業条項付き EUFTA 等の数（件数）
(出所）欧州議会対外政策局 (2021), "Benefit of EU trade agreement for small and medium-sized enterprises" より筆者作成.

　図2-1 は EU が締結した FTA 等協定文内で，中小企業向けに定めた条項の推移である．グローバル・ヨーロッパや SBA 発表後の 2008 年以降，中小企業条項が増加傾向にあることが確認できる．

　さらに，COSME が開始された翌年の 2015 年には，通商戦略「万人のための貿易」が策定された．海外市場拡大路線から金融・経済危機を経て，中小企業の社会的課題やグローバル課題への対応をインクルーシブに求められるようなった．すなわち，海外ビジネスで取り残されがちであった中小企業にスポットライトが当たり，通商戦略と中小企業振興策が同じ方向性を持って動き出す時代となったのである．

　世界の FTA における中小企業条項をまとめた 2019 年の WTO のレポート[13]や WTO データベース[14]を用い，協定文に中小企業条項が多かった（5箇所以上）EU の FTA 等（署名年）を集計してみた．こちらでも，2008 年を分水嶺にし，中小企業に関する条項が多く含まれるようになったことが確認できる．

　　EU-CARIFORUM（2008）12箇所
　　EU-Central America（2012）10箇所

EU-Columbia and Peru（2012）6箇所

EU-Canada（2016）6箇所

EU-Japan（2018）10箇所（内4つは中小企業の独立章に所在）

EU-Vietnam（2020）7箇所

EU-UK（2020）9箇所（内3つは中小企業の独立章に所在）

EU-South Korea（2010）2箇所[15]

2.2　FTAの中で萌芽する中小企業条項

　中小企業条項について特筆すべきは，EU-Japan（2018）で中小企業が「章」として初めて独立し，中小企業に特化した内容が制定されたことである．この背景を説明するために，EU-Japan以前のFTAについて，どのような条項に，どのような表現で「中小企業」という単語が登場するのか，調べてみる．前述のWTOデータベースと各協定文オリジナルを確認して記述する．

　EU-CARIFORUM（2008）は，カリブ海諸国とのEPAである．12箇所，中小企業について記述されている．しかし，本EPAは1975年ロメ協定に起因する特恵貿易制度をWTO規則と整合的なものにするために締結されたものであり，グローバル・ヨーロッパ（2006）に沿った包括的かつ高度な自由貿易投資を目指したものではない．「投資」「知的財産権」条項に中小企業についての言及が多い．EUの中小企業が関与するカリブ海諸国の資源関係の投資規制や，知的財産権の強化・育成などが盛り込まれている．「協力」条項では，持続可能な経済発展や貧困対策への協力が，中小企業の文脈で約束されている．中小旅行サービス業の保護を目的とする「サービス貿易」条項もある．中小企業の記述は多いが，これまでの片務的な協定内容から，互恵的に発展させるため，EUが「カリブ海諸国の中小企業を啓蒙・支援」する趣旨が強い印象である．

　EU-Central America（2012），EU-Columbia and Peru（2012）では，相手側の中小企業の啓蒙・支援の趣旨が多く読み取れる．「協力」「政府調達」の分野で，貿易による貧困解決，フェアトレード，地方開発，行政の執行力強化などを中小企業の文脈で約束している．

　EU-South Korea（2010）はアジアとの初のFTAであり，関税撤廃のみならず，非関税障壁，投資・サービスの自由化，政府調達，地理的表示，補助金規

制など，これまでの FTA に比べ，格段に高度で次世代型の内容となった[17]．しかし，中小企業について言及されている条項は案外少なく，「政府調達」「競争」条項に 2 箇所出てくるのみである．中小企業条項を概略すると，「政府調達」では，BOT（Build-Operate-Transfer）方式などの公共投資プロジェクトに中小企業が障害なく参加できるようにする（第2.6条）．「競争」では，客観的基準に従った中小企業向け補助金や SCM（Subsidies and Countervailing Measures）協定に定められた条件の中小企業向け補助金は競争条項の適用外とする（第11.11条）である．EU-South Korea の交渉では，関税譲許，自動車の安全・環境基準，原産地規則，そして関税払い戻し制度（ドローバック）が争点の中心であった．中小企業を巡る内容はさほど重視されていなかったことが，協定文中の中小企業についての言及の少なさからも読み取れる．

　中小企業の経済的利益を FTA で本格的に追及しようとしたのは，EU-Canada（2016）（CETA）が最初といえる．COSME と通商戦略「万人のための貿易」が開始した頃である．CETA は，EU にとって G 7 構成国との初めての包括的な貿易投資協定であった．すなわち，協定国同士が，普遍的な価値観を共有し，互恵関係を成立させることが締結の絶対条件として存在したであろう．従い，共通の課題として抱える「中小企業の国際化支援（ビジネス環境整備）」が FTA の中で重視されるのは自然な流れである．

　CETA では「投資」「電子商取引」「政府調達」の条項の 6 箇所に中小企業が登場する．「投資」では，投資者が中小企業の場合，異議申し立てに対して親身（Sympathetic）な配慮を取ること（第8.23条），裁判費用負担を減らす追補ルールを CETA 合同委員会は考慮すること（第8.39条）とあり，中小企業の保護が約束されている．「電子商取引」では，電子商取引の発展可能性に触れつつ，中小企業の電子商取引を促進する必要性を認識（第16.5条）としている．「政府調達」では，中小サプライヤーの調達情報アクセス促進のイニシアティブについて情報交換を行う（第19.19条）としている．

　これらの条項から，CETA においては，中小企業が不利益を被らず，効率的に貿易・投資できるよう，公平で開かれた自由貿易（環境整備）を推し進めようとする EU の強い意思が読み取れる．

　また，暫定発効後の 2018 年，両国は中小企業の貿易・投資拡大の「勧告書」

に署名した．同枠組みの中で，政策当局者による CETA 利用促進を含む中小企業振興策の共有，欧州企業ネットワーク（EEN：COSME の一環）の活用，中小企業向けのウェブサイトの開設などに合意した．さらに，2020 年には，「2020-2021 ワークプラン」を示し，期日を設けて中小企業の CETA 活用を加速する仕掛けを構築した．CETA 締結後も中小企業振興の手綱は緩めていない．[18]

　中小企業振興策の「SBA（2008）（Think Small First 原則）」と「COSME（2014）」，通商戦略の「万人のための貿易（2015）」で強調された中小企業含むインクルーシブな経済発展の思想が，CETA において融合したのである．EU の通商戦略（FTA）において中小企業振興が一段上のステージに位置づけられたと結論付けられる．

2.3　標準化する中小企業条項

　続く EU-Japan（2018）では，10 箇所に中小企業が登場し，中小企業に特化した「章」が初めて制定された．EU の FTA 史上シンボリックな出来事であった．

　しかし，実は中小企業の章の原型は，既に他に存在した．2013 年から交渉が進められ，合意間近の 2016 年に頓挫した EU-米の TTIP においてである．交渉の記録から，第 3 回（2013 年 12 月）と第 4 回（2014 年 3 月）で中小企業に関しての議論が本格化したことが判明した．[19] 2014 年 3 月の第 4 回交渉時，EU は「TTIP における中小企業の機会」というタイトルで，両国の中小企業の事例を紹介しながら，関税削減，非関税障壁削減，政府調達，知的財産権保護などによる中小企業へのメリットが TTIP にあることを力説している．[20] そして，中小企業の章を単独で設置することで，TTIP の他の章への中小企業に関するコミットメントが生まれ，さらに，両政府が組織ぐるみで動くメカニズムになると，独立章の意義を説いている．

　EU は，2015 年 1 月と 11 月，米国に提示した中小企業章の原案を公表した．[21] 6 ページに及ぶ原案では，「協力」「情報共有」「委員会設置」を提案している．当局間の情報交換，ベストプラクティスの交換，若手・女性起業家支援プログラムの交流，協定内容・相手国の各種規制・知的財産権の手続き・政府調達情報などを解説したウェブサイト開設や相互リンクなど幅広い内容の提案である．

また，中小企業に関する合同委員会による実行の監視，中小企業ステークホルダーとの定例意見交換，報告書作成などの「チェックメカニズム」も盛り込んだ．

　これらの内容からも，EUが強い意思で，FTAにおける中小企業の位置づけを強化しようとしていたことが確認できる．EUが原案を提案・公表していた期間の2015年6月23日，マルムストロム欧州委員（通商担当）は，欧州通商政策デイの基調講演で必要性をこう強調した[22]．

　　通商戦略を更に効果的に実行するには，中小企業への対応を手厚くすべきである．中小企業は経済の屋台骨であり，物品貿易の担い手である．従って，中小企業の助けとなるよう，TTIPで中小企業の章を設立する交渉を進めている．

　第1章2節で既述のとおり，TTIPは水泡に帰すことになったが，中小企業の独立章は，その後のEU-Japan（2018）において結実する．

　EU-Japanにおける中小企業条項について確認してみよう．協定文は23の章から構成され，第20章が中小企業章である．EUが公開する交渉記録から，EUが積極的に本章の設置を働きかけたことが読み取れる．第16回（2016年4月）では，「日本に対し，中小企業の条項について速やかに交渉の俎上に載せるよう事前警告した」とある[23]．さらに，第17回（2016年9月）の記録には[24]，「中小企業の章について最初の具体的な議論を行った．中小企業が，協定から最大限利益を得られるよう，情報共有や設置委員会の役割の見解を共有した」とある．2017年3月，EUはTTIPの時と同様に，中小企業章の原案を公開した[25]．TTIPのそれと比べてみると，分量は6ページから4ページへと減ってはいるものの，大意に違いは無く，TTIPでの交渉経験が十分に活かされている．原案と正式な締結協定文[26]を見比べると，情報共有の条項において「地理的表示」の表記が無くなっているが（第20.3条），別の第14章の「知的財産」において，地理的表示は詳細に定められているため，実質的な削除とはいえない．

　中小企業章の内容は以下のとおりである．

情報共有（第20.2条）

- 協定の本文（特に関税率表および原産地規則），協定の概要，中小企業に有益な情報をまとめたウェブサイトの開設
- 上記ウェブサイトに相互リンクを貼る（締結相手国の同様のウェブサイト，貿易・投資・ビジネスに有用な情報をまとめた政府・団体のウェブサイト，日欧産業協力センターのウェブサイトなど）
- 輸出入手続き・知的財産権法令・衛生植物検疫措置・企業登記などの諸規制・手続きのウェブサイトでの一括提供
- 関税品目票番号による電子検索可能な関税率データベースへのリンク
- 英語で情報が入手できるよう努める

中小企業連絡部局（第20.3条）

- 中小企業に関する協力を強化する方法の検討
- 規定の実行監視，最新情報の提供の確保
- 合同委員会に対し報告書の定期的な提出と勧告

　中小企業章では，情報弱者（特に海外情報）に陥りがちな中小企業に対し，包括的かつワンストップな情報提供を行う．そして，当局が定期的にチェックアンドアクションを起こすメカニズムを約束している．

　また，中小企業章とは別に，「電子商取引」においても中小企業に対する配慮がEU-Japanには規定されている．加えて「知的財産」「税関と貿易円滑化」「透明性」についても中小企業に不利益が生じないよう，情報交換や，簡素な手続きとなるように規定している．

　ただし，「政府調達」の条項では中小企業に触れられていない．この分野の交渉は難航し，現在でもEU側が専門委員会で日本側に問題提起を続けている[27]．中小企業を含んだ対応が困難という日本側の事情が交渉時にあったのであろう．

　中小企業の章は，情報共有ツールや連絡部局を設置しただけで，大した意義は無いという意見を持つ人がいるかもしれない．しかし，リソースが限られ情報弱者の側面も有する中小企業が，複雑な経済協定の内容を「認識」，「理解」，「活用」することは困難が伴うため，このような公的なサポートが不可欠である．

第 2 章　EU の通商戦略と中小企業振興策の互恵関係　　*71*

　例えば，EU-Japan の中小企業章でも明示された，日欧産業協力センターのウェブサイト「中小企業向け EPA ヘルプデスク」²⁸⁾では，協定の内容を業種別に平易に動画で解説し，活用を促している．さらに，同サイトからリンクが貼られている「Access2Markets」²⁹⁾という EU のデータベースでは，関税譲許表や日本の各種規制情報が一括で確認できるようになっている（ただし全世界が対象で，かつ中小企業専用ではない）．また，EEN の中小企業専用ウェブサイトでは，輸出入や技術提携の引き合い情報をデータベースにてマッチングし，海外パートナー探しの障壁を緩和させている．

　中小企業の最大限利益確保や環境整備を一つの独立章として象徴的に扱ったことが示すように，FTA において中小企業を各方面から支援する仕組みを構築することは，交渉時の大前提であった．交渉当事者同士がその必要性や価値を共通認識しなければならない，いわば「共通規範」となったのである．

　CETA（2016）→ TTIP 交渉→ EU-Japan（2018）と進むにつれ，中小企業振興策と，通商戦略「万人のための貿易」（2015）での中小企業含むインクルーシブな思想は互恵関係を築き，FTA における中小企業の位置づけは強化されていった．

　EU-UK（2020）や EU-Mercosur（2019 政治合意）においても，同様の中小企業の章が設けられた．EU は，「相手国の合意を得た上で，将来締結する全ての FTA に，中小企業の章を"標準化"したい」とする³⁰⁾．

　EU-タイでは，EU 側から中小企業の独立章を協定案として提示している³¹⁾．日 EUEPA の中小企業の独立章と内容は似ており，ａ）情報共有（中小企業に有益な情報をまとめたウェブサイトの開設や相互リンク，輸出入手続き・知的財産権法令などの諸規制・手続きのウェブサイトでの一括提供など），ｂ）中小企業コンタクトポイントの設置（中小企業の FTA 利用に関する政府間の情報交換・報告・議論の場）である．中小企業の独立章が設けられれば，ASEAN 国としては初めてとなり，ASEAN における EU 中小企業の権利向上に役立つであろう．

　「公平で開かれた自由貿易」を標榜する EU にとって，FTA を包括的に高度化させ，先進的な規範を世界に広めることは，EU 加盟国内における EU の存在意義，ひいては国際社会における EU の存在感向上にもつながる．そして，FTA における中小企業の位置づけがますます重視され，協定内容が整備され

ることは，中小企業の海外ビジネスチャンス獲得の拡大にもなり，EU の持続
可能な経済成長に直結するのである．

第3節　混乱から回復に向けた通商戦略と中小企業振興策の行方

3.1　開放的かつ公平な自由貿易システムを堅持

　笰 1 章第 1 節第 3 項で既述のとおり，2019 年に発足したフォン・デア・ラ
イニン委員長率いる欧州委員会は，「欧州グリーン・ディール」，「デジタル対
応」，「世界におけるより強い欧州」などを発表し，2024 年までの「6 つの優
先」を設定した．「世界におけるより強い欧州」において，公平で開かれた自
由貿易の規範リーダーとして意欲的な EU だったが，COVID-19 拡大により，
これまでの通商戦略の方向性を今一度確認する必要性に迫られた．

　特に「開かれた戦略的な自立性」（Open Strategic Autonomy）についての
見直しである．感染症に対して不可欠物資のマスクや医療機器等を自給自足で
きるようサプライチェーンを確かなものとする内容で，同分野において複雑に
域外に広がったサプライチェーンの見直しを重視している．

　2020 年 5 月に発表されたポスト COVID-19 の回復プラン「欧州の節目：回
復と次世代への準備」を受け，新しい通商戦略に対する「意見公募」が 2020
年 6 月〜11 月 15 日まで実施された．回復プランで強調された「開かれた戦略
的な自立性」について，広く問うたのが特徴であった．

　公募時に示された 6 つのポイント（問い），並びに提出された主な意見は**表
2-3** のとおりである．意見公募には 414 の意見が寄せられた．

　提出された意見を俯瞰すると，産業界レベルでも，EU は開放的かつ公平な
自由貿易システムを堅持すべきであるという総意が確認できる．また，サプラ
イチェーンを EU 内に回帰させるべきという主張はそれほど強くない．持続可
能で，環境に配慮した先進的な貿易枠組みを好み，FTA にそれらを深く組み
込むことや，環境保護規制を普及させることが EU の競争力につながることが
広く共有されている．中国に対する問題意識も高い．中小企業への支援やデジ
タル能力の向上を課題としている．

　意見公募のプロセスを経て，2021 年 2 月，新しい通商戦略「開放的・持続可

表 2-3　新しい通商戦略に対する「意見公募」の結果

6 つのポイント（問い）	提出された主な意見
1 ）回復力の構築 （感染症に対して不可欠物資のマスクや医療機器等を自給自足できるようサプライチェーンを確かなものとする．同分野において複雑に域外に広がったサプライチェーンの見直し）	〈最も多くの意見が提出されたパート〉 ・EU は開かれ，公平で，持続可能な貿易・投資システムを維持 ・EU に生産拠点を回帰させるべきではない．分散化や在庫積み上げで対処可能 ・サプライチェーンを近隣に戻すべき ・「開かれた戦略的な自立性」が保護貿易や自国優先主義を促進するようなことになってはならない
2 ）社会経済的な回復と成長の支援 （COVID-19 後の経済回復のためには，貿易や直接投資の役割が重要で，安定性や予見可能性を高めるためにルールに基づいた貿易の枠組みが必要）	・多国間協議が自由貿易には好ましいが，多国間協議が進まない現状では二国間協議が重要 ・WTO 改革に対して多くの賛同があり，EU がイニシアティブを取るべき ・野心的，持続可能，近代的な二国間 FTA を促進する．パリ協定準拠を FTA 条項の要素として盛り込む． ・締結済 FTA のアップデートを行い，強力なデジタル章を加える ・大西洋間，英国との貿易関係を重視 ・中国には厳しく対処 ・アフリカ，近隣の南側諸国・東側諸国との関係に注目
3 ）中小企業の支援強化や貿易協定の利活用	・第 3 国との貿易における情報不足の解消 ・第 3 国における，市場参入機会，ライセンス供与手続き，書類作成，相手国の規制についての情報提供が必要 ・Acces2Market（ポータルサイト）立ち上げを歓迎 ・全ての新しい貿易協定には中小企業条項を盛り込む ・原産地規則の簡素化（デジタル化手続き）
4 ）グリーンディールの支援や貿易の持続性と責任強化	〈特に重要であると多くの賛同があったパート〉 ・貿易が，人権侵害，暴力，不当な安売り，児童労働，森林伐採，地球温暖化などの環境破壊につながらないこと ・輸入品についても EU 製品と同レベルの安全性・社会環境基準を確実に求める ・二国間において人権保護を含む強力かつ野心的な Trade and Sustainable Development（TSD）章が必要．同分野の遂行は首席貿易執行オフィサーが取り組むべき最優先課題． ・炭素国境調整メカニズムへの賛同（EU 産業の競争力強化にもつながる） ・感染症パンデミックリスクを最小化するため，FTA における衛生植物検疫の規制協力や対話が重要 ・グリーン取引対応のため中小企業に追加費用が発生することによく考慮する

5）デジタル取引と技術開発	〈批判的意見が多かったパート〉 ・自由なデータ取引がデジタル貿易と EU ビジネスの競争力維持には重要 ・データローカライゼーション強要を防ぐこと．貿易協定の中に禁止条項を盛り込むべき ・後発開発途上国に対してはイノベーションが削がれるため禁止条項は適用外とする ・デジタルディスラプションに対応するためのデジタル職業訓練の支援
6）公平，レベル・プレイング・フィールドの確保 （一部大国による横暴な産業政策が問題で，米中の経済覇権争いや自国優先主義を批判．WTO の貿易ルールや紛争解決メカニズムの改革が必要）	・EU が戦略的アプローチをもって開放的でルールに基づいた貿易の擁護者となるべきで，首席貿易執行オフィサーの任命を歓迎 ・貿易救済措置（TDIs）の有効活用 ・中国の不公平な強制技術移転，政府調達，市場アクセスに対するセーフガード措置が必要 ・新しい貿易協定は ILO の基本条約を批准する国と締結すべき

（注）上記資料で紹介されている全ての意見を示すものではなく，主なものを要約し抜粋した．
（出所）European Commission （2020g）"Trade Policy Review 2020: Summary of contributions received" より筆者作成．

能性・影響力ある通商戦略」"An Open, Sustainable, Assertive Trade Policy" が公表された．前文では，EU が掲げる「グリーン・ディール戦略」と「デジタル戦略」に応えるため，そしてポスト COVID-19 の経済回復に向けて 2030 年までの新しい通商戦略が必要になったとした．世界情勢の不透明性や自国優先主義の伸長に懸念を示している．ａ）グローバリゼーション・テクノロジー進化・グローバルサプライチェーン発達により世界の貧困総数は減った一方で格差や取り残された人々・地域が存在する問題，ｂ）国家資本主義の中国の急速な台頭による世界の政治経済秩序の変化，ｃ）気候変動への対応，ｄ）COVID-19 によりデジタルトランスフォーメーションの喫緊性が増していると世界情勢を分析し，新通商戦略が果たせる役割は大きいとしている．

　中でも「開かれた戦略的な自立性」を戦略の中心に据え，開かれた経済が繁栄・競争力・ダイナミズムをもたらすことを繰り返し強調している．これを実現するためには，安定したルールを基盤とした貿易枠組み，供給多様化のための市場開放，重要品目への公平なアクセスへの協調が求められるとしている．この文脈で WTO 改革の必要性と，ルールに基づいた多国間協議が EU の利益

にかなっているとも主張する．WTO 改革では米国との協力に期待を示す一方で，中国との貿易・投資協力についてはチャレンジングであり，公平でルールに基づいた経済協力関係を築くことが優先とした．

2030 年に向けて注力する通商分野として 6 つ表明している．

① WTO 改革
② 環境対応移行型への支援や持続可能なバリューチェーンの推進
③ 貿易・サービスにおけるデジタル移行
④ EU 規制の影響力強化
⑤ 近隣諸国やアフリカとのパートナーシップ強化
⑥ 通商協定の執行強化とレベル・プレイング・フィールドの確保

EU は「グローバル・ヨーロッパ」において，WTO を中心とした多国籍協議から二国間協議に軸足を移した．しかし，一部の自国優先主義や国家資本主義の世界的台頭は，異質で脅威であり，二国間協議が困難になりつつある．デジタル取引では，国家を凌駕する存在となった IT 大手への牽制，グリーンディールでは，一国では対応できない新たな発想の課税システムや法的枠組みが必要である．EU は WTO を改革することを挙げており，多国籍協議を復活させることで，異質な国からの脅威を協力して取り除こうとしているようにもみえる．

「中小企業が FTA 等の便益を最大限享受できるよう支援する」と随所に書かれているのも新通商政戦略の特徴の一つである．オンラインツールを駆使し，第三国市場の政府調達に関する情報提供や，市場参入のポータルサイトの拡充などを行うとする．さらに，中小企業のため，原産地規則の自己認証制度の改善，新設ポストの首席貿易執行オフィサーによる FTA 等の執行状況の監督を挙げている．

3.2 持続可能（グリーン）・デジタルを進める中小企業振興策

次に，2020 年 3 月 10 日に発表された新しい中小企業振興策「持続可能・デジタル欧州のための中小企業戦略」[33]について記し，最新の中小企業振興策の動向を把握する．

この中小企業振興策では，中小企業に対し，規制対応の負荷軽減，「Think Small First」や「Once Only」原則（行政から求められるデータを一度提出したら何度も違う部署に同じデータの提出は求められない）の徹底，一括ポータルサイト「Access2Markets」を整備したことが特徴で，これまで以上に手厚い支援が用意された．新味としては，「持続可能（グリーン化）」と「デジタル化」への支援が挙げられる．

しかし，新しい中小企業振興策の公表翌日，WHO が COVID-19 のパンデミックを宣言し，経済情勢が激変した．2020 年 12 月，欧州議会は新中小企業振興策を決議[34]したが，その中で，COVID-19 後のビジネスを生き残るためには，グリーン対応とデジタル対応が必要であるとした．中小企業の競争力を高めることは欧州全体のためにも重要である．そして人材育成や技能実習が必要であるとした．また，大企業に比べ，金融サービスへのアクセスが限定的であり，COVID-19 においては中小企業がより簡単に融資を受けられるようにすべきと提言している．

新中小企業振興策の詳細は以下のとおりである．大きな柱を 3 つ掲げており，主な内容は以下のとおりである（「→」は具体的な対策）．

a）**持続可能（グリーン化）・デジタル化への能力向上と支援**
　・中小企業の持続可能とデジタル化の「二つの対への転換」（Twin Transition）への対応が必要
　・中小企業の 3 分の 1 が，環境資源を効率化する際の事務・法律対応に困難を抱える
　　→ EEN による持続可能分野の専門アドバイザーを創出
　・中小企業の 17％しかデジタル対応に成功していない（大企業は 54％が成功）
　　→デジタルイノベーションハブの増設（166 から 240 に），デジタルクラッシュコースによる AI・サイバーセキュリティー分野の中小企業従事者への教育提供

b）**規制対応の負荷の低減，市場アクセス向上**
　・中小企業にとって規制・規格・ラベリング・行政手続きの対応負担が重い．例えばサービス産業ではこれらの対応に平均 1 万ユーロかかってい

る．加盟国別で手続きが異なる問題がある．「Think Small First」原則，
「Once Only」原則などの原則を加盟国で徹底
- ・EU の既存規制の見直し（負荷低減・簡素化）の推進（The Regulatory fitness and performance programme：REFIT）
- ・60 万社の中小企業しか EU 域外に輸出していない（中小企業全体の 2.4%）問題
    - →中小企業向けの一括ポータルサイト「Access2Markets」の活用促進
- ・中小企業に特化した「章」を FTA に盛り込むことを目指す
    - → EEN や中国 EU 中小企業センターを活用し海外の政府調達への参入支援
- ・首席貿易執行オフィサーによる貿易障壁の除去

c）ファイナンスへのアクセス改善
- ・2019 年には 18% の中小企業が，計画していた銀行融資を受けられなかった
    - →ファイナンスの多様化が必要．中小企業による株式公開の支援．グリーンテック基金やブロックチェーン関連の SME 債の発行・取引の開始

これまでの中小企業振興策の基本姿勢に加え，各項目を増強するとともに，グリーン化とデジタル化という大きな2つの新機軸が加わり，強力な内容になった印象である．中小企業のデジタル化については後述する．また，COVID-19 による中小企業への負の影響や，実施された中小企業向け COVID-19 政策は第 3 章で詳述する．

3.3 中小企業振興策の新たな段階説
本項では，これまで論じてきた中小企業振興策の変遷を最新情報にアップデートして整理する．
第 2 章第 1 節第 3 項の三井の中小企業振興策の発展段階の分類（前段階～第三段階）になぞらえ，2006～2009 年を第四段階，2010～2014 年を第五段階，2015 ～2019 年を第六段階，そして 2020 年以降現在を第七段階として，新たに分類

した.

　本章において，長期成長戦略や通商戦略と中小企業戦略の関係性を紐解くことで，中小企業戦略が発展した経緯が確認でき，発展段階の新たな分類が可能となった.

【三井 (2005) による分類】(分類の説明は第2章第1節第3項のものを要約して再掲)
前　段　階 (1983-1989年)：中小企業政策の必要性の「認識」
第一段階 (1989-1993年)：市場統合への「組み込み」
第二段階 (1994-2000年)：経済不振下における中小企業政策の「統合」
第三段階 (2000-2005年)：経済の屋台骨である中小企業を成長戦略の中で
　　　　　　　　　　　　　展開させる「環境整備」
【筆者による新たな分類】
第四段階 (2006-2009年)：中小企業の海外ビジネス環境整備「海外市場拡
　　　　　　　　　　　　　大」
　　　・FTA による世界市場獲得を試みた通商戦略「グローバル・ヨー
　　　　ロッパ」(2006年) との相乗効果
　　　・SBA (2008年) による中小企業向け総合政策の必要性を強く認識
　　　・「Think Small First」原則の周知徹底や加盟国レベルでのレビュー
　　　　の義務化
第五段階 (2010-2014年)：金融・経済危機により失われた「優位性回復」
　　　・COSME (2014年) における中小企業の多面的・複層的支援により，
　　　　地に足がついた海外市場獲得が可能に
　　　・FTA 中小企業条項が増加
第六段階 (2015-2019年)：インクルーシブな「社会課題解決」
　　　・通商戦略「万人のための貿易」(2015年) に呼応した中小企業の社会
　　　　的課題や，グローバル課題などインクルーシブな対応を試みた
第七段階 (2020-現在)：持続可能 (グリーン化)・デジタル化「二対転換によ
　　　　　　　　　　　る復興」
　　　・COVID-19 後の中小企業の回復の処方箋を「二つの対への転換」
　　　　に求める

第2章　EUの通商戦略と中小企業振興策の互恵関係　*79*

　　・内外の既存規制や貿易障壁の除去で「負荷低減・簡素化」を図る
　　・FTAに中小企業に特化した「独立章」を盛り込むなどし，海外の
　　　政府調達獲得などレベル・プレイング・フィールドを整備する

　分類を要約すると，（第4段階）2006〜2009年中小企業の海外ビジネス環境整備「海外市場拡大」→（第5段階）2010〜2014年金融・経済危機により失われた「優位性回復」→（第6段階）2015〜2019年インクルーシブな「社会課題解決」→（第7段階）2020年〜現在持続可能（グリーン）・デジタルの「二次転換による復興」となる．

　EU全体の成長に，中小企業の成長（特に海外市場において）が不可欠であることは，もはやコモンセンスとなってきた．ポストCOVID-19の経済回復において，中小企業振興策によって，二対への転換を適切に行い，中小企業全体の底上げをすることは喫緊の課題である．また，成長の源泉を域外市場に求め，通商戦略が中小企業振興策に対して有機的に互恵関係を築いてきた経緯が明らかになってきた．

第4節　互恵関係を強める通商戦略・中小企業振興策

時系列と概念図による整理

　本章の締めくくりとして，これまで述べてきた通商戦略・中小企業振興策などの動向を時系列に一覧化する（**表2-4**）．そして，これらの戦略が相互依存することによって，中小企業の海外ビジネスが増加していく概念図（**図2-2**）を示し，改めて整理する．

　表2-4を概観すると，EUを取り巻く情勢に応じて，長期成長戦略，通商戦略，中小企業振興策が関連性を深め，経済成長を促していく「互恵関係」が見て取れる．展開に応じてFTA等も増加し，高度化している．

　中小企業振興策は，EUの雇用を保持し，持続可能な経済成長を導く中心的存在である．そのためには，中小企業の負担を軽減し，中小企業を主役とした成長の舞台を整えることが不可欠である．そして，成長の果実を得るためには，力強い通商戦略による海外市場の確保が必須である．いわば，経済成長のため

表 2-4 各戦略の時系列整理

EUを取り巻く情勢	長期成長戦略	通商戦略	中小企業振興策【発展段階の分類】	FTA等（発効年）
ユーロ流通（2002）EU東方拡大（2004）	リスボン戦略（2000）		欧州小企業憲章（Think Small First原則）（2000）【環境整備】	
WTOドーハラウンド凍結（2006）世界金融危機（2008）		グローバル・ヨーロッパ（2006）	欧州中小企業議定書（SBA）（2008）【海外市場拡大】	EUカリブ海諸国（2008暫定適用）
欧州債務危機（2010）	欧州2020（2010）	貿易・成長・世界問題（2010）	【優位性回復】COSME（2014）（実施〜2020）【社会課題解決】	EU韓国（2011暫定適用）
英EU離脱投票（2016）米トランプ政権（2017）米中貿易摩擦（2018）		万人のための貿易（2015）		EUカナダ（2017暫定適用）EU日本（2019）EUシンガポール（2019）
COVID-19（2020）復興・回復ファシリティー（2020）米バイデン政権（2021）	欧州グリーン・ディール（2019）	開放的・持続可能性・影響力ある通商戦略（2021）	持続可能・デジタル欧州のための中小企業戦略（2020）【二対転換による復興】	EUベトナム（2020）EU英国（2021）

出所：筆者作成.

には，どちらも欠かすことができない相互依存の関係（互恵関係）である．

　図2-2のとおり，長期成長戦略の大きな方向性に沿い，中小企業を成長の源泉に，中小企業が効率的に海外市場を獲得できるよう，通商戦略や中小企業振興策における各種プログラムが有機的に連携し，力強く展開されていることが分かる．

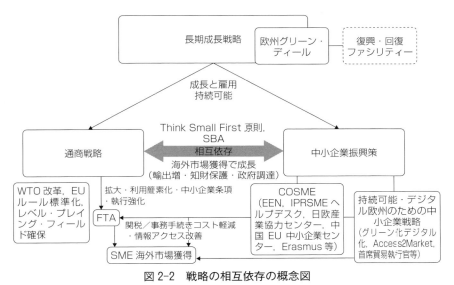

図 2-2　戦略の相互依存の概念図

(出所) 筆者作成.

小　　括

　本章では，EU が「経済の屋台骨 (Backbone) である」と度々言及する中小企業に焦点を当て，中小企業振興策の基本理念を歴史的な歩みと共に紐解いた.
　2000 年の「欧州小企業憲章」や 2008 年の「欧州中小企業議定書 (SBA)」は起業家精神の重要性や中小企業の存在意義，環境整備の重要性が強く主張されたことに加え，加盟国のトップが中小企業振興に関して合意した重要な取り決めである．中小企業のことを常に考慮すべきという「Think Small First」原則の徹底が強く求められ，EU の中小企業振興策の中核思想となっている．また，大企業に比べ，中小企業は貿易障壁から大きく打撃を受けると指摘し，貿易障壁を低減させる必要性を説いた．2014 年には EU の中小企業振興策の中核プログラムとなる「COSME」も策定された．
　次に，通商戦略が中小企業に配慮したものに進化することで，中小企業の海外市場意欲を刺激し，経済成長を促すという，通商戦略と中小企業振興策が有

機的な互恵関係を築いていく過程を整理した.

EU の FTA の協定文において,「中小企業」の条項を分析し, グローバル・ヨーロッパや SBA 発表後の 2008 年以降, 中小企業条項が増加傾向にあることを明らかにした. 中小企業の経済的利益を FTA で本格的に追及できたのは, EU-Canada（2016）（CETA）が最初といえる. 丁度 COSME と通商戦略「万人のための貿易」が交じり合い出した頃である. EU-Japan（2018）は中小企業が「章」として初めて独立した EU の FTA 史上シンボリックな出来事であり, 情報弱者（特に海外情報）に陥りがちな中小企業に対し, 包括的かつワンストップな情報提供を行い, 定期的にチェックアンドアクションを起こすメカニズムを約束した.

CETA（2016）→ TTIP 交渉→ EU-Japan（2018）と進むにつれ, 中小企業振興策と, 通商戦略「万人のための貿易」（2015）での中小企業含むインクルーシブな思想は互恵関係を築き, FTA における中小企業の位置づけは強化されていったことが判明した.

EU が掲げる「グリーン・ディール戦略」と「デジタル戦略」に応えるため, 新しい通商戦略「開放的・持続可能性・影響力ある通商戦略」が 2021 年に公表された.「中小企業が FTA 等の便益を最大限享受できるよう支援する」とする. オンラインツールを駆使し, 第三国市場の政府調達に関する情報提供や, 市場参入のポータルサイトの拡充などを行う. 新しい中小企業振興策でも同様に「持続可能（グリーン化）」と「デジタル化」への支援が挙げられ, 通商戦略と中小企業振興策がシナジー効果を生みだそうとしていることが分かる.

上記の経緯を, 三井（2005）の中小企業振興策の発展段階の分類になぞらえ,（第4段階）2006〜2009 年中小企業の海外ビジネス環境整備「海外市場拡大」,（第5段階）2010〜2014 年金融・経済危機により失われた「優位性回復」,（第6段階）2015〜2019 年インクルーシブな「社会課題解決」,（第7段階）2020 年〜現在持続可能（グリーン）・デジタルの「二対転換による復興」と新たに分類した.

中小企業振興策は, EU の雇用を保持し, 持続可能な経済成長を導く中心的存在である. そのためには, 中小企業の負担を軽減し, 中小企業を主役とした成長の舞台を整えることが不可欠である. そして, 成長の果実を得るためには,

力強い通商戦略による海外市場の確保が必須である．いわば，通商戦略と中小企業戦略は，どちらも欠かすことができない相互依存の関係（互恵関係）になったことが明らかになった．

注

1）公的投資機関，ベンチャーキャピタル，大学，非営利研究機関，機関投資家などは対象外．

2）The Commission of The European Communities (2003), "COMMISSION RECOMMENDATION of 6 May 2003 concerning the definition of micro, small and medium-sized enterprises", C (2003) 1422.

3）European Commission (2021b), "The annual report on European SMEs 2020/2021".

4）Birch, D. (1979), *The Job Generation Process*, M.I.T. Program on Neighborhood and Regional Change.

5）中小企業庁（2014），「中小企業政策審議会小規模企業基本政策小委員会（第6回）資料：各国の中小企業・小規模事業者政策を巡る現状」．

6）論者によっては「小企業議定書」とする場合もある．原典には SME という単語が使われており，小企業だけではないと考え，本書では「中小企業」で統一する．

7）Commission Of The European Communities (2008), "Think Small First: A Small business Act for Europe", COM (2020) 394 final.

8）COMMISSION OF THE EUROPEAN COMMUNITIES (2008), "Think Small First: A Small business Act for Europe", COM (2020) 394 final, pp.17-18.

9）三井逸友（2005），「21世紀最初の5年における EU 中小企業政策の新展開」，『中小企業総合研究』創刊号，37-91頁．

10）https://ec.europa.eu/growth/smes/cosme_en（最終アクセス日 2021 年 11 月 7 日）

11）The Directorate-General for Internal Market, Industry, Entrepreneurship and SMEs (2020), "Overview of EU Instruments Contributing to The Internationalisation of European Business 2020".

12）2018 年からは Erasmus for Young Entrepreneurs Global というプログラムも加わり，米国，カナダ，イスラエル，シンガポール，台湾，韓国に若手起業家を3カ月程度派遣し，内容を充実させている．https://eyeglobal.eu/about-the-programme/1-the-programme-and-its-benefits/（最終アクセス日 2023 年 12 月 5 日）．

13）https://docs.wto.org/dol2fe/Pages/FE_Search/FE_S_S009-DP.aspx?language=E&CatalogueIdList=257654,257616,257416,257397,257239,257137,256142,255928,255239,255024&CurrentCatalogueIdIndex=5&FullTextHash=&HasEnglishRecord=True&HasFrenchRecord=True&HasSpanishRecord=True#（最終アクセス日 2021 年 11 月 7 日）．

14）https://www.wto.org/english/tratop_e/msmesandtra_e/rtaprovisions_e.htm（最終アク

セス日 2021 年 11 月 7 日).

15）選定基準である 5 箇所未満ではあるが，同 FTA については後述するため併せて示した.

16）田中信世（2009），「EU と ACP 諸国の経済連携協定（EPA）」，『国際貿易と投資 Spring 2009/No.75』，68-85 頁.

17）ジェトロ（2011），『EU 韓国 FTA の概要と解説』，ジェトロ，ⅰ頁.

18）https://trade.ec.europa.eu/doclib/docs/2020/july/tradoc_158910.pdf（最終アクセス日 2021 年 11 月 7 日).

19）ジェトロ（2014），「EU 米国間の包括的貿易投資協定（TTIP）の交渉の進捗状況」，5-7 頁.

20）https://trade.ec.europa.eu/doclib/docs/2014/march/tradoc_152266.pdf（最終アクセス日 2021 年 11 月 7 日).

21）https://trade.ec.europa.eu/doclib/docs/2015/january/tradoc_153028.pdf（最終アクセス日 2021 年 11 月 7 日).
https://trade.ec.europa.eu/doclib/docs/2015/november/tradoc_153934.pdf（最終アクセス日 2021 年 11 月 7 日).

22）https://trade.ec.europa.eu/doclib/docs/2015/june/tradoc_153543.pdf（最終アクセス日 2021 年 11 月 7 日).

23）https://trade.ec.europa.eu/doclib/docs/2016/may/tradoc_154554.pdf（最終アクセス日 2021 年 11 月 7 日).

24）https://trade.ec.europa.eu/doclib/docs/2016/october/tradoc_155060.pdf（最終アクセス日 2021 年 11 月 7 日).

25）https://trade.ec.europa.eu/doclib/docs/2017/march/tradoc_155450.pdf（最終アクセス日 2021 年 11 月 7 日).

26）https://trade.ec.europa.eu/doclib/docs/2018/august/tradoc_157228.pdf（最終アクセス日 2021 年 11 月 7 日).

27）https://www.mofa.go.jp/mofaj/files/100158757.pdf（最終アクセス日 2021 年 11 月 7 日).

28）https://www.eu-japan.eu/epa-helpdesk（最終アクセス日 2021 年 11 月 7 日).

29）https://trade.ec.europa.eu/access-to-markets/en/content/eu-japan-economic-partnership-agreement（最終アクセス日 2021 年 11 月 7 日).

30）https://trade.ec.europa.eu/access-to-markets/en/content/online-tools-and-services-smaller-businesses（最終アクセス日 2021 年 11 月 7 日).

31）EU DG Trade（2023），"EU-TH FTA -SMES- EU TEXT PROPOSAL".

32）European Commission（2021），"Trade Policy Review - An Open, Sustainable and Assertive Trade Policy", COM（2021）66 final.

33）European Commission（2020），"An SME Strategy for a sustainable and digital Europe", COM（2020）103 Final.

34）European Parliament（2020），"A new strategy for European SMEs European

resolution of 16 December 2020 on a new strategy for European SMEs",
2020/2131INI.

第 3 章

COVID-19 禍における EU・日本の
中小企業のビジネス環境

は じ め に

通商戦略と中小企業振興策が互恵関係を深めつつあった2020年，COVID-19感染拡大が起きた．ワクチン接種や医療体制の体制強化をしながら，経済封鎖的な抑え込みは限りなく最小限とし，自由な経済活動を優先する，いわゆる「ウィズ・コロナ」の体制を速やかに整えた欧米諸国もあれば，慎重な入国制限を続け「コロナ鎖国」と世界から評された日本や中国など，世界各国のCOVID-19対策は多様であった．パンデミック発生により2020年は経済危機の淵を彷徨い，歴史的な経済不振を世界は経験した．

COVID-19禍の2年間は世界経済やEU経済にどのような影響を与えたのであろうか．また本書の研究対象である中小企業への経済的打撃はどのようなものだったのだろうか．経済指標や各種アンケートを中心に確認する．そして，通商戦略や中小企業振興策に対してどのような影響を及ぼしたのかを考察する際の参考にもしていきたい．

なお，本書ではCOVID-19禍を2020〜2021年とし，2022年以降はポストCOVID-19と設定する．この区切りの根拠として，オックスフォード大学COVID-19 GOVERNMENT RESPONSE TRACKER[1]の感染拡大防止のために国が実施するロックダウンなどの「活動制限厳格指数」（0-100の値で数字が大きいほど厳しい制限）の主要国（G7）の2020年〜2022年の年平均を採用した．2022年は，日本が他の国に比べて指数が高止まりしているが，総じて世界的に活動制限が緩和され，経済活動が通常運転に近くなったと考え，2020〜2021年をCOVID-19禍，2022年以降をポストCOVID-19とした（図3-1）．

また，COVID-19禍における海外ビジネス（主に輸出ビジネス）に関して，公的機関等や各種アンケートの調査結果を中心に，EUならびに日本の産業界全体（マクロ）や中小企業（ミクロ）の2地域／2つの視座から観察し，各レベルでの課題を把握する．両地域の状況を比較することで，EUが受けた影響や課題をより明確に示せると考えた．

本章から「支援」という単語を頻繁に登場させる．この単語を使う理由として，COVID-19禍のような緊急事態において，EUの政策が中小企業を「支え

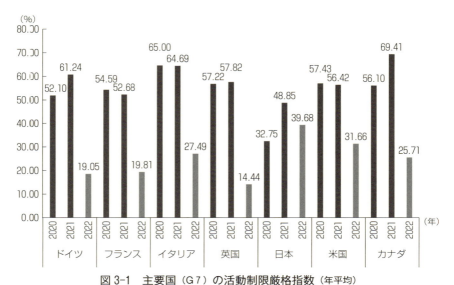

図 3-1 主要国（G7）の活動制限厳格指数（年平均）
（出所）オックスフォード大学 COVID-19 GOVERNMENT RESPONSE TRACKER より筆者作成.

援助する」という「支援策」に軸足を置かざるをえないと筆者は捉えているからである．これまで述べてきた中小企業に対する「振興」という単語は，EU が中小企業を支援・救済すべき弱者としてではなく，成長ドライバーとして位置づけていることを意味する．中小企業振興策によって，中小企業の環境が整備され，やる気を奮い立たせ成長を促すことが可能となる．しかし，COVID-19 禍という緊急事態下では，資金力などの体力が大きくはない中小企業には「支援」という発想で政策は対処しなくてはならない．従って，COVID-19 禍では「支援」，具体的には「中小企業支援策」という使い方で，それ以前やポスト COVID-19 では「振興」「中小企業振興策」という単語を使用する．

第 1 節　COVID-19 禍（2020～2021 年）の EU と日本の中小企業のビジネス環境

1.1　打撃を受けた EU 経済

COVID-19 世界的拡大は一般的に 2020 年 3 月に始まったとされる．EU の

GDP は 2020 年，歴史的な落ち込みを経験し，前年比 -5.9％となった．2009
年のリーマンショック（同 -4.9％）や 2012 年の欧州債務危機（同 -0.7％）と比べ
ても落ち込みが大きかった[2]．

2022 年 2 月に Eurostat が発表した euroindicators によると，2021 年の貿易
収支は 689 億ユーロの黒字となったものの，2020 年の 2158 億ユーロの黒字か
ら大きく減らした．2021 年の輸出は 2020 年の 9.3％減から 12.8％増に，輸入
は 2020 年の 11.5％減から 23.0％増と回復した（表 3-1，表 3-2，表 3-3）．

商品別貿易動向では，エネルギーの輸入超過が前年比で顕著に悪化している
（2020 年▲ 1572.1 億ユーロ→ 2021 年▲ 2857.9 億ユーロ）ことが確認できる．ウクライ
ナ情勢に伴うロシアからのエネルギー調達逼迫の代替もあり，この傾向は続く
ことが予想され，経済への悪影響が心配される．EU の主要輸出産業である食
品・飲料や機械・輸送機器の 2021 年の回復が弱い（5.5％増，9.4％増）ことも不
安材料である．

EU の貿易相手国について 2021 年の特徴を記す．最大の貿易相手国は中国
（輸出 2233 億ユーロ，輸入 4722 億ユーロ），次いで米国（輸出 3994 億ユーロ，輸入 2320
億ユーロ）となった（表 3-4）．対中国は 2489 億ユーロの貿易赤字で，その額は
2020 年よりも膨れ上がっている．米中貿易摩擦に端を発した中国依存脱却の
動きは，COVID-19 禍においてその難しさを示している．Brexit の影響も
あってか，対英国は伸び率が輸出入とも低く，輸入では主要な貿易相手国で唯
一の減少（前年比 13.6％減）となっている．対日本は堅調で，輸出は同 13.0％増，
輸入は同 13.3％増となり，日 EUEPA 3 年目の効果が出つつあると言えよう．

EU 加盟国別の 2021 年の財輸出（域内・域外含む）状況を，他国と比較する
（図 3-2）．中国前年比 32.2％増，OECD 同 22.4％増，日本同 18.3％増に対し，

表 3-1　EU27 域外貿易

（単位：10 億ユーロ）

	2020 年	2021 年	対前年比増減
域外輸出	1,933.1	2,180.5	12.8％
域外輸入	1,717.3	2,111.5	23.0％
貿易収支	215.8	68.9	

（出所）Eurostat（2022），"euroindicators December 2021"
より筆者作成．

表 3-2　EU27 域外輸出（品目別）

域外輸出（百万ユーロ）	2018 年	2019 年	前年比増減	2020 年	前年比増減	2021 年	前年比増減
全品目合計	2,059,766.8	2,131,984.9	3.5%	1,932,739.5	-9.3%	2,181,003.2	12.8%
食品・飲料・たばこ	150,933.7	162,980.4	8.0%	166,363.9	2.1%	175,503.1	5.5%
原材料（鉄鉱石など）	52,950.8	54,312.7	2.6%	53,224.3	-2.0%	70,819.1	33.1%
鉱物燃料・潤滑油・関連材料	113,020.4	103,458.3	-8.5%	64,078.3	-38.1%	104,508.3	63.1%
製造品	1,703,773.0	1,764,301.7	3.6%	1,602,670.5	-9.2%	1,783,779.5	11.3%
化学品・関連品など	373,958.6	406,787.6	8.8%	410,804.0	1.0%	455,678.2	10.9%
その他製造品	473,700.7	486,145.8	2.6%	432,017.2	-11.1%	496,785.2	15.0%
機械・輸送機器	856,113.9	871,368.6	1.8%	759,849.4	-12.8%	831,316.4	9.4%
その他	39,088.6	46,931.8	20.1%	46,402.9	-1.1%	46,393.3	0.0%

（注）品目別の輸出額合計と前出の EU 域外貿易の輸出額合計は出所が違うため相違がある.
（出所）Eurostat より筆者作成.

表 3-3　EU27 域外輸入（品目別）

域外輸入（百万ユーロ）	2018 年	2019 年	前年比増減	2020 年	前年比増減	2021 年	前年比増減
全品目合計	1,912,116.8	1,940,879.6	1.5%	1,717,470.9	-11.5%	2,125,878.3	23.8%
食品・飲料・たばこ	114,586.8	117,555.7	2.6%	113,032.8	-3.8%	117,012.1	3.5%
原材料（鉄鉱石など）	79,914.6	80,797.5	1.1%	79,697.8	-1.4%	106,395.3	33.5%
鉱物燃料・潤滑油・関連材料	392,063.8	363,144.3	-7.4%	221,283.5	-39.1%	390,300.4	76.4%
製造品	1,293,586.8	1,347,948.2	4.2%	1,266,193.5	-6.1%	1,469,849.2	16.1%
化学品・関連品など	222,117.0	235,108.2	5.8%	233,124.5	-0.8%	271,346.7	16.4%
その他製造品	467,928.4	474,456.2	1.4%	444,815.4	-6.2%	525,202.3	18.1%
機械・輸送機器	603,541.2	638,384.0	5.8%	588,253.6	-7.9%	673,300.4	14.5%
その他	31,964.7	31,433.5	-1.7%	37,263.3	18.5%	42,321.2	13.6%

（注）品目別の輸入額合計と前出の EU 域外貿易の輸入額合計は出所が違うため相違がある.
（出所）Eurostat より筆者作成.

ギリシャは同 33.0％増，ベルギーは同 29.0％増となり，中国並みに強い輸出回復を示している．一方で，フランスとドイツは，EU 平均の同 21.2％増を下回っている（同 19.1％増，同 17.6％増）．特にフランスは 2020 年に前年比 14.7％減とドイツ（同 7.8％減）よりも落ち込みが大きかったが，2021 年は EU 平均ま

第 3 章　COVID-19 禍における EU・日本の中小企業のビジネス環境　93

表 3-4　貿易相手国別　EU の財貿易収支　（単位：10 億ユーロ）

	EU の輸出			EU の輸入			貿易収支	
	2020年 1-12月	2021年 1-12月	伸び率 (%)	2020年 1-12月	2021年 1-12月	伸び率 (%)	2020年 1-12月	2021年 1-12月
中国	202.8	223.3	10.1	385.1	472.2	22.6	-182.3	-248.9
米国	353.2	399.4	13.1	203.0	232.0	14.3	150.2	167.4
英国	278.3	283.6	1.9	169.0	146.0	-13.6	109.3	137.6
スイス	142.3	156.5	10.0	108.9	123.6	13.5	33.4	32.9
ロシア	79.0	89.3	13.0	94.7	158.5	67.4	-15.7	-69.2
トルコ	70.1	79.2	13.0	62.4	78.0	25.0	7.7	1.3
ノルウェー	48.6	56.5	16.3	42.5	74.5	75.3	6.1	-18.0
日本	55.2	62.4	13.0	55.0	62.3	13.3	0.3	0.0
韓国	45.3	51.9	14.6	44.1	55.4	25.6	1.2	-3.6
インド	32.2	41.9	30.1	33.0	46.2	40.0	-0.8	-4.3

（出所）Eurostat（2022），"euroindicators December 2021".

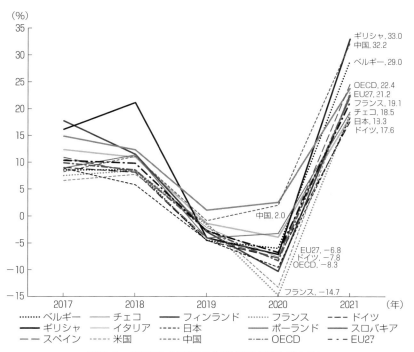

図 3-2　OECD 主要国の財輸出伸び率（前年比）

（出所）OECD Database より筆者作成。

で回復が届かず，弱い輸出回復力が懸念される．ドイツに関しては，半導体不足やサプライチェーン混乱による自動車関連の輸出伸び悩みによるものであろう．

1.2　EU の中小企業が COVID-19 以前から抱えていた課題

　EU 経済の COVID-19 禍における弱い回復力が確認できたところで，本項では，COVID-19 以前そして COVID-19 禍において EU の中小企業が抱える課題を通商や中小企業支援策の観点から整理する．COVID-19 以前の中小企業の状況を知ることは，COVID-19 発生がどれだけ中小企業に大きなインパクトを与えたかを知る第一歩となる．

　まずは，COVID-19 前に実施された欧州委員会の Flash Eurobarometer [3] の中小企業向けアンケートを紹介する．なお，同アンケートでは調査結果を「COVID-19 前のベンチマークになる」としているが，スペイン，ハンガリー，フィンランドは COVID-19 発生に伴う経済封鎖後にアンケートが実施されており，これらの国は厳密には COVID-19 以前ではないことに留意が必要である．

　2019 年時点で，26％の中小企業が輸出ビジネスをしている（図 3-3）．その内，EU 域内への輸出が 23％と最も多く，EU 域外へは 3 〜 4 ％程度（対北米 4 ％，アジア太平洋 4 ％，中東アフリカ 4 ％，南米 3 ％，中国 3 ％）しか輸出しておらず，中小企業の域外輸出は極めて限定的であることが分かる．一方，大企業の EU 域外輸出は 20〜33％と，中小企業のそれらに比べて高い．中小企業の EU 域外輸出に増加の余地があることが分かる．

　2019 年時点で，中小企業が抱える課題として「規制障壁・行政手続き負担」（55％），「支払遅れ」（35％），「融資アクセス」（21％）が挙げられた．また，「人材スキル不足」や「デジタル化の難しさ」も挙がっている．他方，「国際化」についての課題認識度は低く（8 ％），この点は日本企業と違うところである．先に述べた域外輸出の低さなど国際化を行っている EU 中小企業がそもそも少ない（母数が少ない）ことによる問題意識の低さの可能性も否定できない．大企業の課題と比較すると「融資アクセス」の課題意識が中小企業のほうが大きいものの，概ね中小企業と同様の傾向であった（図 3-4）．

第 3 章　COVID-19 禍における EU・日本の中小企業のビジネス環境　95

質問：2019 年にどの国際市場に財・サービスを輸出したか？（複数回答）(%)(n=12,615)

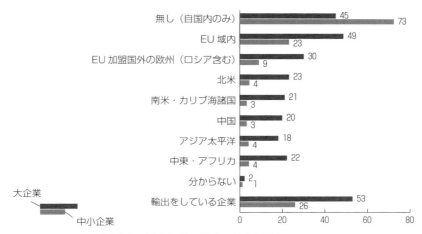

図 3-3　EU 企業の輸出の取組状況（2019 年）

（出所）Kantar (2020), "Flash Eurobarometer 486".

質問：貴社が抱える 3 つの大きな問題は？（3 つまで回答）(%)

	イノベーションの難しさ	規制障壁・行政手続き負担	データへのアクセス	国際化	融資アクセス	支払遅れ	人材スキル（経営管理スキル含む）	デジタル化の難しさ	その他	分からない
中小企業	9	55	7	8	21	35	17	13	7	9
大企業	14	65	7	20	11	22	22	15	4	7
スタートアップ企業	10	57	10	14	29	35	23	14	5	4
スケールアップ企業	9	60	8	9	23	34	20	11	6	7

図 3-4　EU 中小企業の課題意識

（出所）Kantar (2020), "Flash Eurobarometer 486".

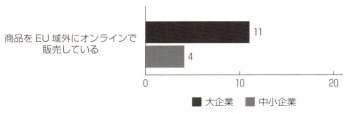

図 3-5　EU 域外オンライン販売の状況（2019 年）
（出所）Kantar (2020), "Flash Eurobarometer 486".

　オンラインでの EU 域外販売（中小企業のデジタル化対策一つの手法）は，大企業に比べ遅れている（大企業 11％，中小企業 4 ％）（図 3-5）．この後，COVID-19 禍に入り，このデジタル化の遅れが課題になっていく．

　こうして見てみると，第 2 章第 3 節で詳述した，EU の新しい中小企業振興策「持続可能・デジタル欧州のための中小企業戦略」の 3 本柱（2020 年 3 月 10 日発表）は，中小企業が抱える上記課題に見事に適合したものになっている．ここに再掲しておく．

① 持続可能・デジタル化への能力向上と支援
② 規制対応の負荷の低減，市場アクセス向上
③ ファイナンスへのアクセス改善

　次に，中小企業の輸出シェアの国別の違いを分析する．これらの分析は COVID-19 のような緊急時に必要な通商戦略や中小企業振興策は何かを考察するヒントとなる．

　L. Cernat ら（2020）は，各国の 2017 年時点の EU 加盟国の中小企業の占める割合（企業数）と EU 域外輸出割合（金額）を図 3-6 のとおり整理している．

（第一象限）高い輸出シェア・中小企業数が多い
（第二象限）高い輸出シェア・中小企業数が少ない
（第三象限）低い輸出シェア・中小企業数が少ない
（第四象限）低い輸出シェア・中小企業数が多い

　注目すべきは第一象限である．ラトビア（LV），イタリア（IT），ハンガリー

第3章　COVID-19禍におけるEU・日本の中小企業のビジネス環境　97

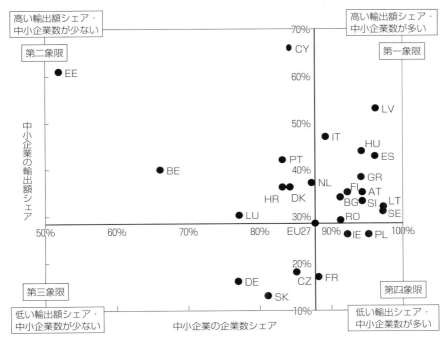

図3-6　EU中小企業の輸出シェア（2017年，国別）

（出所）L. Cernat et al. (2020). "The Role of SMEs in extra-EU Exports: Key performance indicators" European Commission DG TRADE Chief Economist Note.

（HU），スペイン（ES），ギリシャ（GR）などが代表国である．これらの国は中小企業の輸出の依存度が高いため，中小企業の輸出業績が落ち込むと経済全体へ影響を及ぼすことを示している．

逆に，第二象限は少ない中小企業で高い輸出シェアを叩きだす極めて生産性の高い，または高付加価値の製品を輸出する中小企業がいる国であり，エストニア（EE）が代表国である．従って，第一象限と第二象限に位置する国は中小企業の輸出振興が重要であることが分かる．

第三象限にはEUの大国であるドイツ（DE）が分類されている．ドイツの中小企業が輸出額に占める割合は16%とEU平均より低い．従って，輸出の多くは大企業によって生み出されていることが分かる．ちなみに，ドイツは中小企業数1%あたり0.21%の輸出額（16%輸出額÷76%中小企業数＝0.21），エストニ

表 3-5　EU 中小企業の輸出シェア（原データ）（2017）

	企業数			輸出額（十億ユーロ）		
	中小企業	全企業	中小企業の比率（%）	中小企業	全企業	中小企業の比率（%）
EU27	615,018	703,366	87	476.1	1,673.1	28
イタリア	120,166	134,744	89	93.3	198.8	47
ドイツ	97,421	126,311	77	85.8	532.0	16
スペイン	83,218	86,625	96	41.0	95.5	43
フランス	71,238	80,734	88	33.3	195.2	17
ポーランド	37,536	39,603	95	10.6	41.5	26
スウェーデン	30,122	30,966	97	17.3	55.4	31
オランダ	28,875	33,310	87	53.4	142.7	37
ポルトガル	19,066	22,978	83	6.0	14.2	42
オーストリア	15,777	16,697	94	14.8	42.9	35
デンマーク	13,883	16,468	84	12.5	34.7	36
ギリシャ	11,798	12,535	94	5.0	13.4	38
ベルギー	11,496	17,458	66	42.0	105.8	40
チェコ	10,668	12,555	85	4.7	26.0	18
ブルガリア	7,830	8,627	91	3.5	10.1	34
ハンガリー	7,670	8,184	94	8.3	18.9	44
リトアニア	7,525	7,734	97	3.5	11.0	32
ルーマニア	7,106	7,842	91	4.4	15.1	29
スロベニア	6,700	7,097	94	2.7	8.3	33
フィンランド	6,597	7,181	92	8.4	24.4	35
クロアチア	5,520	6,616	83	1.9	5.1	36
ラトビア	3,385	3,542	96	2.2	4.2	53
エストニア	2,998	5,713	52	2.2	3.6	61
アイルランド	2,968	3,219	92	15.5	59.6	26
スロバキア	2,964	3,672	81	1.4	10.7	13
キプロス	1,026	1,222	84	1.2	1.8	66
ルクセンブルグ	818	1,056	77	0.7	2.2	30
マルタ	647	677	96	0.4	—	

（出所）L. Cernat et al. (2020), "The Role of SMEs in extra-EU Exports: Key performance indicators" European Commission DG TRADE Chief Economist Note.

アは中小企業数 1 ％あたり 1.19％の輸出額（62％輸出額÷52％中小企業数＝1.19）
となり，エストニアの中小企業のほうが，輸出寄与度が高い．第四象限は高い
中小企業比率にも関わらず，低い輸出シェアとなっている国々である．生産性
向上の課題があるのか，内需型の中小企業が多いのかもしれない．フランス
（FR）がその代表国である．

1.3　EU の中小企業が COVID-19 禍で抱えた課題

　前項でドイツの輸出は大企業依存度が高いと紹介した．2021 年 3 月のドイ
ツ復興金融公庫（KfW）リサーチの「中小企業バロメーター[4]」によると，ドイ
ツのビジネス景況感[5]は，2020 年 3 月（COVID-19 発生時）に中小企業はマイナス
16.9，大企業はマイナス 29.2 と双方強い危機感に覆われた．しかし，1 年後
の 2021 年 3 月（COVID-19 禍）になると，中小企業マイナス 1.6 に対し，大企
業はプラスに転じ 9.3 となった（表 3-6）．COVID-19 発生時には大企業のほう
がマイナス影響は強かったが，1 年後には逆転し，中小企業が取り残されてい
る．ここから推察できることは，大企業に比べて中小企業の回復力は弱いとい
うことである．

　同様の傾向は同調査の製造業輸出期待値（Export expectation of Manufacturing）
からも確認できる．2020 年 3 月には中小企業マイナス 24.9，大企業マイナス
29.6 と僅差だったものが，2021 年 3 月には中小企業 4.2，大企業 23.3 と大差
がつき，大企業のほうが回復のペースが速く，中小企業は遅いことが分かる
（表 3-6）．

　同様の傾向は欧州委員会のレポートでも確認できる[6]．EU 中小企業の例では
ないが，中国の輸出中小企業は非輸出中小企業よりも被害を受けやすく，また，
英国の製造業中小企業 300 社の調査では，輸出向け受注は国内向け受注よりも
より早く落ち込むことが確認されている．経済危機の際に輸出志向の中小企業
への支援策が求められる所以である．

　次に，中小企業数や中小企業の輸出シェアが高い（前項の第一象限）国の代表
であるイタリアについて記述する．2020 年 3 月（COVID-19 発生時）にイタリア
工芸品貿易・中小企業連合会（CNA）が 7000 社に実施したアンケートでは
72.4％が需要減に直面し，かつ供給や物流停滞に悩まされているという結果が

表 3-6　ドイツ中小企業のビジネス景況感

Pcsitive 回答と Negative 回答の比率（%ポイント）		2020年 3月	2020年 10月	2020年 11月	2020年 12月	2021年 1月	2021年 2月	2021年 3月	前月比	前年比	前期比
ビジネス景況感											
製造業	中小企業	-21.2	-8.6	-8.1	-4.6	-3.3	0.1	6.5	6.4	27.7	8.2
	大企業	-35.7	-6.5	-3.1	0.9	2.5	11.6	19.6	8.0	55.3	14.1
建設業	中小企業	12.3	8.7	8.0	7.3	1.4	3.7	8.2	4.5	-4.1	-3.6
	大企業	0.3	-8.2	-7.5	-7.5	-4.5	-5.7	1.0	6.7	0.7	4.7
小売業	中小企業	-11.1	9.0	-1.7	1.5	-26.5	-24.1	-8.3	15.8	2.8	-22.6
	大企業	-24.8	-3.7	-7.9	-7.2	-21.4	-27.2	-9.6	17.6	15.2	-13.1
卸売業	中小企業	-27.5	-9.8	-11.0	-7.5	-13.1	-12.7	-1.5	11.2	26.0	0.3
	大企業	-29.9	-2.6	-7.7	-2.3	-4.2	-1.0	3.0	4.0	32.9	3.5
サービス業	中小企業	-22.4	-13.0	-21.5	-20.0	-23.4	-19.7	-11.7	8.0	10.7	-0.1
	大企業	-30.5	-10.0	-15.1	-10.3	-14.1	-13.1	-2.8	10.3	27.7	1.8
ドイツ	中小企業	-16.9	-7.4	-11.8	-10.3	-14.4	-9.7	-1.6	8.1	15.3	1.3
	大企業	-29.2	-6.8	-6.3	-2.1	-7.6	-1.3	9.3	10.6	38.5	5.2
現況	中小企業	-0.5	-9.3	-10.1	-7.6	-12.9	-11.5	-5.5	6.0	-5.0	-1.0
	大企業	-19.2	-15.5	-11.9	-8.9	-14.0	-9.4	-2.2	7.2	17.0	3.6
将来期待値	中小企業	-31.4	-5.8	-13.5	-12.9	-16.0	-8.1	2.0	10.1	33.4	3.4
	大企業	-38.3	1.1	-1.4	4.0	-1.9	6.1	20.2	14.1	58.5	6.9
雇用期待値	中小企業	-8.1	-2.5	-4.3	-4.0	-3.8	-4.2	1.0	5.2	9.1	1.3
	大企業	-15.0	-8.8	-8.8	-9.8	-10.1	-7.5	-0.8	6.7	14.2	3.0
販売価格期待値	中小企業	-4.4	-2.9	-2.2	-0.5	-0.2	1.5	10.6	9.1	15.0	5.8
	大企業	-6.0	-1.7	-3.4	2.5	1.4	1.3	10.1	8.8	16.1	5.1
製造業輸出期待値	中小企業	-24.9	-12.1	-15.7	-10.8	-6.8	-2.1	4.2	6.3	29.1	11.3
	大企業	-29.6	4.8	-4.6	-2.4	1.6	2.6	23.3	20.7	52.9	9.9

(出所; KfWResearch (2021), "Business sentiment jumps- a vote of confidence in the coming economic rebound", KfW 0 -ifo SME Barometer.

でている[7]．さらに 68％は何らかの公的セーフティーネットの利用を検討する と公的支援に期待を寄せる．特にシビアな需要減に陥ったのが，乗客輸送業 （98.9％）や観光業（89.9％）である．そして，ファッションアパレル業（79.9％）， 農業（77.7％）がこれに続く．売上高の 15％以上の減少を予測する中小企業が 約 3 割と，イタリアの中小企業の厳しい状況が分かる．

　最後に，COVID-19 が欧州に本格的に拡大してからの EU 中小企業の全体 的な反応を見てみよう．欧州中小企業連合会（SME United）が半年毎に欧州内

第3章　COVID-19禍におけるEU・日本の中小企業のビジネス環境　101

の中小企業にアンケート調査を行っている．2020年下半期のビジネス景況感指数[8]は，2009年のリーマン・ショックを超える急落が確認できる（08年下半期→09年上半期14.1ポイント減に対し，20年上半期→20年下半期18.8ポイント減）（図3-7）．COVID-19禍がいかに深刻であったか分かる反面，リーマン・ショックに比べると速やかなV字回復を遂げており，ショックの性質は異なるものの，EUならびに各国の支援が中小企業に有効に働いたことが推測できる．EUや各国の支援内容は第4章で詳しく述べる．

また，2020年下半期のSME Unitedアンケート調査では「宿泊施設，小規模小売店舗，化粧品分野が特に悪化している」と危機感を示した[9]．SME Unitedは2020年4月にもCOVID-19に特化したアンケート調査を行っているが，COVID-19の影響を最も受ける業界として，「サービス」「建設」「製造業」を挙げている[10]．また，同調査では，3割の中小企業が8割の売上高の減少を報告しており，この数字はEU企業全体の売上高の平均5割減よりも大きく，中小企業が打撃を受けていることが分かる．さらに，中小企業における失業率は3-5ポイント上昇すると回答企業は予測した．

同アンケート調査では，ドイツは医療体制の充実度からロックダウンが限定

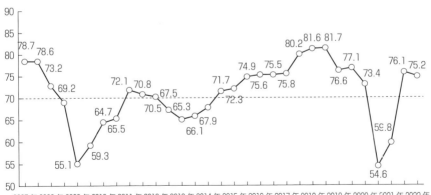

図3-7　EU中小企業のビジネス景況感指数

(出所) SME United (2022), "The SME Business Climate Index and EU and SME Barometer Spring 2022".

的であったことや強い財政力による手厚い支援体制が奏功した一方で，スペイン，イタリア，フランスは医療体制の脆弱さがロックダウンを強め，経済パフォーマンスを悪化させたと分析する[11]．この結果，COVID-19 前は北欧と南欧の中小企業間で景況感に差がなかったものが，2020 年下半期には 15.8 ポイント（北欧 59.1，南欧 43.3）の差となり[12]，欧州内の地域格差が露呈した．また，観光業に依存するギリシャやクロアチアの中小企業にも顕著なスローダウンが確認できたとする[13]．

　2020 年 10 月のマッキンゼーの調査でも[14] COVID-19 禍により EU 内の中小企業間で南北格差が広がったことが確認できる．COVID-19 発生後の売上高増減を 5 段階で中小企業に聞いており，イタリア，スペインは「やや減少」「大きく減少」が合計 80％と減少が多い一方で，ドイツは同 58％，フランスは 65％という結果で影響は軽微である．さらにドイツとフランスは売上高が「大きく増加」「やや増加」がそれぞれ 15％，14％とあり，COVID-19 禍にあっても逆に売り上げを伸ばす強い中小企業が存在することが分かる．他方，イタリアは同 6％，スペインは 7％と少ない（図 3-8）．マッキンゼーはこれらの結果を，厳格なロックダウンの影響であると分析していることから，売上高を増加させたドイツやフランスの中小企業はロックダウン時でも対応できる非対面サービスやオンライン販売，いわゆるデジタル化で強みを有しているのかもしれない．中小企業の売り上げ増加とデジタル化の相関関係については第 5 章 2 節にて分析する．

　SME United の半年毎アンケート調査では，中小企業の 6 つのビジネス指標[15]の見通しを発表しており，時系列的に中小企業が抱える問題点が分かる．図 3-9 は同調査 2 回分（2020 年下半期と 2022 年上半期）を筆者が統合したものである．

　2020 年上半期の COVID-19 禍が顕在化した時期で大きなマイナス影響を受けた内容は「売上高」（マイナス 39.0）と「受注」（マイナス 37.6）であった．ロックダウンが発生したことで経済活動が低迷した結果であろう．他方で，「雇用」についてはマイナス 16.4 と限定的である．EU や各国の雇用維持助成金などが下支えした結果と読める．

　2021 年上半期には「売上高」と「受注」は改善の傾向を示した（3.9，0.0）．また，「価格」は 2021 年上半期にプラス 15.7 に転じており，2022 年上半期

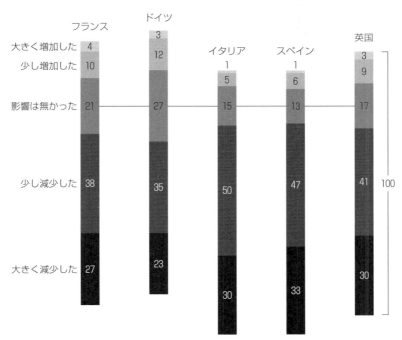

図3-8 COVID-19による欧州中小企業の売上高変化（単位：%）
(出所) McKinsey & Company (2020), "COVID-19 and European small and medium-size enterprises : How they are weathering the storm".

（予測）では34.3と急伸し，一部の中小企業の売上高増には寄与するものの，欧州で進むインフレが経済の足を引っ張らないか懸念される．

　SME Unitedは2022年下半期アンケート調査でも，COVID-19の拡大，価格上昇，サプライチェーンの途絶が成長の足を引っ張って（halted the growth path）いるとしている．[16] さらに，ウクライナ情勢と関連制裁が停滞する経済回復を阻害すると懸念を示す．

　回復の兆しが見えない指標は「投資」である．2020年上半期にマイナス30.2となり，2022年上半期（予測）でも未だマイナス7.1であり，中小企業の成長へ悪影響がでないか懸念される（図3-9）．

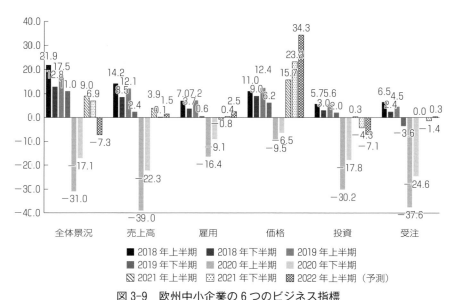

図 3-9　欧州中小企業の 6 つのビジネス指標

(出所) SME United "The SME Business Climate Index and EU Craft and SME Barometer" 2020 Winter ならびに同 2022 Spring より筆者作成.

1.4　日本の中小企業が COVID-19 禍で抱えた課題

EU の中小企業の COVID-19 禍における影響が分かったところで，日本の中小企業が COVID-19 禍において抱えた諸問題を観察する．なぜならば，EU と同様に中小企業が多い日本と比較することで，未曾有の危機下において施行されるべき中小企業支援策，特に本書の主題である通商戦略における中小企業支援策について EU にも適用できる考察が得られるのではないかと考えたからである．

まずは，日本全体の傾向を摑むため，2020 年並びに 2021 年に公的機関などが中小企業を中心とした日本産業界全体向けに実施した COVID-19 の海外ビジネス影響アンケート調査報告書を横断的に紹介する．報告書の内容は，執筆やアンケート調査の実施時期が 2019 年から 2021 年にまたがっているため，3 年間での視座となるが，概ね COVID-19 禍での調査として捉えてよいであろう．

第 3 章　COVID-19 禍における EU・日本の中小企業のビジネス環境　　*105*

　2020 年並びに 2021 年に発刊された，通商白書（経済産業省），世界貿易投資報告書（ジェトロ），日本企業の海外事業展開に関するアンケート調査（同），海外進出日系企業実態調査（同），わが国製造業企業の海外事業展開に関する調査報告（国際協力銀行：JBIC）の 5 つの調査のそれぞれの概要・エグゼクティブサマリーを 1 つのテキストの塊に統合した．そして，UserLocal 社が提供する登録制ソフトウェア[17]を使用して，大容量テキストマイニング分析を行った．これら 5 つの調査はタイトルを見ても分かるとおり，貿易・投資などの通商活動を行う日本企業を対象にアンケート調査を行い，そのトレンドを分析しているものである．EU とは違い，中央官庁から企業サポート公的機関がそれぞれ同様の趣旨のアンケート調査を網羅的に行っているのは日本の特徴のひとつである．従って，この傾向をテキストマイニングによって抽出することは，COVID-19 禍での日本企業の関心事や抱えた問題点を総合的かつ端的に表していると考え，テキストマイニング分析を試みた．

　表 3-7 は共起分析の結果である．一般的な単語である「世界」「企業」「貿易」「輸出」「経済」「社会」のみの単語組み合わせを除外し，登場回数が 10 回以上の単語組み合わせを確認すると，「サプライチェーン」や「デジタル（化）（DX）」に絡む単語が多いことが確認できる．

　2020 年の傾向として，「サプライチェーン」に共起する単語は，「途絶」（11 回），「リスク」（10 回）とネガティブなものが多い．2021 年の特徴として，引き続き「サプライチェーン」や「デジタル（化）（DX）」もあるが，「安全保障＋経済」（11 回），「人権＋企業」（10 回）が挙げられる．これらは COVID-19 に起因するサプライチェーン寸断による半導体などの戦略的物資確保，中国新疆ウイグル地区の人権侵害問題などに起因する人権デューデリジェンスの必要性などを調査を実施した公的機関や日本企業が強く意識しだした結果であろう．

　特定語抽出のワードクラウド分析が**図 3-10** である．図の文字の大きさは，UserLocal 社のアルゴリズム[18]に従って高いスコアを得た文章中の特徴的な単語であることを示す．基本的には前出の共起分析と似たような結果となった．代表的な単語をピックアップしてみた．2020〜2021 年における日本企業の海外ビジネスの関心事や抱えた問題点が見えてくる．

　a）「新型コロナ・コロナショック・感染拡大」，b）「サプライチェーン」，

表 3-7　共起分析結果

順位	2020 年				2021 年			
	単語ペア	単語 1	単語 2	共起回数	単語ペア	単語 1	単語 2	共起回数
1	世界 貿易	世界	貿易	16	企業 企業	企業	企業	18
2	社会 経済	社会	経済	14	dx 企業	dx	企業	18
3	加速 社会	加速	社会	13	価値 共通	価値	共通	16
4	デジタル 社会	デジタル	社会	13	手続 貿易	手続	貿易	16
5	貿易 輸出	貿易	輸出	12	企業 海外	企業	海外	13
6	サプライチェーン 途絶	サプライチェーン	途絶	11	企業 先進的	企業	先進的	13
7	サプライチェーン 生産	サプライチェーン	生産	10	企業 重要	企業	重要	11
8	企業 取り組む	企業	取り組む	10	企業 半数	企業	半数	11
9	拡大 社会	拡大	社会	10	安全保障 経済	安全保障	経済	11
10	新興 途上国	新興	途上国	10	人権 企業	人権	企業	11
11	サプライチェーン リスク	サプライチェーン	リスク	10	企業 割合	企業	割合	10
12	デジタル化 社会	デジタル化	社会	10	サプライチェーン 企業	サプライチェーン	企業	10
13	協調 国際	協調	国際	10	企業 課題	企業	課題	10
14	向ける 国際	向ける	国際	10	デジタル化 貿易	デジタル化	貿易	10
15	投資 貿易	投資	貿易	10	企業 価値	企業	価値	10
15	企業 割合	企業	割合	10				

（出所）Userlocal 社のテキストマイニングの結果より筆者作成.

c）「アンバンドリング（分離）」，d）「デジタル化」，e）「安全保障」

　共起分析ならびにワードクラウド分析から抽出した単語の特徴から，日本企業の状況を考察してみる．COVID-19 禍や米中対立に起因するサプライチェーンの脆弱性・コスト上昇の問題が立ちはだかっている．COVID-19 感染拡大によりサプライチェーンや貿易のアンバンドリング（分離）が加速された．サプライチェーンの強靱化・可視化・脱炭素化，人権デューデリジェンス配慮の必要性を強く認識しなければならない．通商白書では，デジタル化について，

第 3 章　COVID-19 禍における EU・日本の中小企業のビジネス環境　　107

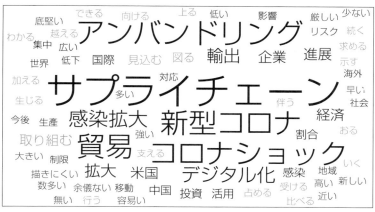

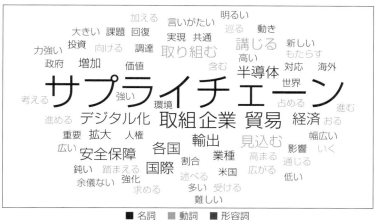

図 3-10　2020 年（上）2021 年（下）のワードクラウド分析
（出所）Userlocal 社のテキストマイニング分析．

デジタル技術の進展により，企業や人々の移動コストがオンラインに置き換わることで低下し，遠隔労働などの新たな分業体制が世界で起きているという捉え方を指摘している[19]．従って，サプライチェーンや貿易が抱える諸問題の打開策ツールとして，社会並びに企業内のデジタル化の促進が重要となろう．貿易面では，越境 EC 活用の政策が求められ，中小企業には特に有益であろう．海外向けの販売で越境 EC を活用もしくは活用を検討する企業の割合が初めて国内向けの販売での同割合を上回ったとのジェトロの調査結果もある[20]．さらにデ

ジタル人材の不足の解消も必要である．政府の役割拡大に伴う経済安全保障への高い関心があり，半導体不足への対応，対内直接投資の審査制度の強化，生産拠点多元化の必要性が求められると通商白書では解説する[21]．

　さて，日本企業全体の COVID-19 禍の状況が把握できたところで，中小企業に焦点を絞っていく．2020 年度における COVID-19 の影響は日本の中小企業にどのような影響を与えたのであろうか．**図 3-11** はジェトロが調査した，2020 年度の国内外の売上高に与えたマイナスの影響度合いの結果である．注目したいのは，中小企業の海外売上高に与えたマイナス影響が大企業に比べて大きかったことである（中小企業 41.0%，大企業 23.9%）．中小企業の限定された商品ポートフォリオや特定企業への依存度の高さ，ロックダウンに伴うサプライチェーン分断への対策の遅れなどが中小企業には重くのしかかったではないかと推測できる．この傾向は前項の EU の中小企業が大企業に比べて危機時には脆弱であるという結果と同じである．

　では，これらの日本の中小企業が今後どのように海外ビジネスを進める意向なのか確認してみたい．JBIC の 2021 年度調査（**図 3-12**）では海外事業の今後の見通しとして「拡大・強化」が中堅・中小企業で 57.1%[22][23]，大企業で 67.7% となり，2020 年度に一時的に落ちた「拡大・強化」は，回復傾向となった．なお，COVID-19 の初年度である 2020 年度の調査結果（2020 年 8-9 月実施）では，中堅・中小企業の「現状程度を維持」が大企業に比べて高かった（31.6% 大企業，48.0% 中小企業）ことから，中小企業は，パンデミック発生時は「様子見」によって当面を対処したことが推測できる．限られたマンパワーで運営する中小企業の情報分析・収集力の不足に起因する現象かもしれない．この事象から想起できることは，政府の積極的な関与の必要性，例えば中小企業がパンデミックにおいても海外ビジネスを続けられるような適切な情報提供や支援など，中小企業を軸とした通商戦略である．

　次に，日本の中小企業が抱えている具体的な課題をアンケート調査結果から考察する．海外の販売戦略の見直しについてアンケートしたジェトロ調査によると，最も多い見直し事項は「海外販売先（ターゲット）の見直し」である（**図 3-13**）．

　中小企業は，「バーチャル展示・商談会統括用の推進」（2020 年度 39.2%→2021

第3章　COVID-19禍におけるEU・日本の中小企業のビジネス環境　109

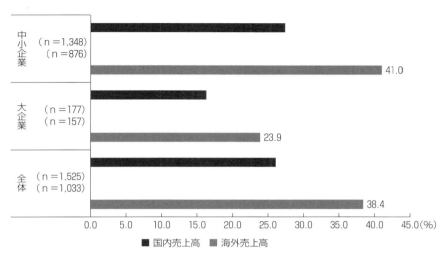

図3-11　新型コロナの2020年度の海外売上高へのマイナス影響（単位：％）

（注）同調査の対象企業は，ジェトロの会員加入企業やジェトロのサービスを利用する海外ビジネスに関心の高い企業群であることに留意．
（出所）ジェトロ（2021），「2020年度日本企業の海外事業展開に関するアンケート調査」より筆者作成．

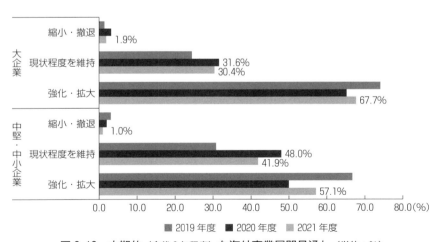

図3-12　中期的（今後3年程度）な海外事業展開見通し（単位：％）

（注）「中堅・中小企業」の定義は資本金10億円未満の企業．
（出所）国際協力銀行（JBIC）（2021），「わが国製造業企業の海外事業展開に関する調査報告2021年度　海外直接投資アンケート結果」より筆者作成．

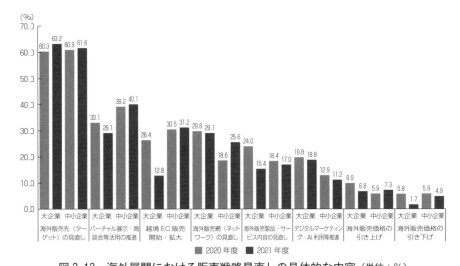

図 3-13　海外展開における販売戦略見直しの具体的な内容（単位：％）
（出所）ジェトロ，「日本企業の海外事業展開に関するアンケート調査 2020 年度」ならびに「同 2021 年度」より筆者作成．

年度 40.1％），「越境 EC 販売開始・拡大」（同 30.5％→31.2％）と，大企業に比べてもデジタル関連に対する改革意識が高い．デジタル関連で販売の課題を克服しようとしていることが読み取れる．デジタル関連についてはジェトロが定期的（2016・2018・2020・2021 年）に EC 利用のアンケートを実施しており，ここでもEC 利用の拡大意欲は中小企業のほうが圧倒的に高い（図 3-14）．特に COVID-19 が発生した 2020 年度は，中小企業は 46.7％とその傾向が顕著に出ている．このことから中小企業を対象にした通商戦略においては，デジタル化のサポートを提供することはニーズにもマッチしており，適切な施策であるといえる．

最後に，日本の地方における中小企業の COVID-19 の影響を紹介したい．筆者は京都海外ビジネスセンターが実施した COVID-19 の影響調査を分析する機会に恵まれた[24]．本調査結果は公表されていないため，特別に許可をいただき本書にて考察を試みることは，独自性・新規性があると考えた．COVID-19 以前から「地方の時代」「一極集中是正」などの構造的課題が少子高齢化や過疎化に伴い叫ばれてきたが，COVID-19 という惨事が起こったことで，産業界は強制的にリモートワークや企業のデジタル化を加速する必要性にかられた．

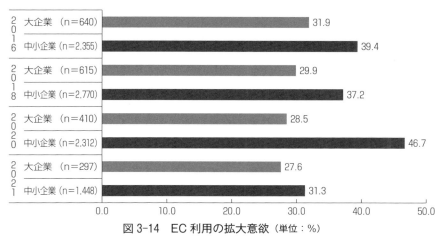

図 3-14　EC 利用の拡大意欲（単位：％）

（注）「利用したことがあり，今後，さらなる拡大を図る」「利用したことがないが，今後の利用を検討している」の合計．
（出所）ジェトロ，「2020 年度日本企業の海外事業展開に関するアンケート調査」ならびに「2021 年度同」より筆者作成．

地方でテレワーキングをする人々が増え，首都圏からの人口転出超過なども一時期は発生し，地方で起業する人が増加傾向にある．そんな「地方時代」の機会が訪れる中で，地方経済の中核として所在する中小企業が COVID-19 からどのような影響，特に海外ビジネスを明らかにすることは，日本の中小企業の発展予想図を考えるうえで重要である．さらに，EU の中小企業の状況や通商戦略と照らし合わせながら考察することも有効であろう．

輸出に関し，「マイナス影響が出ている」「今後マイナス影響の可能性」とする京都の中小企業の割合は合計で 74.4％，小規模企業は 61.2％となり，大企業の 36.4％に比して約 2 倍の結果となり，より深刻であった（図 3-15）．この中小企業・小規模企業（以降中小企業）のほうが大企業より悪影響を受けるという現象は EU においても，日本全体においても，そして日本の地方においても同様の傾向であり，明確な現象である．

COVID-19 に関して，困難であった点の自由記述を整理すると，次の 6 つに大別できる[25]．

① 感染予防対策，② 移動・渡航制限，③ 駐在員対策，④ 生産体制，⑤ サプライチェーン，⑥ 景気低迷・売上減

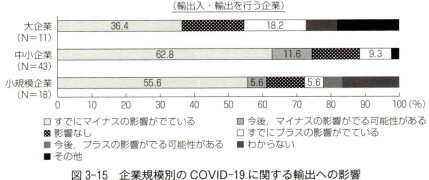

図 3-15　企業規模別の COVID-19 に関する輸出への影響
(出所) 京都海外ビジネスセンター (2022),「海外ビジネスにおける新型コロナウィルス感染症が京都企業に及ぼす影響に関する調査」.

　京都の中小企業からコメントが多かったのは,① 感染予防対策, ② 移動・渡航制限についてであった.「感染予防のため, 強制的なリモートワーク導入に苦労した」「渡航制限＝出張不可による非効率性や機会損失」「海外現地の移動制限＝営業活動の停滞」といったコメントが寄せられた.
　また, ⑤ サプライチェーンの混乱は「コスト増」となり, ⑥ 景気低迷・売上減は「需要減」となり,「コスト増」と「需要減」のダブルパンチを受ける様子がコメントから把握できる. その他では,「先行き不透明な状況により, 今後の戦略が決められない」「新規案件凍結などの不確実性問題」などの経営戦略判断の難しさ中小企業は訴える.
　一方で, 大企業からは ② 移動・渡航制限, ⑤ サプライチェーンの混乱についてのコメントはほとんど寄せられていない. 中小企業とは違い, 社内である程度対処できている可能性がある.
　これらのコメントから, 中小企業が情報・経験・リソース不足などから, 大企業に比べて混乱している様子がうかがえる. 国の制度や言語の違いから通商分野における中小企業への適切な情報提供が政府に求められる所以である. 特にパンデミックなどの混乱時はなおさらである.
　越境 EC の利用や意向についても聞いている (表3-8). 京都企業の約 6 割が「EC 利用あり」とし, 浸透しつつある手法となっている. ただし, 利用開始時期についての設問が同調査ではないため, COVID-19 発生によって利用を

第3章　COVID-19禍におけるEU・日本の中小企業のビジネス環境　　*113*

表 3-8　EC の利用状況

EC 利用状況 （輸出入・輸出を行う企業）	大企業	中小企業	小規模企業
利用あり，今後拡大したい	25.0%	40.4%	52.0%
利用あり，現状維持	33.3%	17.5%	4.0%
利用あり，今後縮小	0.0%	0.0%	4.0%
利用なし，今後利用を検討	16.7%	12.3%	24.0%
利用なし，今後予定なし	25.0%	29.8%	16.0%
利用経験あるが現在利用なし	0.0%	0.0%	0.0%
	N＝12	N＝57	N＝25

（出所）京都海外ビジネスセンター（2022），「海外ビジネスにおける新型コロナ
　　　ウィルス感染症が京都企業に及ぼす影響に関する調査」．

開始したのかなど因果関係は検証できない．特徴的なのは，企業規模が小規模
になるほど EC を「今後拡大したい」が強くなる点だ（大 25.0%→中小 40.4%→小
52.0%）．COVID-19 禍での海外ビジネス生き残りのために越境 EC が有効であ
ることに京都の中小企業は気が付き，積極的な利用を考えているのであろう．
実際，筆者が本調査の分所の一環としてヒアリングした京都の中小企業の中に
は，「海外出張費・展示会出展費などの販路拡大費用が越境 EC によって抑え
ることができる」と高く評価している企業もいた．大企業も越境 EC は利用し
ているが，「今後拡大」よりも「現状維持」のほうが多く，既に手法として浸
透している印象であり，中小企業より進んだステージに到達しているのであろ
う．

　本調査の興味深いところは，商工会議所・国・自治体などの公的機関への要
望も聞いているところである（表 3-9）．中小企業では，「感染情報の迅速・正
確で分かりやすい情報提供」，「感染防止対策の費用の補助」「渡航条件等に関
する諸外国との交渉の迅速化」を望む企業が多い．不透明な経営環境下（特に
通商分野では）での政府・公的機関の情報提供の重要性がここで示唆されている．
また，「オンライン化に伴う相談・経費の補助」を求める声が大企業は 0 回答
であるが，中小企業からは多い（合計 36 回答）．既述のとおり，リモートワーク
や越境 EC の急速な拡大への対応に苦慮している様子が読み取れ，公的機関に
よる中小企業のデジタル化支援は適切であると言える．

表 3-9　公的機関への要望

商工会議所・国・自治体への新型コロナに関する要望
（全企業：輸出入・輸出・輸入・進出・海外取引無し）　　　　　　　　　　　　　（単位：回答数）

		大企業	中小企業	小規模企業	合計
1	感染情報の迅速・正確で分かりやすい情報提供	7	49	24	80
2	感染防止対策の費用の補助	3	44	21	68
3	渡航条件等に関する諸外国との交渉の迅速化	8	33	16	57
4	日本の安全性に対する国際的な信用の回復	6	22	21	49
5	オンライン化に伴う相談・経費の補助	0	20	16	36
6	機動的な貸し出し及び融資実行の迅速化	0	8	13	21
7	海外居住の日本人の帰国時の制限緩和	5	8	5	18
8	感染防止物資（マスク等）の確保	0	5	7	12
	諸外国に進出している企業・国民に対する支援策	2	6	4	12

（複数回答）

（出所）京都海外ビジネスセンター（2022），「海外ビジネスにおける新型コロナウィルス感染症が京都企業に及ぼす影響に関する調査」.

第 2 節　EU と日本の中小企業の比較考察

2.1　EU・日本の中小企業の共通項

　本節では，これまで述べてきた EU と日本の中小企業の COVID-19 禍の現状や課題を比較検討し，共通項から中小企業支援策や通商戦略の必要性を考察する．

　比較検討の前に，基本情報を把握するため，EU 主要国と日本の中小企業の輸出取組を比較する（表3-10）．日本の中小企業全体に占める輸出企業の比率は1.1％と，極めて低いことが分かる．EU の比率は，域外輸出（例：ドイツ→日本）の数値を採用しているが，EU 域内（例：ドイツ→フランス）を含めた輸出の数値の場合は，さらに高くなる．これは，EU 域内は単一市場であり，一部の加盟国を除いて通貨も統一されていることから，関税手続きや為替対応がほぼ無く，域内輸出の障壁が低いことが一つの要因である．さらに，国と国の距離が近ければ近いほど貿易量が増えるという一般的な貿易理論である「重力方程式」[26]の理論からも，EU 域内の貿易が多いのは当然である．EU の中小企業は

輸出へのハードルが低い域内輸出から始めて輸出の経験を積んでから，域外輸出に向かうという企業も一定数あり，有利である．それに比べ，日本の中小企業にとって輸出は関税などの諸手続き，為替・規制対応など初期障壁は高く，簡単ではない．EUにとっても日本にとっても，輸出（域外）の時に有効なのが関税や非関税障壁を低減させるFTAなどの通商戦略である．そして，その通商戦略を使いやすいよう中小企業フレンドリーにしていくことが行政には求められる．

本章で論じてきたCOVID-19禍のEUならびに日本の中小企業の各種調査から見えてくる状況を一覧表にてまとめた（**表3-11**）．それぞれの調査項目や目的，実施主体が異なるため，精緻な比較は難しいが，一定の傾向・方向性は把握することができる．

表3-10　中小企業に占める輸出（域外）企業の比率

	2019年
ドイツ	4.2%
スペイン	3.1%
フランス	2.2%
イタリア	3.5%
日本	1.1%

（注）EU4カ国は従業員250人未満の中小企業でEU域外に輸出している企業数を各国の中小企業総数で除した数値，日本は300人以下の中小企業．
（出所）Eurostat, 中小企業庁（2020），「中小企業実態基本調査2020年」より筆者作成．

EU・日本とも景況感に関して，中小企業は大企業に比べて回復力が遅いことが分かる．海外売上高・輸出に関し，ドイツの中小企業はCOVID-19発生当初は大企業に比して差はなかったが，景況感と同様に1年後では回復が遅れていることが分かる．日本の中小企業は発生当初から大きな輸出被害を受けているが，輸出意欲の減衰は見られず，むしろ越境ECなどのデジタル化で乗り切ろうとしている．EUも中小企業のデジタル化の促進を掲げていることは既述してきた．日本の中小企業の例から分かるように，中小企業のデジタル化促進は間違った方向性ではない．サプライチェーンの途絶や分離の対応にEUも日本の中小業企業も苦慮しており，世界的な傾向であろう．これらの状況から，EUは中小企業に対して，手厚い中小企業支援を行うべきであることは明白である．特にCOVID-19発生などの緊急事態には宿泊・観光や小売業などの中小企業に対する機動的な支援は不可欠であると言える．

表 3-11　各種調査から見えてくる EU・日本の中小企業の COVID-19 状況

	EU の中小企業	日本の中小企業
ビジネス景況感	■2020 年下半期はリーマン ショック以上の景況感の下落．ただしリーマンショック時の時よりは回復が早い ■発生当初は大企業と中小企業で景況感に大きな差はなかったが，1 年後には中小企業の回復のほうが弱い（ドイツ） ■サービス業・建設業・製造業，中でも宿泊施設・小規模小売店舗・化粧品の景況感が特に悪い ■乗客輸送業・観光業・ファッションアパレル業・農業の順にシビアな需要減が出ている（イタリア） ■EU 全体の売上高減少に比べ中小企業の売上高減少のほうが大きい ■2020 年下半期は売上高マイナス 39.0，受注マイナス 37.6 と大きな打撃 ■北欧（ドイツ・フランス）と南欧（イタリア・スペイン）間で景況感に南北格差が生じた	■サプライチェーンの途絶や分離・デジタル化・安全保障・人権に関心や問題を抱える（大企業含む全企業） ■移動・渡航制限による機会損失や営業活動の低迷（京都）
価格・サプライチェーン	■価格は 2021 年にプラス回復するが，インフレが懸念される．サプライチェーンの途絶が成長の足を引っ張っている	■サプライチェーン混乱によるコスト増と景気低迷による需要減のダブルパンチ（京都）
雇用	■2020 年下半期はマイナス 16.4 と，売上高や受注のマイナス幅に比べて限定的な落ち込み	
海外売上高・輸出	■輸出期待値は発生当初は大企業と中小企業で大きな差はなかったが，1 年後には中小企業のほうが，大幅に回復が遅れている（ドイツ）	■海外売上高に与えたマイナス影響は中小企業のほうが大企業よりも大きかった（全国）．同傾向は約 2 倍の差があった（京都）． ■発生当初は「現状を維持」する中小企業が大企業に比べて多く，様子見をする傾向が強かった ■バーチャル展示・商談会や越境 EC の活用が大企業よりも中小企業のほうが多かった
成長・見通し	■投資は 2021 年下半期でもマイナスが続き，低調（EU）	■発生当初は海外事業の「拡大・強化」の意向は落ちたが，2021 年には回復傾向となった ■企業規模が小さくなるほどに「越境 EC を今後拡大したい」という意向（京都）

（出所）筆者作成．

小　　括

　本章では，COVID-19禍の2年間が世界やEU経済，そしてEU・日本の中小企業にどのような影響を与えたのか，経済指標や各種アンケートを中心に確認した．

　EUのGDPは2020年，歴史的な落ち込みを経験し，2009年のリーマン・ショックや2012年の欧州債務危機と比べても落ち込みが大きかった．2021年のEUの貿易収支も本格回復していない．

　EUの中小企業がCOVID-19以前そしてCOVID-19禍において抱える課題について通商や中小企業支援策の観点から整理した．中小企業の域外輸出は大企業に比べて極めて限定的であり，改善の余地があることが分かった．中小企業が抱える課題として「規制障壁・行政手続き負担」，「支払遅れ」，「融資アクセス」が挙げられた．また，「人材スキル不足」や「デジタル化の難しさ」も挙がっている．オンラインでのEU域外販売（中小企業のデジタル化対策一つの手法）は，大企業に比べ遅れており，COVID-19禍に入り，デジタル化の遅れが課題になっていく．

　中小企業の輸出シェアの違いから，国別の特徴を分析した．中小企業の輸出依存度が高い国は，中小企業の輸出業績が落ち込むと経済全体へ影響を及ぼすことが示唆される．

　COVID-19禍では，大企業に比べて中小企業の回復力は弱いことが判明した．中小企業の景況感指数は，2009年のリーマン・ショックを超える急落が確認できた．反面，リーマン・ショックに比べると速やかなV字回復を遂げており，EUならびに各国の支援が中小企業に有効に働いたことが推測できた．COVID-19の影響を最も受ける業界として，「サービス」「建設」「製造業」が挙げられた．また，COVID-19によって，欧州内の南北格差が露呈している．中小企業が大きなマイナス影響を受けた内容は「売上高」と「受注」であった．ロックダウンが発生したことで経済活動が低迷した結果であろう．他方で，「雇用」については限定的で，EUや各国の雇用維持助成金などが下支えした結果と読める．

日本企業が COVID-19 禍において抱えた諸問題をテキストマイニングによって観察した結果，「サプライチェーン」や「デジタル（化）(DX)」に絡む単語が多いことが確認できた．貿易面では，越境 EC 活用の政策が求められ，中小企業には有効であろう．海外向けの販売で越境 EC を活用もしくは活用を検討する企業の割合が初めて国内向けの販売での同割合を上回ったとの調査結果も確認した．日本の中小企業の例から分かるように，中小企業のデジタル化促進は間違った方向性ではない．サプライチェーンの途絶や分離の対応に EU も日本の中小業企業も苦慮しており，世界的な傾向であろう．これらの状況から，EU は中小企業に対して，COVID-19 発生などの緊急事態には手厚い中小企業支援を行うべきであることは明白である．

注

1) https://www.bsg.ox.ac.uk/research/covid-19-government-response-tracker（最終アクセス日 2023 年 3 月 13 日）．

2) https://www.imf.org/en/Publications/WEO/Issues/2022/01/25/world-economic-outlook-update-january-2022（最終アクセス日 2023 年 3 月 13 日）．

3) Kantar（2020），"Flash Eurobarometer 486", European Commission Directorate-General for Internal Market, Industry, Entrepreneurship and SMEs.

4) KfWResearch（2021），"Business sentiment jumps- a vote of confidence in the coming economic rebound", KfW0-ifo SME Barometer.

5) 約 7500 の中小企業（定義：従業員 500 人未満，年間売上高 5000 万ユーロ以下）に調査し，Positive 回答の比率と Negative 回答の比率を引き算した値．

6) European commission（2020c），"The role of SMEs in EXTRA-EU Exporter", p.4.

7) https://www.cna.it/effetti-negativi-sul-72-delle-imprese-6-327-risposte-al-questionario-cna/（最終アクセス日 2022 年 3 月 2 日）．

8) 欧州内の 12 万社に質問状を送付し 3 万社から回答を得たもので，業績の実績・見通しが「ポジティブ」または「堅調」と回答した会員企業数の割合を示す．最大値 100（全ての企業がポジティブ／堅調と回答）から 0（全ての企業がネガティブ）で表される．SME United は 70 以下を不景気に入るベースラインとしている．

9) SME United（2020），"The SME Business Climate Index and EU Craft and SME Barometer Autumn 2020", p9.

10) https://www.smeunited.eu/news/a-view-on-the-covid-impact-on-and-support-measures-for-smes（最終アクセス日 2021 年 3 月 1 日）．

11) SME United（2020），"The SME Business Climate Index and EU Craft and SME

Barometer Autumn 2020", p2.

12) 同上，p4.

13) 同上，p4.

14) McKinsey & Company（2020），"COVID-19 and European small and medium-size enterprises : How they are weathering the storm".

15) 6つの指標の見通しについてPositiveかNegativeとして回答してもらい，Positiveから Negativeの回答を引き算して，平均値を算出.

16) SME United（2022），"The SME Business Climate Index and EU Craft and SME Barometer Autumn 2022", p11.

17) https://textmining.userlocal.jp/（最終アクセス日2022年3月2日）.

18) 同社のアルゴリズムは，特徴語を抽出するためのロジックとしてTF-IDF（Term Frequency-Inverse Document Frequency）法という統計処理をしている．この手法によって，出現回数だけでなく，重要度を加味した値がスコアとなり，スコアが高い単語は，そのテキストを特徴づける単語であるといえる.

19) 経済産業省（2020），「通商白書2020年版」，第2章.

20) ジェトロ（2022），「日本企業の海外事業展開に関するアンケート調査」.

21) 経済産業省（2021），「通商白書2021年版」，概要.

22) 同報告書で「海外事業」の定義は確認できなかったが，輸出・直接投資・業務提携等広く含まれると思われる.

23) 同報告書は「中堅・中小企業」の定義を資本金10億円未満の企業としている.

24) 京都海外ビジネスセンターが2021年8-10月に京都市内の会員企業に「海外ビジネスの影響」についてアンケートを実施した（実施主体：京都商工会議所）．147社からアンケート回答があり，そのうち85社が中小企業（57.8％），小規模企業45社（30.6％）であった.

25) 京都海外ビジネスセンター（2022），「海外ビジネスにおける新型コロナウィルス感染症が京都企業に及ぼす影響に関する調査」.

26) 貿易額 $= A \dfrac{GDP_i \times GDP_j}{距離_{ij}}$

第 4 章

COVID-19 禍における EU・日本の
中小企業支援策と通商戦略

第 4 章　COVID-19 禍における EU・日本の中小企業支援策と通商戦略　*123*

はじめに

　前章では，COVID-19 禍における EU と日本の中小企業の景況感や輸出ビジネスへの影響を考察した．そして，大企業に比して中小企業が困難に直面していることを確認した．本章では，COVID-19 禍において世界や EU，日本が実施した中小企業支援策を詳述する．

　COVID-19 禍の中小企業支援策に入る前に，日本の中小企業振興策について触れておく．なぜならば，日本は EU に先駆けて中小企業振興策の基礎となる「中小企業基本法」を 1963 年に策定（1999 年に新基本法に刷新）し，手厚い振興策を長年行ってきた実績があるため，EU の中小企業振興策を考察する際にも有益であると考えるからである．

　さらに，日本の中小企業庁やジェトロが COVID-19 禍で注力した越境 EC（電子商取引）などのデジタルによる中小企業向けの通商戦略についても取り上げ，EU の政策と比較してみたい．

第 1 節　なぜ中小企業振興策が必要なのか

1.1　日本と EU の中小企業基本法の概念

　日本の中小企業の定義[1)]は EU と異なる．日本では製造業においては，a）従業員数が 300 人以下，b）資本金総額が 3 億円以下の 2 つの条件を「いずれかを満たす（OR）」ものとなっているが，EU の定義では，a）従業員数 250 名未満，b）年間の総売上高 5000 万ユーロ以下もしくは年間の貸借対照表の総資産 4300 万ユーロ以下の「両方を満たす（AND）」となっている（**表 4-1**）．日・EU を比較すると従業員数の定義には大差がないが，貸借対照表の貸方（負債＋純資産）だけを考えてみると，日本は純資産の資本金部分のみで 3 億円以下としているのに対し，EU の定義は 4300 万ユーロ（53 億 230 万円）[2)]以下であるとし，EU のほうが中小企業の定義を広くとらえている．ただし，2 つの条件に対して，日本は「いずれかを満たす（OR）条件」であるが，EU は「両方を満たす（AND）条件」であるという違いには留意が必要である．換言すれ

表 4-1　EU と日本の中小企業の定義の違い

	従業員数		貸借対照表
日本	300 人以下 (製造業の場合)	OR	3 億円以下 (資本金)
EU	250 人未満	AND	4,300 万ユーロ未満 (総資産)
			OR
			5,000 万ユーロ未満 (総売上高)

(出所) 中小企業庁, EU のホームページより筆者作成.

ば, 日本では従業員が 300 人以下であれば, 貸借対照表＝資産がどれだけ大きくなっても中小企業として扱われる.

日本では 1963 年, 中小企業基本法 (旧基本法) が成立した. 植田 (2004) によると, 中小企業政策は旧基本法以前から存在しており, 中小企業政策は明治中期の在来工業問題にまでさかのぼることができ, 1948 年の中小企業庁設立に伴って中小企業政策の体系化が図られた. この頃は, 中小企業は弱者で「保護すべき存在」としての認識が強く, また, 1985 年プラザ合意後の円高対策もあいまってその傾向が暫く続いた.

その後日本経済は 1990 年代のバブル崩壊を経験し, 1999 年の中小企業基本法の改定では, 中小企業を「保護すべき存在」から「我が国経済のダイナミズムの源泉」と位置づけ, 中小企業向けの政策は変容することになる. 1999 年当時, 21 世紀の中小企業像を, a) 市場競争の苗床, b) イノベーションの担い手, c) 魅力ある就業機会の担い手, d) 地域経済社会発展の担い手とした. これらの理想像は中小企業基本法 (改定後) の基本理念に表現されている (表 4-2).

この日本の中小企業に求める社会での理想像 (役割) は, 第 2 章で紹介した EU の中小企業振興策の「欧州小企業憲章」(2000 年) と類似の思考である.

また, 中小企業基本法 (改定後) の中小企業の経営基盤強化について制定された章では, 海外市場獲得に対する振興策ついて記載されている. これは中小企業振興策が通商戦略と有機的に互恵関係を構築する一つの契機にもなったであろう.

第4章　COVID-19禍におけるEU・日本の中小企業支援策と通商戦略　*125*

表4-2　中小企業基本法改定（1999年）のポイント

	中小企業基本法（旧）	中小企業基本法（改定後）
政策理念	格差の是正	多様で活力のある中小企業の育成・支援 （その結果としての格差の存在は是認）
政策目的	・生産性の向上（中小企業構造 　の高度化） ・取引条件の向上 　（事業活動の不利の補正）	・経営の革新及び創業の促進 ・経営基盤の強化 ・経済的社会的環境の変化への適応の円 　滑化（独立した中小企業者の自主的な 　努力を前提）

（出所）経済産業省（2019），「中小企業白書2019年版」より筆者作成.

（海外における事業展開の促進）第二章第二節第十六条[6]
国は，中小企業者がその事業基盤を国内に維持しつつ行う海外における事業の展開を促進するため，海外における事業の展開に関する情報の提供及び研修の充実，海外における事業の展開に必要な資金の円滑な供給その他の必要な施策を講ずるとともに，中小企業者が供給する魅力ある商品又は役務に対する海外における関心及び理解の増進に努めるものとする.

1.2　日本とEUの中小企業振興策の交差

三井（1995）によると，1980年代は「系列」に代表される日本独自の企業間関係の「日本的経営」に対する内外での評価の声があり，EU（当時はEC）においても「日本のやり方を学ぼう，応用しよう」という動きがあったとしている．EUは日本の下請け関係の性格と経験への関心が高く，1991年までに5次にわたり調査ミッション団を日本に派遣している．視察団は日本の中小企業の現場における製造管理技術とジャストインタイム生産方式を中核にした効率的な下請け取引制度を目の当たりにし，EU側でも導入できる制度はないか，EU企業が下請け受注できる方策はないか探っている．例えば，欧州下請け取引会議，ジャストインタイム方式の下請け企業の導入実験プロジェクト，欧州下請取引情報センターの設置検討などである[7].

EUのこれら日本での経験や検討は，2000年に制定された欧州小企業憲章や2008年の欧州中小企業議定書（SBA）の策定に少なからず影響を与えたであろう．
EUよりも中小企業振興策，ひいては中小企業の社会における存在価値にい

ち早く気がついていた日本であったが，90年代のバブル崩壊から失われた何十年とよく言われるように，経済は低迷し，日本的経営の輝きも色あせていった．既述のとおり，日本では1999年に中小企業基本法が改定されるものの，中小企業が「我が国経済のダイナミズムの源泉」であるという意識がどこまで根付いたのかは疑問が残る．むしろ，EUのほうが欧州小企業憲章や欧州中小企業議定書を大々的に打ち上げ，「Think Small First」原則をEU内で普及させ，フロントランナーとなっていった．

政策とは，理念や理想を分かりやすいフォーマット（この場合は憲章・議定書・原則）で示すことで，下方展開される各種プログラムに息が吹き込まれると筆者は考える．その意味からEUの欧州小企業憲章や欧州中小企業議定書，特に「Think Small First」原則はシンプルであり俊逸である．日本はEUに10年遅れる2010年に「中小企業憲章」を閣議決定した．同憲章の行動指針には改めて海外展開支援の重要性が決定された．法律と閣議決定の法的な差はあれども，1999年の中小企業基本法（改定後）よりも具体的な内容となっている．

（行動指針）　四．海外展開を支援する[8]

中小企業が海外市場の開拓に取り組めるよう，官民が連携した取組を強める．また，支援人材を活用しつつ，海外の市場動向，見本市関連などの情報の提供，販路拡大活動の支援，知的財産権トラブルの解決などの支援を行う．中小企業の国際人材の育成や外国人材の活用のための支援をも進め，中小企業の真の国際化につなげる．

このようにEUと日本は，中小企業振興策において共通の発想が多く，また，海外市場獲得による成長を求める点では，優れた通商戦略が中小企業にとって重要であるということが政策の方針からも分かる．しかし，COVID-19という緊急事態が発生し，「振興策」というよりも，弱者に容易になり得る中小企業を支え援助するという「支援策」に一時的に軸足を置かざるをえなくなった．次節ではEUと日本の具体的な中小企業支援策について記し，経済の屋台骨である中小企業をどう支援していくべきかを考察する．

第 4 章　COVID-19 禍における EU・日本の中小企業支援策と通商戦略　　*127*

第 2 節　COVID-19 禍における中小企業支援策

2.1　緊急事態・経済混乱時に不可欠な中小企業支援策

　日本企業の研究ではあるが，COVID-19 のような緊急事態・経済混乱時には，中小企業，特に零細企業に速やかに救済の手を施すべきと橋本（2020）は主張する[9]．**表 4-3** は 2007-2009 年のリーマン・ショックの不況期と，2010-2012 年の経済回復期における，企業規模別の実質賃金の変化率を示したものである．1000 人以上の大企業は，回復時に 1.55％増と低い値での回復を見せているが，100-999 人の中堅・中小企業は 0.65％増，10-99 人の零細企業は 0.23％増と特に戻りが弱い．企業の規模による経済的な耐久力の差が，景気回復時に影響を及ぼしたと読み取れる．一般的に，リーマン・ショックの時は，政府の救済策が遅れたとの反省がある．従って，COVID-19 では，速やかに中小企業を下支えする政策が重要であると橋本は結論付けている．

　ILO は COVID-19 により失業などの危機に陥るグループとして以下 6 つのグループを注視すべきとした[10]．危機は，医療アクセスや雇用・生計における不満・不信・不正義を深め，社会の結束を弱める可能性があるとし，下記グループに対し国際的な支援と雇用・収入を守る方策が必要としている．本書の主題である f ）小企業・自営業者（広義には中小企業）の支援策が重要であるという認識は世界中の政策関係者間で共有され，多くの支援策がとられている．

表 4-3　企業規模別実質賃金の変化率

企業規模	2007-2009 年	2010-2012 年
1,000 人以上	0.97%	1.55%
100-999 人	0.79%	0.65%
10-99 人	-0.98%	0.23%

（出所）橋本（2020），「なぜ中小企業に早急な支援が必要か：リーマン・ショック時のエビデンス」．

a）女性：医療・福祉分野の70%が女性労働者であり労働集約的な製造業にも多く従事
　　b）非公式な経済分野での労働者，派遣労働者，ギグエコノミー労働者
　　c）若年労働者：求人状況により大きく左右される層
　　d）老年労働者：通常時であっても就職が難しい中，健康リスクも現在は顕在する
　　e）難民・移民：特に建設，製造業，農業に従事している層
　　f）小企業・自営業者

　OECDは，COVID-19に各国がとった中小企業支援策を，「資金流動性支援（Liquidity Support）」の第一段階と，「構造的支援（Structural Support）」→「復興パッケージ（Recovery Packages）」の第二段階の2層で整理している（図4-1）．

　ここで重要なのは，COVID-19が起きた2020年3月の早い段階から「流動性支援」の第一段階が立ち上がり，2021年3月までの間，見直しをしながらも企業の資金援助を継続・拡大したことである．そして，テレワーキングやデジタル化への再教育などの「構造的支援」から，2020年6月頃にはポストCOVID-19を見据えた公共投資や消費喚起の幅広い総合的な「復興パッケージ」の第二段階に徐々に転じていった．

〈資金流動性支援〉[11]
　　a）雇用維持スキーム（Job Retensiton Schemes）：労働時間短縮，賃金補償

図4-1　2層構造で順序付けされた中小企業支援策

（注）上段：事象，中段：第一段階，下段：第二段階
（出所）OECD (2021), "One year of SME and entrepreneurship policy responses to COVID-19: Lessons learned to "build back better".

など
　b）支払い繰り延べ（Defferals of Payment）：所得税・法人税・消費税・社会保険料・公共料金の繰り延べ，支払利子の軽減など
　c）負債による資金調達支援（Financial Support via Debt Channels）：融資保証，政府・ノンバンクを通じた助成金・補助金
〈構造的支援（後に復興パッケージに発展）〉
　a）テレワーキング・Eコマースなどのデジタル化支援
　b）技術イノベーション開発の支援
　c）従業員の技能向上やリスキリングの支援
　d）スタートアップの支援
　e）新しい代替市場の開拓支援
　f）サステナビリティー化への支援

　図4-2は，世界銀行がデータベース化している各国のCOVID-19中小企業支援策の分類別順位である．2020年4月時点で，主な内容と支援策数の順位

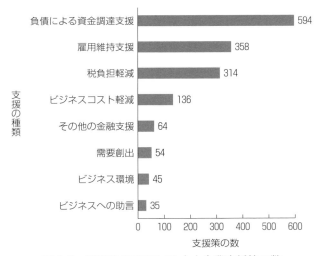

図4-2　世界のCOVID-19中小企業支援策の数
（出所）https://www.worldbank.org/en/data/interactive/2020/04/14/map-of-sme-support-measures-in-response-to-COVID-19.

は以下のとおりであった.[12] 中小企業の流動性確保の資金調達が圧倒的に多く,次に一般消費に直結する中小企業で働く人々への雇用維持の支援も多い.

① 負債による資金調達支援（594策）
② 雇用維持支援（358策）
③ 税負担軽減（314策）
④ ビジネスコスト軽減（136策）：公共料金の値下げなど

2.2 EUのCOVID-19禍の中小企業支援策

前項では世界のCOVID-19禍における中小企業支援策の概要を把握した.本項では，EUの支援策を具体的にみてみる.

最初に，EUがCOVID-19禍で取った政策の全体図を少し紹介する.後述する復興・回復ファシリティー（RRF）において中小企業支援に戻るため，暫くは政策の全体図を把握することにする.

EU並びに加盟国のCOVID-19支援策の総額は，合計3.7兆ユーロ（約481兆円）である（図4-3）.これに加え，欧州中央銀行（ECB）による債権・国債の購入プログラムが1兆8500億ユーロ（約240兆円）準備された.COVID-19発

図4-3　EUと加盟国のCOVID-19企業支援策の全体図

(出所) https://ec.europa.eu/info/live-work-travel-eu/coronavirus-response/jobs-and-economy-during-coronavirus-pandemic_en.

生初期から，既存スキームを流用し，迅速な対応にあたっている．特に欧州安定メカニズム（ESM）を活用し，雇用維持のための SURE（The temporary Support to mitigate Unemployment Risks in an Emergency）で 1000 億ユーロ，パンデミック危機対策 2400 億ユーロ，欧州投資銀行（EIB）による企業向け融資支援 2000 億ユーロなど，セーフティーネットが速やかに準備された．ESM は 2010 年の欧州債務危機の後に整備されたもので，今回のような危機を最小限に抑える意味では大いに機能したであろう．

2021 年 5 月時点で，SURE によって，イタリア（274 億ユーロ），スペイン（213 億ユーロ），ポーランド（112 億ユーロ），ベルギー（82 億ユーロ），ポルトガル（59 億ユーロ）などに雇用維持の公的支援の原資として融資された．また，多くの中・東欧諸国も SURE を利用している[13]．

いくつかのエポックメーキングな出来事があったことが，ジェトロがまとめた EU 支援策の時系列表（表4-4）で確認できる[14]．2020 年 3 月 19 日「暫定的国家補助枠組み（国家補助規制の一時的緩和措置）」，同年 3 月 23 日「安定成長協定の一時的運用緩和」，そして 2020 年 5 月 27 日の「復興・回復ファシリティー（RRF）」である．国家補助規制の一時的緩和措置ならびに安定成長協定の一時的運用緩和によって，加盟国は柔軟に企業の流動性確保や給与補助などの公的支援に動くことが可能となった．

これらは前項で紹介した OECD が整理する「資金流動性支援」という第一段階目に位置付けられる．そして，「復興・回復ファシリティー（RRF）」は第二段階目の「構造的支援」→「復興パッケージ」に位置づけられる．

2022 年 2 月 18 日時点の EU の暫定的国家補助枠組みリストを[15]，「SME」「Small」などの中小・零細企業が関係する単語で検索してみると，67 件が中小企業向けの支援策として認定されていることが分かった．政府保証枠の設定や政府による優遇金利での直接融資などが実行され，特に観光，エンタメ，農業，自営業者への支援内容が多い．

2021 年に本格稼働した，復興・回復ファシリティー（RRF）における EU 加盟国への支援内容を見てみよう．欧州委員会は RRF に 6 つの政策の柱を掲げている[16]．

表 4-4　EU の COVID-19 企業支援策を巡る動き（時系列）

日付	主体	内容	詳細
2020 年 3 月 12 日採択	欧州中央銀行（ECB）	金融政策パッケージ	ECB は，金融政策パッケージとして以下の実施を発表. ① 追加の長期資金供給オペレーション（LTOs）を一時的に導入し，ユーロ圏内の銀行に直ちに流動性を供給 ② 特に影響が心配される中小・中堅企業への銀行による資金貸し出しを支援するため，貸し出し条件付き長期資金供給オペレーション（TLTRO-Ⅲ）の金利をさらに引き下げ ③ 債券・国債の購入プログラム（APP）について，2020 年 12 月末までに民間部門を中心に1200 億ユーロの資産を追加で購入する
2020 年 3 月 16 日採択	欧州投資銀行（EIB）	中小企業向け財政出動のための資金調達パッケージ	EIB は，中小・中堅企業の流動性と運転資金緩和を目的とした，最大 400 億ユーロの資金動員計画を提案
2020 年 3 月 19 日採択	欧州委員会	暫定的国家補助枠組（国家補助規制の一時的緩和措置）	新型コロナウイルス問題に伴う事態の緊急性に配慮し，暫定措置として加盟国による企業への助成金給付，銀行ローンの政府保証，優遇金利による公的融資などの財政支援を認める
2020 年 3 月 23 日合意	欧州委員会	安定成長協定（SGP）の一時的運用緩和	EU 財務相理事会において，EU 加盟国に対する財政規律を定めた安定成長協定の一般免除条項を適応することで，財政健全化に関する理事会勧告を一時適応停止する欧州委員会の提案に合意
2020 年 4 月 1 日運用開始	欧州委員会	新型コロナウイルス問題対策のための EU 結束基金活用	新型コロナウイルス問題対策のため，EU 結束基金から 370 億ユーロを加盟国に拠出可能とする「新型コロナウイルス対策投資イニシアティブ」に関わる法案が EU 理事会で採択
2020 年 4 月 6 日発表	欧州委員会	欧州戦略投資基金（EFSI）を通じた中小企業の資金調達計画	欧州委員会は，中小企業の資金調達を支援するため，欧州投資銀行グループ傘下の欧州投資基金（EIF）の保証により欧州戦略投資基金（EFSI）を通じて，10 億ユーロを拠出すると発表. EIF が供与する特別な信用保証を活用して新型コロナウイルスの影響を受けた中小企業 10 万社を支援する. 融資額は総額 80 億ユーロを見込む.
2020 年 4 月 23 日承認	ユーログループ（ユーロ圏財務相会合）／EU 理事会	欧州安定メカニズム（ESM）などを活用したユーロ圏への支援策	ユーロ圏財務相会合は 4 月 9 日，欧州安定メカニズム（ESM）などを活用した総額 5400 億ユーロの支援策に合意. 内訳は以下のとおり. ① 雇用保護のための加盟国支援策：1000 億ユーロ

			② 欧州投資銀行の企業向け保証基金強化：2000億ユーロ ③ 加盟国向けパンデミック危機支援：約2400億ユーロ
2020年6月4日更新 2020年3月18日採択	欧州中央銀行（ECB）	パンデミック体制のための債権等緊急購入プログラム	ECBは新たな資産購入プログラムとして，「パンデミック緊急購入プログラム（PEPP）」を開始，民間および公的部門の有価証券を購入していく7500億ユーロの緊急量的緩和を発表． さらに，購入規模を拡大し総額1兆3500億ユーロとすること，実施期間を少なくとも2021年6月まで延長することを発表．
2020年12月21日更新 2020年5月27日発表	欧州委員会／欧州理事会	2021年以降の中期予算を増強する復興基金「次世代のEU」	2021-2027年度中期予算計画と復興基金「次世代のEU」の最終的な予算額は合計1兆8243億ユーロ．復興基金の規模は7500億ユーロで，2021年度以降の加盟国の復興計画に充てる．うち3900億ユーロは返済不要な補助金，3600億ユーロは融資．新型コロナの影響が大きい加盟国への支援策「復興・回復ファシリティー（RRF）」を中心に，「グリーン」や「デジタル」など重点分野への移行支援，中期投資戦略「インベストEU」の強化等で構成．

（出所）https://www.jetro.go.jp/world/COVID-19/europe/　より本章に関係する内容を選び筆者が作成．

〈RRF 6つの政策の柱〉

① グリーン転換（Green transition）

② デジタル化（Digital transformation）

③ スマート・サステナブル・インクルーシブ成長（経済結束，雇用，生産性，競争力，研究，開発・イノベーション，機能的な域内市場と強い中小企業）

④ 社会・地域結束（Social & Territorial Cohesion）

⑤ 健康，経済・社会・組織レジリエンス（Health, and economic, social and institutional resilience）

⑥ 次世代への政策（子供，若者，教育とスキル）

　RRFで中小企業に関係する柱は，③ スマート・サステナブル・インクルーシブ成長で，その柱は**図4-4**のように11に分岐する．それぞれのカテゴリーに貢献目標値が設定され，中小企業の支援は20%の目標貢献度が設定され，リノベーション・建築（23%）の次に高い重要な政策の一つとなっている．

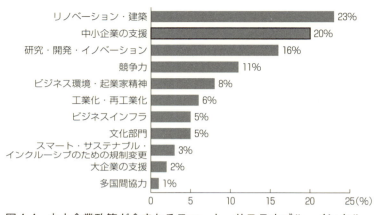

図 4-4　中小企業政策が含まれるスマート・サステナブル・インクルーシブ成長の柱の目標貢献度

(出所) https://ec.europa.eu/economy_finance/recovery-and-resilience-scoreboard/smart.html より筆者作成.

　2022 年 1 月の欧州委員会のテーマ分析レポート[17]によると，③ スマート・サステイナブル・インクルーシブ成長の柱の中の中小企業支援策において，各国が RRF から受ける支援額は総額 440 億ユーロとなっている．イタリアが金額ベースで 1 位（163 億 5900 万ユーロ）となっており，同国が中小企業支援に注力する意向が確認できる（**図 4-5**）．イタリアでは，グリーン化のスタートアップへの投資，中小企業の国際化，観光業の零細企業の競争力強化，中小企業含む産業 4.0 化（Transition 4.0）による製造業のデジタル化への税控除，公共サービス・行政手続きのデジタル化・簡素化（中小企業の手続きコスト削減につながる）を実施・計画している．イタリアの RRF の内容からも分かるように，初期の「資金流動性支援」という段階から脱し，「構造改革」といった競争力強化という中小企業「振興」の色合いを帯びている．

　EU 加盟国の中小企業支援策を一覧表にまとめると **図 4-6** のとおりとなった．イタリアが実施政策の数では 63 と圧倒的に多いことが分かる．イタリアは欧州の中でも感染拡大初期に甚大な被害を出した国であり，しかも中小企業が多い土地柄でもある．資金調達支援が 21 策，雇用維持支援が 19 策などである．イタリア全体の支援策数に占める雇用維持支援の割合は，世界平均のそれと比

第4章　COVID-19禍におけるEU・日本の中小企業支援策と通商戦略　　135

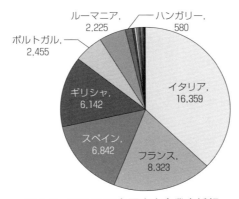

図 4-5　RRF での各国中小企業支援額

（注）百万ユーロ　2022 年 1 月時点.
（出所）European Commission (2022), "RECOVERY AND RESILIENCE SCOREBOARD Thematic analysis SME Support" より筆者作成.

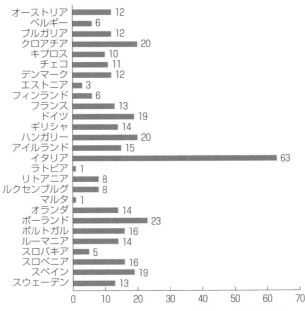

図 4-6　中小企業向け COVID-19 対策の支援政策数

（注）2020 年 4 月時点.
（出所）世界銀行 DB より筆者作成.

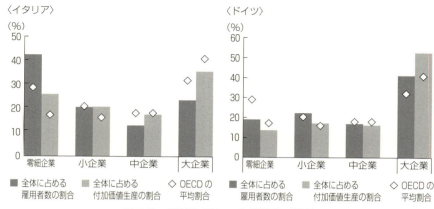

図4-7　OECD国との企業規模別比較

(出所) OECD (2021), "SME and Entrepreneurship Outlook 2021".

べて手厚くなっているのが特徴である.

図4-7は，イタリアとドイツの零細・中小企業の雇用者数と付加価値生産をOECD諸国の平均と比較したものである. ドイツはHidden Championで一躍注目[18]され中小企業や零細企業が多いようなイメージがあるが，データを見ると実際はイタリアのほうが中小・零細企業が経済に占める割合が多い. 従い，イタリアで手厚い支援メニューが用意されるのは自然なことである.

EU加盟国の中小企業支援策数は，イタリアに次いでポーランド (23)，ハンガリー (20)，クロアチア (20) となり，中・東欧国が多いことが分かる. 中小企業の基盤が西欧に比べて未だ弱く，保護が必要という特性に起因するのかもしれない.

COVID-19発生直後から中小企業の海外市場維持・新規開拓のための支援策が一部のEU加盟国で準備された. 2020年7月のOECDレポート「SME Policy Response」[19]では，以下を事例として挙げている. 早い段階から各国が中小企業の海外向け市場へのダメージを懸念していたことが分かる.

　チェコ：輸出中小企業向け緊急パッケージ
　デンマーク：輸出信用基金（EKF）による輸出時の信用保証強化. 250の
　　中小企業の輸出継続を支援する

ドイツ：経済安定基金（Economy Stabilization Fund）を設立しビジネスを支援

ベルギー：中小企業向け成長補助金（Growth Subsidy）によって，サプライチェーン関係の代替市場の開拓を支援

第2章第3節で記述のとおり，欧州議会は2020年12月に新中小企業振興策の決議を発表し，COVID-19から中小企業が受ける影響について分析・提言した[20]．新振興策では，中小企業は欧州グリーン・ディールとデジタル戦略の中核であると改めて位置づけられた．ここでは，中小企業におけるデジタルスキルが不足し，17％の中小企業しかデジタル技術をビジネスに取り入れられてない問題があると指摘している．そのための人材育成や技能実習の必要性についても強調する．また，大企業に比べ，金融サービスへのアクセスが限定的でありCOVID-19禍においては中小企業がより簡単に融資を受けられるようにすべきと提言している．

さらに，同決議では中小企業の海外市場獲得についての改善も指摘しており，60万社の中小企業，中小企業全体の2.4％しかEUの域外に輸出していないことを問題視している．国内市場と同時にEU外の市場を獲得するため，情報提供，高度人材の育成などのフレームワークを各国政府やEUが整備すべきとする．このため，中小企業向けの一括支援ポータルサイト「Access 2 Market」の活用を促している．

これまで述べてきたように，COVID-19禍において，EU全体では資金流動性支援のため，迅速かつ大胆なエポックメーキング的な支援策が展開された．そして，「復興・回復ファシリティー（RRF）」は，次の段階であるCOVID-19禍で弱った中小企業を競争力強化しようとした試みで，支援というよりも振興の意味合いが強い．海外市場獲得・維持などの通商戦略も同時に進めることは効果的であろう．EU加盟国ベースにおいても，中小企業の回復のためには，海外市場獲得・維持に対する通商戦略と中小企業振興策の互恵性が求められている．

2.3 日本の COVID-19 の中小企業支援策

本項では COVID-19 禍の日本における中小企業支援策を紹介する．これにより，EU の中小企業支援策と比較考察が可能になり，示唆が得られるからである．

日本の中小企業支援，中でも海外市場獲得・維持に関する支援策を取り上げる．**表 4-5** は経済産業省の 2020 年度の海外展開に関する中小企業支援策である．年初に組まれた当初予算よりも緊急性を要するものは補正予算で組まれることが多く，本項では補正予算を中心に論じていく．

COVID-19 発生後の 2020 年 4 月に補正予算，総額 8 兆 3198 億円が速やかに組まれた．2020 年の補正予算は，大きく 4 つのステップに分けて構成された．この 4 段階のステップを踏んだ緊急事態支援の発想は，EU の資金流動性を確保して雇用や事業を継続させる第一段階を経てから，中小企業の競争力強化の第二段階に移行するという発想と類似している．

① 感染拡大防止策と医療提供体制の整備及び治療薬の開発（総額 227 億円）

② 雇用の維持と事業の継続（総額 6 兆 1761 億円）

③ 次の段階としての官民を挙げた経済活動の回復（総額 1 兆 6819 億円）

④ 強靱な経済構造の構築（総額 4383 億円）

中小企業の海外展開については，④「強靱な経済構造の構築」に位置づけられた．海外展開企業の事業円滑化（888 億円），リモート化等によるデジタルトランスフォーメンションの加速（1009 億円）の一部として越境 EC 等の事業活動の支援（40 億円）が充てられ，補正予算合計 1178 億円（**表 4-6** の 5 つの補正予算政策）が中小企業の海外展開支援として準備された[21]．また，2020 年 6 月には第二次補正予算が総額 15 兆 168 億円で組成されたが，資金繰り対策，持続化給付金などの救済策が中心で海外展開支援関係は見当たらなかった．

COVID-19 禍 2 年目の 2021 年度は，2020 年第 3 次補正とあわせて 15 カ月予算として実施した[22]．2021 年度の当初予算の内容は 2020 年度とほぼ同じ内容であるので一覧表では割愛し，補正予算の内容のみ記載した（**表 4-6**）．当初予算は前年度比ほぼ同額（3494.4 億円→3485.2 億円），補正予算は前年度比半減（1178 億円→550.9 億円）となった．

2020 年度と 2021 年度の補正予算の支援事業の特徴として，ａ）サプライチェーン多元化，ｂ）越境 EC，ｃ）コンテンツ産業のグローバル化が挙げられる．これは EU の中小企業海外支援策と比較すると興味深い．EU は 2020 年の COVID-19 発生当初は暫定的国家補助枠組みの中小企業向けの支援策として，政府保証枠の設定や政府による優遇金利での直接融資などが実行され，特に観光，エンタメ（日本ではコンテンツ産業），農業，自営業者への支援内容が厚かった．このように支援対象業種は EU も日本も類似している．そして，EU では 2021 年に RRF がたちあがると，生産性，競争力，研究，開発・イノベーションを目指したスマート・サステナブル・インクルーシブ成長の中に中小企業支援策が位置づけられた．これは日本よりも EU のほうがより先進的な競争力強化に中小企業支援策を据えていると言えよう．日本のやや対症療法的な支援策と一線を画している印象である．

一方で日本の支援策の良いところもあり，支援メニューが豊富で海外展開の支援がきめ細やかに総合的に実施されている．これはジェトロや JICA，中小企業基盤整備機構などの支援事業を遂行できる公的な実行部隊の存在が大きいであろう．EU には COSME 傘下の日欧産業協力センターや中国 EU 中小企業センター，欧州企業ネットワーク（EEN）などの類似の実行部隊があるが，COVID-19 禍での支援活動での存在感はあまり無い．日本の 2021 年の補正予算では FTA 等の利活用の内容もあり，通商戦略と中小企業支援策の連携が見られるが，EU においては FTA 等利活用を前面に打ち出した中小企業支援策は見られない（EU 加盟国別では支援策はある）．

EU は中小企業のデジタル化を進めることを COVID-19 前から宣言している．この点は日本の越境 EC 支援と同様の思想である．

日本の支援策をやや対症療法的と記したが，「越境 EC 支援策」については，即効性が期待でき，注目に値する．2020 年度当初予算に「越境 EC 等利活用促進事業」（253.9 億円の内数）が既にあり，COVID-19 発生前から中小企業の海外展開の有力ツールとして EC の活用が存在したと言えるが，2020 年の補正予算において「JAPAN ブランド育成支援等事業」（15.0 億円），「非対面・遠隔の海外展開支援事業（越境 EC）」（40.0 億円）が組まれ，EC の取組を重点的に支援した（**表 4-5**，**表 4-6**）．この流れは，2022 年度予算が 2021 年度補正を含めた 15

表 4-5 2020 年度（令和 R 2 年度）海外展開に関する中小企業支援策

	支援事業	当初予算	補正予算
1	【JAPAN ブランド育成支援等事業】 中小企業等の海外展開や全国展開，インバウンド需要の獲得を目的とした新商品・サービス開発や販路開拓・ブランディング等の取組を支援した．また，民間支援事業者や地域の支援機関等が複数の中小企業者に対して海外展開や全国展開，インバウンド需要の獲得に関する支援を行うとき，その経費の一部を補助した．特に，クラウドファンディングや電子商取引（EC）を活用した取組を重点的に支援した．	R 2 年度当初予算：10.0 億円	R 2 年度 1 次補正予算：15.0 億円
2	【海外サプライチェーン多元化等支援事業】 新型コロナウイルス感染症の拡大に伴い，我が国サプライチェーンの脆弱性が顕在化したことから，生産拠点の集中度が高い製品・部素材等の ASEAN 等における海外生産拠点の多元化や生産拠点・ネットワークの高度化等に向けた設備導入・実証試験・FS 調査等の支援を実施した．		R 2 年度 1 次補正予算：235 億円
3	【非対面・遠隔の海外展開支援事業（越境 EC）】 感染症流行下における中堅・中小企業の輸出促進のため，JETROによる，BtoB オンライン展示会型 EC への出展支援を実施し，約1000 社が活用した．		R 2 年度 1 次補正予算：40.0 億円の内数
4	【国内外の中堅・中小企業等へのハンズオン支援】 JETRO は新型コロナウイルス感染症の影響を受けた国内外の中堅・中小企業等を支援するために，各種相談対応・情報提供業務を強化した．これに加え，日本国内の外資系企業向けの多言語対応の相談センターの設置，海外企業・スタートアップ企業に対する風評被害払拭のための情報発信・広報を実施したほか，在留資格等の手続等に関する情報提供を実施するため「高度外国人材活躍推進プラットフォーム」のポータルサイト内に特設サイトの設置等を行った．		R 2 年度 1 次補正予算：10.0 億円
5	【コンテンツグローバル需要創出促進事業】 国内外の新型コロナウイルス感染症の感染拡大により日本発のコンテンツの海外展開のプロモーションの機会が失われていることを受け，音楽，演劇等（文化芸術基本法（平成 13 年法律第 148 号）第 8 条から第 11 条に定める文化芸術分野をいう）の国内における公演及び当該公演を収録した映像の全部又は一部を活用して制作した海外向け PR 動画のデジタル配信の実施により日本発のコンテンツのプロモーションを行う事業者を支援する．これにより，日本発のコンテンツの海外展開を促進し，日本ブーム創出を通じた関連産業の海外展開の拡大及び訪日外国人の促進につなげる．		R 2 年度 1 次補正予算：878.0 億円
6	【中小企業海外ビジネス人材育成支援事業（中小企業・小規模事業者人材対策事業）】 中小企業の海外ビジネス担当者を対象に，海外の市場情報や制度情報の集め方，海外バイヤーとのコミュニケーション方法などの学習に加え，演習・グループワークをふんだんに織り交ぜ，海外ビジネス戦略の策定方法や，効果的な商談ツールの作成方法を指導した．	R 2 年度当初予算：11.7 億円	

第 4 章　COVID-19 禍における EU・日本の中小企業支援策と通商戦略　*141*

	さらに，海外駐在員や現地専門家による情報提供やアドバイスを実施し，最新の現地市場ニーズに基づいて戦略や商談ツールをブラッシュアップする機会を提供した．また，参加者と参加者の上長による事前評価と事後評価を行い，事業成果を測定・把握するとともに，参加者がプログラムへの参加報告を発表する場を設けて，他の中小企業の参考とした．	
7	【技術協力活用型・新興国市場開拓事業】 我が国企業の新興国市場獲得支援のため，以下の事業を実施した． 〔1〕経営・製造・オペレーション等に従事する開発途上国の管理者・技術者等に対し，日本への受入研修，専門家派遣による指導等を支援．令和 2 年度は 76 名の受入研修及び 5 名の専門家派遣を実施した（令和 2 年度 12 月末現在）． 〔2〕日本企業が高度外国人材の活用を進めることを通じて競争力を高める機会を提供するべく，日本企業による海外学生等を対象としたインターンシッププログラムを実施． 〔3〕中堅・中小企業が新興国の企業・大学等と共同で進める現地の社会課題の解決のための製品・サービスの開発や現地事業創出支援等への補助を実施．令和 2 年度は 16 案件の補助を行った．	R 2 年度当初予算：42.7 億円の内数
8	【安全保障貿易管理の支援】 外国為替及び外国貿易法に基づく安全保障貿易管理の実効性を向上させるため，企業の大多数を占める中小企業を対象に輸出管理の知識普及・啓発及び管理体制構築を支援する． 商工会議所や業界団体等と連携し，中小企業等を対象とした安全保障貿易管理に係る説明会及び相談会を開催した．機微技術や貨物を保有する中小企業等を調査し輸出管理体制の構築を促すとともに，輸出管理体制構築を検討する中小企業等に対して専門家による相談対応や派遣を通じて輸出管理体制の構築を支援した． また，日本商工会議所及び商工会議所と連携し，東京・名古屋・大阪の各商工会議所に輸出管理の専門相談窓口を配置した． （実績） 2021 年 1 月までに，Web 会議システムによる説明会を 38 回開催した．2021 年 1 月までに，個別相談会を 55 社に対し実施した．2021 年 1 月までに，専門家による輸出管理体制構築支援を前年度からの継続も含め 66 社に対し実施した．	R 2 年度当初予算：16.0 億円の内数
9	【新輸出大国コンソーシアム】 JETRO，中小企業基盤整備機構，商工会議所，商工会，金融機関等の支援機関を結集するとともに，幅広い分野における 267 名の専門家を確保（2021 年 1 月 25 日時点）し，海外展開を図る中堅・中小企業に対して，事業計画の策定から販路開拓，現地での商談サポートに至るまで，総合的な支援をきめ細かに実施した．	R 2 年度当初予算：253.9 億円の内数
10	【越境 EC 等利活用促進事業】 海外の 60 以上の連携先がもつ主要 EC サイトに JETRO が「ジャパンモール」を設置し，海外 EC サイトにおける食品や日用品等の日本商品の販売支援を実施した．	R 2 年度当初予算：253.9 億円の内数

11	【中堅・中小企業輸出ビジネスモデル調査・実証事業】 中堅・中小企業の自律的な輸出拡大を目指し，輸出を支援する8事業者の新たなビジネスモデルの実証を支援した.	R2年度当初予算：2.9億円	
12	【現地進出支援強化事業】 情報提供，海外展示会や商談会等のオンライン化を図り販路拡大を支援，商談会後のフォローアップ，現地進出後の事業安定・拡大支援（プラットフォーム事業）など，段階に応じた支援を提供し，海外進出，また発展させるまでを一貫して支援した. また，中小企業が多く進出している国の税制等について，セミナーや，各国税制等や税務に係る留意事項を記載したパンフレットの配布等により，海外展開を行う中小企業の税務に係る体制整備を支援した.	R2年度当初予算：14.2億円	
13	【JICA海外協力隊（民間連携）（旧民間連携ボランティア制度）の活用及び帰国隊員とのマッチング】 JICAにおいては各企業のニーズに合わせ，社員をJICA海外協力隊として途上国に派遣する民間連携の制度を活用し，グローバル社会で活躍できる人材の育成に努めた. また，帰国したJICA海外協力隊の進路開拓支援の一環として，特定の途上国を熟知した人材（協力隊員）の採用を希望する企業の情報を帰国隊員に国際キャリア総合情報サイト（Partner）を通じて提供することや，これら企業と帰国隊員とが直接対話できる交流会や帰国報告会等をオンラインで開催した.	R2年度当初予算：1511億円の内数	
14	【基礎調査，案件化調査，普及・実証・ビジネス化事業】 中小企業等が有する優れた技術や製品，アイデアを用いて，途上国が抱える課題の解決と企業の海外展開，ひいては各地の地域経済活性化も兼ねて実現することを目指す. 様々な事業ステージに対応する支援メニューとして，「基礎調査」，「案件化調査」及び「普及・実証・ビジネス化事業」を通じ，途上国の開発ニーズと中小企業の製品・技術のマッチングを支援した. 2020年度第2回公示から，提案企業と地域金融機関が連携して海外展開を検討・調査することで，途上国の課題を解決するSDGsビジネスの実現性を高めるとともに，地域活性化に一層資することを目的とする「地域金融機関連携案件」を募集した. 2020年度第2回公示において，感染症流行下での渡航制限を受け，海外での調査等実施を前提とする従来通りの「一般型」と，渡航を前提とせず，基本的に日本国内でのみ作業を行う「遠隔実施型」のどちらかを企業が選択できる方式を採用した.	R2年度当初予算：1511億円の内数	
15	【中小企業等の海外展開支援（中小企業製品を活用した機材供与）】 途上国政府の要望や開発ニーズに基づき，日本の中小企業等の製品を供与することを通じ，その途上国の開発を支援するのみならず，中小企業等の製品に対する認知度の向上等を図るもの.	R2年度当初予算：1632億円の内数	
	合計	3494.4億円	1178億円

（注）総予算の合計額を算出する際，「内数」と表記がある事業は，他の同額予算を重複計上しないように計算した.
（出所）経済産業省（2021），「中小企業白書2021」並びに https://www.chusho.meti.go.jp/koukai/yosan/index.html，https://www.meti.go.jp/main/yosan/yosan_fy2020/index.html を参考に筆者作成.

第 4 章　COVID-19 禍における EU・日本の中小企業支援策と通商戦略　　*143*

表 4-6　2021 年度（令和 R 3 年度）海外展開に関する中小企業振興策（補正予算のみ記載）

支援事業		当初予算	補正予算
1	【海外サプライチェーン多元化支援事業】 新型コロナウイルス感染症の拡大に伴い，我が国サプライチェーンの脆弱性が顕在化したことから，生産拠点の集中度が高く，サプライチェーンの途絶によるリスクが大きい重要な製品・部素材等の日本企業による海外生産拠点の多元化や高度化に向けた設備導入の支援を実施する．		R 2 年度 3次 補 正 予算：116.7億円
2	【コンテンツグローバル需要創出促進事業】 海外の感染拡大継続の懸念により海外におけるプロモーション機会が難しい中，新たなプロモーションの促進は引き続き重要であるが，ポストコロナを見据えて収益基盤の強化に資する取り組みを行う．コンテンツ関連事業者による音楽，演劇等の公演の実施，その海外動画配信及び収益基盤の強化に資する取り組みを支援する．		R 2 年度第3次補正予算額 401.3億円
3	【中堅・中小企業の海外展開等を通じた地域活性化支援事業】 日英 EPA の発効や RCEP 協定の署名を機に，今後拡大が見込まれる海外市場等への販路開拓を加速するため，以下の支援を行った． （1）EC を活用する中堅・中小企業の商品開発や海外主要 EC サイトに設置するジャパンモールへの出店支援 （2）新輸出大国コンソーシアムによる海外展開計画の策定・商談等の支援 （3）JFOODO を通じた地域産品の海外販路開拓のための現地支援及び現地プロモーション支援 （4）JETRO 海外事務所に配置されたアドバイザーによる，進出企業の拠点設置や操業等に係る相談対応 （5）EPA 利活用促進のための情報提供・相談体制の強化 （6）デジタル・グリーン等重要分野における日本企業と有望な海外スタートアップ企業等の連携・協業を支援するオープンイノベーション・プラットフォーム（J-Bridge）を開設 （7）英国の EU 離脱に伴う英国及び EU の制度等に関するセミナーや個別相談，サプライチェーンの見直し等の支援		R 3 年度補正 予 算：32.9 億円
合計		3485.2 億円	550.9 億円

（出所）経済産業省（2022），「中小企業白書 2022」並びに https://www.chusho.meti.go.jp/koukai/yosan/index.html，https://www.meti.go.jp/main/yosan/yosan_fy2021/index.html を参考に筆者作成．

カ月予算として組まれた中にも引き継がれている．「デジタルツール等を活用した海外需要拡大事業（2021 年度補正）」が 12.4 億円で組まれ，経済産業省中小企業庁は「優れたコンセプトや魅力的な地域資源を保有しているものの，輸出販路が弱く十分に海外需要を取り込めていない中小企業者等が，コロナ禍に

よって変化する海外需要を取り込んでいけるよう，越境 EC に適したブランディング，プロモーション等を支援します」とその意義を説明する．さらに，「海外展開におけるブランディング，プロモーションに関する知見を持つ支援機関・支援事業者を活用しながら事業を実施することが重要であることから，経済産業省が有力な支援機関・支援事業者を「支援パートナー」として選定・公表し，中小企業者等と支援パートナーとの出会いの場を創出します」とし，「支援パートナーと共に海外販路開拓を行う」ことを勧める．COVID-19 によって進展する「越境 EC」と「支援パートナー」を組み合わせることによって最大効果を得ようとする試みである．EU も見習うべき支援内容であろう．

　強調された「支援パートナーの必要性」は，中小企業庁で最近前面に出てきている思想である．2014 年度に開始した JAPAN ブランド育成支援等事業は，海外展開に悩みを有する中小企業に対して，上限 500 万円を補助対象経費の 2/3 として補助し，海外展開を促進する事業である[24]．筆者が中小企業庁の担当部署にヒアリングした際（2021 年 3 月）には，「JAPAN ブランド育成支援等事業の 2013～2018 年度採択プロジェクト 604 件のうち，プロジェクト収入が発生しているものは約 20.7％とさほど高くない．さらなる成果を出すために有効な解決策のひとつとして，伴走支援（支援パートナー）の強化がある．中小企業は人的リソースやノウハウの限界があるため，外部の専門家を投入する意義がある」と説明してくれた．

　2021 年度から同事業は支援パートナーと必ず組むことが申請の必須要件となった．この伴走制度は EU の中小企業支援にも時折登場し，EEN による伴走支援はその代表例であり，この流れは EU でも拡大するかもしれない．

小　　括

　本章では，EU と日本の中小企業振興策・支援策の違いを解説し，EU が「日本のやり方を学ぼう，応用しよう」という動きがあったという歴史的な経緯を紹介した．EU のこれら日本での経験や検討は，欧州小企業憲章や欧州中小企業議定書（SBA）の策定に少なからず影響を与えたであろう．EU はその後「Think Small First」原則を EU 内で普及させ，中小企業振興策のフロントラ

ンナーとなっていった．EUと日本は，中小企業振興策において共通の発想が多く，また，海外市場獲得による成長を求める点では，優れた通商戦略が中小企業にとって重要であるということが両国の政策からも分かる．

OECDが整理した，COVID-19に各国がとった中小企業支援策の「資金流動性支援」の第一段階，「構造的支援」→「復興パッケージ」の第二段階の方式を紹介した．

COVID-19禍のEU・日本が実施した中小企業支援策を詳述した．

EUでは，「暫定的国家補助枠組みの一時的緩和措置」，「安定成長協定の一時的運用緩和」，「復興・回復ファシリティー（RRF）」といったエポックメーキングな変更があった．これらの柔軟な変更によって，加盟国は企業の流動性確保や給与補助などの公的支援に動くことが可能となった．さらに，雇用維持のためのSURE，パンデミック危機対策，欧州投資銀行（EIB）による企業向け融資支援など，セーフティーネットが速やかに準備されたことは高く評価できる．

EUの暫定的国家補助枠組みリストを，中小細企業が関係する単語で検索したところ，政府保証枠の設定や政府による優遇金利での直接融資などが多く実行され，特に観光，エンタメ，農業，自営業者への支援内容が厚かったことが分かった．

RRFから受ける支援額ではイタリアが1位であった．同国は中小企業の海外市場獲得のための通商戦略や効率的な行政や企業運営のためのデジタル化を重視している．EU加盟国の中小企業支援策でもイタリアが実施政策の数では圧倒的に多く，資金調達支援や雇用維持支援が多い．

EUのRRFでは，スマート・サステナブル・インクルーシブ成長の中に中小企業支援策が位置づけられ，日本よりもより先進的な競争力強化に中小企業支援策を位置づけている．一方で日本の支援策は支援メニューが豊富で海外展開支援がきめ細やかに総合的に実施されている．日本の「越境EC」と「支援パートナー」を組み合わせることによって最大効果を得ようとする試みは，EUも見習うべき内容であろう．

注

1) https://www.chusho.meti.go.jp/soshiki/teigi.html（最終アクセス日 2022 年 3 月 2 日）.

2) 2020 年平均 TTS：1 ユーロ 123.31 円で計算.

3) これまで「中小企業振興策」「中小企業支援策」という単語を基本的に用いてきたが，本節では他からの引用の場合は「中小企業政策」や「中小企業施策」などの原文で使用されている単語を尊重し採用する.

4)「在来工業問題」とは，明治維新後の殖産興業政策が大工業の国内移植に注力し，在来の工業が近代化政策の犠牲になったとする問題.
高田亮爾（2011），「中小企業研究の歴史と課題」，『流通科学大学論集』第 23 巻第 2 号，1-24 頁.

5) 植田浩史（2004），『現代日本の中小企業』岩波書店，133-146 頁.

6) https://elaws.e-gov.go.jp/document?lawid=338AC0000000154（最終アクセス日 2022 年 3 月 2 日）.

7) 本段落は三井逸友（1995），『EU 欧州連合と中小企業政策』白桃書房，161-186 頁から要約引用した.

8) https://www.chusho.meti.go.jp/hourei/download/kensho.pdf（最終アクセス日 2022 年 3 月 2 日）.

9) 橋本由紀（2020），「なぜ中小企業に早急な支援が必要か：リーマン・ショック時のエビデンス」，www.rieti.go.jp/jp/columns/a01_0578.html（最終アクセス日 2022 年 3 月 2 日）.

10) https://www.ilo.org/global/topics/coronavirus/impacts-and-responses/WCMS_739047/lang--en/index.htm.（最終アクセス日 2022 年 3 月 2 日）.

11) OECD（2021），"One year of SME and entrepreneurship policy responses to COVID-19: Lessons learned to "build back better".

12) https://dataviz.worldbank.org/views/SME-COVID-19/Overview?%3Aembed=y&%3AisGuestRedirectFromVizportal=y&%3Adisplay_count=n&%3AshowAppBanner=false&%3Aorigin=viz_share_link&%3AshowVizHome=n&fbclid=IwAR0vfwIVUpPgT9qn7w9473B7hyi8mVlB4PZVkosOLRJCQR6NgS1ZJPeR5qM（最終アクセス日 2022 年 3 月 2 日）.

13) https://ec.europa.eu/info/business-economy-euro/economic-and-fiscal-policy-coordination/financial-assistance-eu/funding-mechanisms-and-facilities/sure_en（最終アクセス日 2022 年 3 月 2 日）.

14) https://www.jetro.go.jp/world/COVID-19/europe/（最終アクセス日 2022 年 3 月 2 日）.

15) https://ec.europa.eu/competition-policy/system/files/2022-02/State_aid_decisions_TF_and_107_2b_107_3b_107_3c_0.pdf（最終アクセス日 2022 年 3 月 2 日）.

16) https://ec.europa.eu/economy_finance/recovery-and-resilience-scoreboard/thematic_analysis.html?lang=en（最終アクセス日 2022 年 3 月 2 日）.

17) European Commission（2022），"RECOVERY AND RESILIENCE SCOREBOARD

Thematic analysis SME Support".

18) 世界中で多く読まれた Hermann, S. (2009), "Hidden Champions of the 21st Century : Success Strategies of unknown World Market Leaders" Springer. など.

19) OECD (2020), "Coronavirus (COVID-19): SME Policy Response", pp.40.

20) European Parliament (2020), "A new strategy for European SMEs European resolution of 16 December 2020 on a new strategy for European SMEs", 2020/2131INI.

21) これとは別にサプライチェーン改革（2486 億円）も用意されたが，主に国内投資回帰に対する補助金であり，大企業中心の政策であるため，一覧表には未掲載とした.

22) https://www.meti.go.jp/main/yosan/yosan_fy2021/pdf/keisanshoyosan1.pdf（最終アクセス日 2022 年 3 月 2 日）.

23) https://www.meti.go.jp/main/yosan/yosan_fy2021/hosei/pdf/hosei_yosan_pr.pdf（最終アクセス日 2022 年 3 月 2 日）.

24) https://www.chusho.meti.go.jp/shogyo/chiiki/japan_brand/download/r4_japan_brand.pdf（最終アクセス日 2022 年 3 月 2 日）.

第 5 章

通商戦略と中小企業振興策の成果

は じ め に

　本章では，EU の通商戦略と中小企業振興策が本格的に互恵関係を築いた 2015 年以降における FTA の成果について，EU 中小企業の域外輸出を中心に定量的に分析する．また，どのような輸出成功事例が生まれているのかを定性的に分析する．これらの分析により，通商戦略と中小企業振興策の互恵関係による政策効果を考察する．

　なお，通商と一口に言っても，輸出や輸入，広くは外国直接投資（FDI），ライセンスビジネスなど多様に渡る．Kubíčková ら（2014）は，海外の競合が自国市場に参入（輸入・FDI）してくることが，中小企業の国際化プレッシャーとなり，それに押されるかたちで海外市場の獲得に動く（輸出）ことで，中小企業の競争力やイノベーション強化につながると論じる[1]．従って，効果が見えやすい輸出について検証する．

　さらに，COVID-19 禍の中小企業の活動や支援策が，GDP や域外輸出などの経済全般に対して影響を与えたのかを定量的に分析することを試みる．この分析によって，中小企業に対してどのような通商戦略や中小企業支援・振興策が有効なのかを考察することが可能となる．

第 1 節　海外市場獲得（通商戦略）の成果

1.1　零細企業の高い輸出伸び率（定量分析）

　2015〜2022 年の EU 域外輸出データを企業規模別に分析した．欠損値がないチェコ，ドイツ，スペイン，リトアニア，オランダ，オーストリア，ポルトガル，ルーマニア，スロベニアの 9 カ国合計の輸出額伸び率のデータを取った（図 5-1）．

　結果は，従業員 250 人以上の大企業の伸び率に比べて 10 人以下の零細企業に高い輸出伸び率が認められた（2015 年比：零細 174.9％，大企業 163.9％）．また，50-249 人の中企業は，2022 年には大企業とほぼ変わらない伸び率に着地（中企業 160.0％，大企業 163.9％）しているものの，それまでの期間は全般的に高い伸

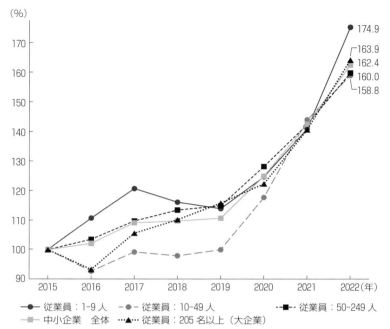

図 5-1　企業規模別 EU 域外輸出額の伸び率（2015 年＝100）（単位：%）
（出所）Eurostat より筆者作成.

び率を示している．中小企業全体のデータにおいても大企業と遜色ないほど域外輸出を伸ばしている．これらの結果から，中小企業にとって，海外市場獲得の意欲が近年高まってきていること，本章の主眼である通商戦略と中小企業振興策のサポートが徐々に効いてきた可能性が示唆される．2020 年の新中小企業振興策の中では，わずか 60 万社（約 2.4%）[2] の中小企業しか EU 外に輸出していないことが課題として挙げられていることから，この傾向は望ましい方向

性である.

　次に，FTA 等締結国に対する輸出額を企業規模別に抽出してみた（**表 5-1**）．韓国，カナダ，日本，ベトナムと貿易協定が締結された順に確認していく．EU による企業別データの集計・発表には 2 年間の時差があり，2024 年 4 月時点では 2022 年のものが最新である（2023 年のデータは 2025 年にならないと発表されない）．また，統計数値に脱漏がない 10 カ国[3]のデータを整えた．

　韓国とは 2011 年に協定が締結されたが，2011 年の中小・大企業別のデータが取得できないため 2015 年（5 年目）を基準とした．EU の対韓国輸出は良い成績を残している．特に従業員 1 − 9 人といった零細企業の輸出額の伸び率が高い（2022 年には 223% と倍増）．中小企業全体（139.1%）でも大企業（151.9%）に引けは取っておらず，EU 中小企業が韓国市場を取り込めている様子が分かる．なお，中小企業に限定しての言及ではなく全体の話ではあるが，欧州委員会の 2023 年 11 月発表の「EU 貿易協定の履行・施行報告書（Implementation and Enforcement of EU Trade Policy）」において，韓国における EU 財の輸入シェア（＝EU の輸出）が増え，とりわけ自動車・部品は 2012〜2022 年の間に 217% 増加したとその成果を誇っている．

　カナダとは 2017 年に協定が締結されたため，2016 年を基準にして考察する．従業員 10-49 人の小企業の輸出額が 2022 年（6 年目）に 243.8% と約 2.5 倍増している．従業員 1 − 9 人の零細企業は 2020 年の COVID19 以降回復していない．中小企業全体（145.3%）は大企業（159.6%）とさほど変わらない伸び率であり，EU 中小企業がカナダ市場を取り込めていることが分かる．「EU 貿易協定の履行・施行報告書」においても，全体の話として，EU のカナダ輸出は 2018 年以降平均 7.7% 増となり，乳製品は 2018〜2022 年までに 54% 増加したとその成果を紹介している．

　EU 中小企業にとっての課題は対日本である．2019 年の発効 1 年目から EU 中小企業の輸出額は伸び悩み，従業員 10-49 人の小企業が健闘（130.8%，2022 年）しているものの，中小企業全体では締結後一度もプラスにならない（98.5%，2022 年で 4 年目）状況である．一方で大企業は 141.7%（2022 年）と着実に増やしている．EU 中小企業にとって，日本は地理的に遠く，言語の違いや競争が激しい日本市場は参入障壁が高いのであろうか．EU が各種報告書などで繰り返

154

表 5-1　企業規模別の FTA 締結国との輸出額伸び率（各協定発効前年＝100，韓国以外）

(単位：%)

	対韓国（2011FTA）							
	2015 ⑤	2016 ⑥	2017 ⑦	2018 ⑧	2019 ⑨	2020 ⑩	2021 ⑪	2022 ⑫
従業員：1-9 人	100.0	114.2	125.3	119.9	129.1	123.0	149.5	223.0
従業員：10-49 人	100.0	89.4	91.8	90.4	92.8	99.4	138.1	137.3
従業員：50-249 人	100.0	96.5	102.1	73.1	97.5	93.3	99.5	121.4
中小企業　全体	100.0	97.2	102.9	83.6	100.7	98.8	115.5	139.1
従業員：205 名以上（大企業）	100.0	88.2	106.8	87.8	101.2	114.6	135.9	151.9

	対カナダ（2017CETA）						
	2016	2017 ①	2018 ②	2019 ③	2020 ④	2021 ⑤	2022 ⑥
従業員：1-9 人	100.0	123.5	147.3	170.4	90.7	98.7	95.9
従業員：10-49 人	100.0	115.3	119.0	117.8	137.2	131.2	243.8
従業員：50-249 人	100.0	109.8	122.1	131.9	110.6	127.3	128.2
中小企業　全体	100.0	113.2	125.8	135.7	112.4	123.2	145.3
従業員：205 名以上（大企業）	100.0	107.9	119.7	135.3	115.9	131.3	159.9

	対日本（2019EPA）					対ベトナム（2020FTA）			
	2018	2019 ①	2020 ②	2021 ③	2022 ④	2019	2020 ①	2021 ②	2022 ③
従業員：1-9 人	100.0	105.5	75.1	90.0	107.2	100.0	82.7	91.9	96.7
従業員：10-49 人	100.0	100.6	106.3	116.5	130.8	100.0	106.0	114.4	122.5
従業員：50-249 人	100.0	89.3	84.6	79.2	86.9	100.0	103.2	100.4	136.6
中小企業　全体	100.0	93.8	87.6	88.2	98.5	100.0	99.3	101.9	124.3
従業員：205 名以上（大企業）	100.0	106.0	95.3	121.7	141.7	100.0	71.5	88.0	121.6

（出所）Eurostat から筆者作成.

す政府調達への問題提言や規制緩和要求もこの統計を見る限り理解できる.

　EU 中小企業の対ベトナムの輸出額は順調に増えており，特に従業員 50-249 人の中小企業は高い伸びを示す（136.6%，2022 年）．中小企業全体でも大企業よりも若干伸び率が高い．ベトナムとは 2020 年に協定を締結し，2022 年は 3 年目とまだ日は浅いが，立ち上がりは成功であると言えよう．「EU 貿易協定の履

行・施行報告書」においても，全体の話として，EU の対ベトナム輸出は 2020 年以降平均 20％増となり，製薬は 2020～2022 年まで 152％増と大幅増で成功しているとする．

これらの分析から，FTA 等締結国に対する中小企業の輸出額伸び率（平均値）が大企業のそれに劣後していないことが確認できる．零細企業や小企業の伸び率が高く，FTA によって中小企業の輸出が刺激されたことが推測できる．FTA 等締結の通商戦略が中小企業に有効であり，中小企業振興策との互恵関係が成果を出しつつあると言えよう．

1.2　中小企業の成功事例の傾向（定性分析）

EU が紹介する中小企業の FTA 等活用輸出成功例[4]の成功事例をピックアップし，FTA 締結国別に定性的に把握する．

〈対韓国〉　社名の後の（　）は従業員数

　a）イタリア　ワイン　Col d'Orcia 社（不明）
　　関税低減の恩恵で年間 1500 ボトルを輸出するようになった．イタリアワイン全体は 1350 万ユーロ（2007 年）から 2400 万ユーロ（2015 年）にほぼ倍増した．

　b）ポーランド　アロニア（別名チョコベリー）　Aronia Polska 社（不明）
　　大企業に有利であった韓国市場において，EU の各種農業認証が認められるようになり，小規模生産者が参入しやすくなり，輸出増となった．

　c）スペイン　ギター　Guitarras Manuel Rodríguez 社（不明）
　　関税低減により中国製ギターとの価格競争力を得た．2016 年までの 3 年間で 8 倍の売上増．

　d）ルクセンブルグ　重量物用安全回転リング　Codipro 社（30 名）
　　関税撤廃による価格競争力獲得で 2008 年からの 10 年間で 8 倍の輸出増．従業員を 3 名から 30 名に増やした．

　・その他：フランス　プラスチックカード印刷システム，スウェーデンバッテリー・空気品質センサー，イタリア　生地，フランス　化粧品用植物エキス，イタリア　バイオリン，ポーランド　陶器，ドイツ　ワイ

ン，フランス　ワイン，ドイツ　食品包装機械，オーストラリア　登山用具，ドイツ　ビール，フランス　バイオガス貯蔵用製品，イタリア　食用酢，ドイツ　繊維強化プラスチックなどの成功事例が紹介されている．

　共通事項として，関税低減や通関手続き簡素化によってコスト競争力を獲得したことで，対韓国の売上を伸ばしている．

〈対カナダ〉

　　a）ラトビア　魚加工機械　PERUZA 社（80 名）
　　関税低減と通関手続きの負担減により，適切な価格を提示でき，多くの顧客獲得につながった

　　b）ギリシャ　ヒオス・マスティハ樹脂生産者団体
　　協定によって地理的表示（GI）保護に指定されたため，模倣品が減り，正規品の価値が高まった

　　c）ルクセンブルグ　チョコレート　Chocolaterie Genaveh 社（6 名）
　　チョコレートの関税 9 ％がゼロになり価格競争力を得た．2019 年にカナダの同業企業を買収し，ルクセンブルクから輸出した製品を買収先カナダブランド名で販売するなど事業が拡大．

　　d）フランス　エスプレット（唐辛子）Maritxu and Eric Amestoy 社（2 名）
　　関税低減，通関手続き簡素化，GI 保護の恩恵により，カナダの需要が増え，生産量が 30Kg から 200Kg に増加

　　e）イタリア　ジュエリー　Stella Milano 1952 社（20 名）
　　8.5％の関税が低減されたことで輸出額が 3 割増となった．新たな輸入代理店からのアプローチも生まれた．

　　・その他：スウェーデン　エシカルファッション，フィンランド　オフィス用会議ブース，オランダ　飲料提供設備，ベルギー　チョコレート，エストニア　ピアノ，ベルギー　バイオ，アイルランド　ウィスキー，フランス　チーズ，イタリア　ハム，ハンガリー　トカイワイン，ドイツ　工業用コーティング剤など，成功事例は枚挙にいとまがない．

大幅な輸出額増加，GI による模倣品対策の効果，カナダ側の輸入割当増加の好影響などを中小企業は高く評価している．また，輸出が増えることで本国の新たな雇用が創出される副次的効果も挙げられている．カナダに拠点設立する際の手続き（駐在員派遣や登記事務手続き）が簡素化されたことを評価する中小企業もある．

〈対日本〉

　　a）チェコ　ビールホップ　Bohemia Hop 社（10 名）
　　　ホップの関税撤廃や通関手続きの簡素化にメリット
　　b）イタリア　オーガニックワイン　Azienda Agricola Bruscia 社（不明）
　　　ワインの関税（15％）撤廃や行政手続きの軽減によりビジネスが広がる
　　c）アイルランド　牛肉　Bord Bia（政府系生産者団体）
　　　牛肉の関税（38.5％）が段階的に 9 ％に低減することにより価格競争力を獲得．EU 補助金を受け日本の Foodex 等の展示会出展や日本での SNS キャンペーンを展開した．
　　d）スペイン　紳士靴　Masaltos 社（不明）
　　　日本では言語，関税，マーケティングの違いから難しい市場．関税コストの問題が大きい．90 カ国に輸出するがその中でも日本の関税は高く，低減されることにより日本とのビジネスが伸長する．
　　e）ブルガリア　天然石材　Marin Baturov 社（45 名）
　　　通関時の植物検疫証明書や原産地証明が不要となり，オンラインで通関手続きが可能になったことで書類手続き業務が削減された．EU 補助の日本ミッション団に参加し，日本への橋頭保を築いた．日本顧客の要求水準の高さなどを学んだ．日本向け輸出は全体の 13％を占めるまで成長し，従業員を 45 名まで増やすことに成功．
　・その他：ドイツ　フルーツワイン，イタリア　ジャケット・コート，フィンランド　リネン服，アイルランド　研磨剤製品，ギリシャ　ハーブティーの成功例が出ている．

　関税の即時撤廃・低減，原産地規則手続き簡素化，通関書類の削減によるコスト削減，EU 規格（例：服の表示タグ）の認証などに多くの中小企業がメリッ

トを感じている.

〈対ベトナム〉

　a）ブルガリア　ワイン　Burgozone 社（15 名）

　　ワインの関税（50%）が，7 年間かけて低減するため，勝機を見出している

　b）スペイン　アパレル　Chula Fashion 社（68 名）

　　関税（7.5%）が撤廃されスペイン製の高品質生地をベトナムに安価に輸出可能となり輸出増に期待．スペイン産生地を使ってベトナムで縫製して EU に再度輸出するが，原産地規則が簡素化されメリットあり．EU で店舗拡大も視野に入れる.

　ベトナムについては，FTA 発効から間もないため，成功事例の紹介はまだ少ない．b）の事例のように EU の原材料を使い，ベトナムで加工して EU に戻すというサプライチェーンビジネスモデルが他の FTA 等との違いであろう.

　4つの FTA 等の中小企業の成功事例を鳥瞰すると，業種では食品系が多いことが分かる．同業種は中小企業の占める割合が高いことも関係しているであろう．ただし，EU 当局が，同業種の FTA 活用による輸出機運を高めようと政治的意図から成功事例として取り上げている可能性も否定できない．FTA 反対勢力に対する配慮もあるのかもしれない.

　全業種の事例に共通するのは，関税削減に伴うコスト競争力確保と，輸出にかかる様々な書類手続き軽減のメリットである．前述の企業規模別の統計では，大企業に比べ，中小・零細企業の輸出が伸びていることを確認した．この要因に，事例で示されたメリットが貢献しているのであろう.

　ブルガリアの天然石材　Marin Baturov 社は成功事例（対日本）インタビューで，「FTA のおかげで，これまで 2 日間かかっていた書類手続きや確認作業が，わずか 10 分の簡単な作業で終わるようになった」とその効果を述べている[5]．リソースの限られた中小企業に対して，簡素化した輸出手続きを FTA の中で整備することが重要なのである．これら定性的な成功事例からも，FTA 等締結の通商戦略が中小企業に有効であり，中小企業振興策との互恵関係が成果を出しつつあると言えよう.

なお，海外市場を獲得することは単に売上高が増えるメリットだけでは決して
ない．海外市場獲得による企業内の労働生産性への寄与は EU や日本でも研究
が進んでおり，証明もされている．**表 5-2** は欧州投資銀行（EIB）と欧州復興
開発銀行（EBRD）の研究で，輸出企業が非輸出企業より労働生産性や売上高
成長が良好であるという研究結果が示されている[6]．Superstar 企業（輸出比率が
95％以上）や BigPlayer（同 50-94％）の輸出が多い企業のほうが労働生産性や売
上高成長の伸びは大きいことが分かる．

　同様に日本の中小企業についても，輸出中心型（輸出向の売上比率が高い）の企
業は，売上高動向 DI が内需中心型に比べて，おおむね高いということが近似
曲線（図の点線部分）から分かる（**図 5-2**）．2009 年のリーマン・ショック時には
輸出中心型の DI 値のほうが下回った例はあるが，今回の COVID-19 では輸出
中心型のほうが，内需中心型よりもいち早く回復傾向にある．このことから分
かることは，中小企業にとって売上を増やし市場で永続的に生き残るためには，
輸出ビジネスは有利に働くということである．筆者が探す限りでは，EU には
このような中小企業のデータが存在しないため，EU の中小企業に同様のこと
が適用できるか不確かではあるが，グローバル化の流れが完全に無くなること
はないと思われ，EU の中小企業も同様に，輸出を強化して売り上げを維持・
拡大していくことが大切である．

表 5-2　輸出企業の労働生産性や売上高成長

	労働生産性	企業規模	売上高成長
Superstar	0.939*** (0.183)	2.924*** (0.211)	0.320* (0.183)
Big player	0.431*** (0.119)	1.408*** (0.075)	0.086 (0.143)
Small player	-0.007 (0.139)	0.184*** (0.050)	0.037 (0.112)
観察数	8,043	8,043	6,448

(注) 括弧内は標準誤差．*p<0.1, **P<0.05, ***P<0.01
　　Superstar は輸出売上高比率が 95％以上の企業，Big player は同比率が 50-94％の企業，Small Player
　　は同比率が中央値より下の企業．
(出所) EIB・EBRD (2022), "Business Resilience in the Pandemic and Beyond：Adaptation,
　　innovation, financing and climate action from Eastern Europe to Central Asia".

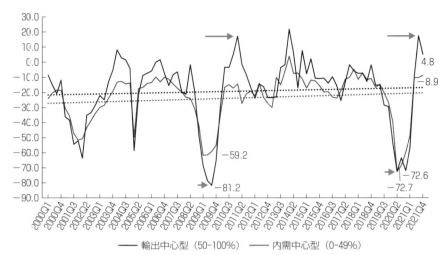

図 5-2　日本の輸出中小企業の売上高動向 DI 値

(注) 製造業, 前年同期比.
(出所) 中小企業基盤整備機構 (2021),「中小企業景況調査資料 (第 166 回) (2021 年 12 月)」より筆者作成.

第 2 節　COVID-19 禍における中小企業振興策の効果測定

2.1　EU 加盟国の実質 GDP 成長率の回帰分析

本節では, COVID-19 禍において, EU の中小企業の経済活動が GDP に与えた影響を定量的に分析する. この分析によって, 中小企業に対してどのような中小企業支援・振興策を施すと経済活動に有効なのかを考察することが可能となろう.

まず, EU 加盟国別の 2021 年の「実質 GDP 成長率の予測と実績の差異」を目的変数とし, その差異がどこから発生したかを分析する. 最初は COVID-19 の「感染率」や「感染拡大防止策」を説明変数に, 次は「中小企業の業種」を説明変数として考える.

Sapir (2020)[7] ならびに吉井 (2021)[8] の手法にならい, 重回帰分析によって分析を試みる. まず 2021 年の実質 GDP 成長率の差異の把握である. 図 5-3 は 2019 年秋の時点で EU による 2021 年の実質 GDP 成長率予測値と 2021 年の同

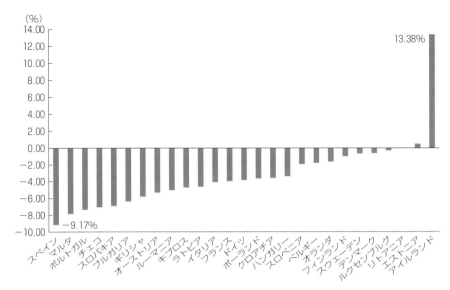

図 5-3　2019 年秋予測値と実績値の差（2019 年基準の 2021 年実質 GDP 成長率）
(出所) European Economic Forecast, Autumn 2019 ならびに Eurostat から筆者作成.

実績値との差を表したものである[9]．2019 年秋時点では COVID-19 は発生していないため，大きな波乱もなく通常運転に近い状況として 2021 年が予測されていると考え，ベースとして採用する．そして，実質 GDP 成長率実績値との差を計算した．

COVID-19 の災禍によって，GDP が落ち込むところと，逆に伸ばした国に明暗が分かれた．負の差が大きい国は，スペイン（-9.17%），マルタ（-7.84%），ポルトガル（-7.34%）などで，南欧・中東欧の国が多い．他方，正となった（悪影響が抑えられた）国は，アイルランド（13.38%），エストニア（0.50%），リトアニア（0.04%）と北欧などの国である．大きく GDP を伸ばしたアイルランドの理由を探ると，同国政府の各種発表によれば[10]，COVID-19 禍での経済成長は外資企業，特に製薬系や ICT 系の外資企業による輸出増が寄与したと分析している．従って，GDP に関する回帰分析ではアイルランドは特殊要因の異常値としてとらえ，分析の対象から除外することとした．

では，アイルランドを除いた各国の実質 GDP 成長率の予測と実績の差異は

どのような要因によって発生，または軽減されたのであろうか．検証する要因を３つ考えた．COVID-19 の経済的なダメージは，「感染率」やロックダウンなどの「経済活動の制限」によってもたらされていることが想像でき，この２つを説明変数として準備する．また，2019 年付加価値額（Value added at factor cost）[11] ベースにおいて中小企業が占める割合が高い３業種（不動産，建設，宿泊・飲食サービス）[12] の中小企業の付加価値合計額を名目 GDP（2019 年）で除した比率を３つ目の説明変数として準備した．上位３業種は欧州委員会の中小企業年次報告書（2021/2022）の中小企業の EU 全体の業種別シェア（2021 年）から選択した．この３つ目の説明変数によって，中小企業が GDP 全体に与える影響が判明し，有効な支援策が明らかになるであろう．

　ただし，上位３業種のデータは加盟国別になると，欠損値が多く，完全なデータは 12 カ国しか入手できず，対象が半減してしまう．従って，アイルランドを抜いた 26 カ国のデータが揃う「感染率（2021 年 12 月 31 日時点）」と「経済活動の制限（2021 年平均値）」の２つの説明変数の重回帰分析をまず行う．次に３つ目の「中小企業上位３業種」を加えた重回帰分析を 12 カ国ベースで試みる．

　まず，最初の「感染率（Inf）」と「経済活動の制限（Str）」である．

　表 5-3 の原データから，「感染率」は 4.89％（フィンランド）〜25.11％（スロバキア）と約５倍の差がついていることが分かる．「経済活動の制限」（0-100 の値で数字が大きいほど厳しい制限）は，COVID-19 が完全に鎮静化していない２年目（2021 年）のデータのため，全体的に中程度の高さの国が多い．それであっても，一番緩やかなエストニア（38.75）と最も厳しいギリシャ（71.86）間には約２倍の強度の違いがあり，GDP 下落差もエストニア（0.50％）とギリシャ（-5.79％）は両極端に位置している．この２カ国間だけをみても経済活動の制限が GDP に与える負の影響が既に想像できる．

　求める重回帰分析の式は以下のとおりである．

$$\triangle GDP = a + b1Inf + b2Str$$

　$\angle GDP$：2021 年実質 GDP 成長率の 2019 年秋予測と実績値の差

　Inf：COVID-19 の国別感染率

　　オックスフォード大学の COVID-19 GOVERNMENT RESPONSE

表 5-3 原データ

	GDP 予測 と実績の差	感染率	活動制限 厳格指数
	⊿GDP	(b_1)*Inf*	(b_2)*Str*
ベルギー	-1.77%	18.20%	53.35
ブルガリア	-6.37%	10.80%	47.57
チェコ	-7.04%	23.13%	53.73
デンマーク	-0.62%	13.74%	48.61
ドイツ	-3.84%	8.60%	68.66
エストニア	0.50%	18.15%	38.75
ギリシャ	-5.79%	11.33%	74.89
スペイン	-9.17%	13.28%	55.75
フランス	-3.97%	14.47%	62.97
クロアチア	-3.60%	17.72%	42.89
イタリア	-4.10%	10.34%	71.86
キプロス	-4.73%	18.62%	56.79
ラトビア	-4.65%	14.61%	49.96
リトアニア	0.04%	18.59%	46.77
ルクセンブルグ	-0.29%	16.35%	46.19
ハンガリー	-3.40%	12.91%	48.05
マルタ	-7.84%	10.17%	51.80
オランダ	-1.61%	18.02%	59.06
オーストリア	-5.32%	14.31%	65.35
ポーランド	-3.65%	10.86%	54.20
ポルトガル	-7.34%	13.49%	61.07
ルーマニア	-5.04%	9.43%	56.40
スロベニア	-1.91%	22.00%	51.82
スロバキア	-6.90%	25.11%	53.53
フィンランド	-0.99%	4.89%	43.41
スウェーデン	-0.65%	12.67%	47.99

（出所）オックスフォード大学 COVID-19 GOVERNMENT
RESPONSE TRACKER, Eurostat より筆者作成.

TRACKER 内の感染者確認数（2021 年 12 月 31 日時点）を Eurostat の
2022 年 1 月 1 日時点人口で除したもの

Str：感染拡大防止のために国が実施するロックダウンなどの活動制限厳
格指数

同 TRACKER 内の指数の 2021 年平均値．0-100 の値で数字が大きいほ
ど厳しい制限．

重回帰分析結果は**表 5-5** のとおりである．

R^2 値は 0.117，有意 F は 0.092 と 10％水準で有意であった．説明変数を単
体でみると，*Inf*（感染率）と *Str*（活動制限厳格指数）は予想していた負の値が得

表 5-4　基本統計量

⊿ GDP		(b_1)Inf		(b_2)Str	
平均	-0.04	平均	0.15	平均	54.29
標準偏差	0.03	標準偏差	0.05	標準偏差	8.99
最小	-0.09	最小	0.05	最小	38.75
最大	0.01	最大	0.25	最大	74.89
合計	-1.001	合計	3.818	合計	1411.4
データの個数	26	データの個数	26	データの個数	26

表 5-5　重回帰分析結果

	⊿ GDP	
	(A)	(B)
切片	0.036	0.031
	(0.038)	(0.03)
(b_1)Inf	-0.020	
	(0.109)	
(b_2)Str	-0.001**	-0.001**
	(0.001)	(0.001)
補正 R2	0.117	0.152
標準誤差	0.025	0.025
有意 F	0.092	0.028

相関係数（Inf,Str）＝-0.212

（注）*p<0.1, **p<0.05, ***p<0.01
　　　括弧内は標準誤差．

られている．2変数のうち *Str* は 5 ％水準で有意であり，*Str* が強まれば GDP に負の影響（-0.001）を与える可能性が示唆される．他方，*Inf* は 10％水準でも優位ではない．そこで，*Inf* を外し，Str に変数を限定した検定を行ったところ R^2 値と有意 F の数値が改善された．*Str* が強まることで GDP に負の影響が出た可能性が明らかになった．

次に，有意であった *Str* に 3 番目の説明変数である「中小企業付加価値上位3 業種（*SME Sec*）」を加えて 2 つの説明変数で検証する．対象国は 12 カ国となる．

求める重回帰分析の式は以下のとおりである．

$$\triangle GDP = a + b2 Str + b3 SMESec$$

△ GDP：2021 年実質 GDP 成長率の 2019 年秋予測と実績値の差
Str：感染拡大防止のために国が実施するロックダウンなどの活動制限厳格指数
　　　同 TRACKER 内の指数の 2021 年平均値 .0-100 の値で数字が大きいほど厳しい制限
SME Sec：2019 年付加価値額ベースにおいて中小企業が占める割合が高い 3 業種（不動産，建設，宿泊・飲食サービス）の中小企業の付加価値合計額を名目 GDP（2019 年）で除した比率（出所：Eurostat）

重回帰分析結果は**表 5-7** のとおりである．R^2 値は 0.213，有意 F は 0.138 と，良い推計結果は得られなかった．説明変数 *Str* については，前述の回帰分析（26 カ国対象）に比べ，対象国が 12 カ国と半減以上していることもあり，有意性が失われた．そこで，*Str* を外し，*SMEsec* のみを検定したところ，R^2 値と有意 F が改善され，P 値は 5 ％水準で有意となった．係数は 0.478 となり，中小企業の比率が高い 3 業種（不動産，建設，宿泊・飲食サービス）の GDP 比率が高い国のほうが GDP を押し上げるという説明が成り立つ．

本書の主題の一つである中小企業振興の重要性，本節で換言するならば，中小企業に優位性がある業種の回復が COVID-19 のような緊急事態には GDP の回復にとっても重要であることが示唆される．中小企業の支援が求められる所

表 5-6 基本統計量

⊿ GDP		(b₂)Str		(b₃)SME Sec	
平均	-0.038	平均	55.078	平均	0.146
標準偏差	0.026	標準偏差	9.795	標準偏差	0.032
最小	-0.092	最小	38.752	最小	0.106
最大	0.005	最大	71.859	最大	0.216
合計	-0.455	合計	660.934	合計	1.747
データの個数	12	データの個数	12	データの個数	12

表 5-7 重回帰分析結果

	⊿ GDP	
	(A)	(B)
切片	-0.124	-0.108***
	(0.084)	(0.030)
(b₂)Str	0.000	
	(0.001)	
(b₃)SME Sec	0.517*	0.478**
	(0.281)	(0.205)
補正 R2	0.213	0.288
標準誤差	0.023	0.022
有意 F	0.138	0.028

相関係数（Str,SMESec）=-0.644

（注）*p<0.1, **p<0.05, ***p<0.01
　　　括弧内は標準誤差.

以である．中小企業の付加価値額の多くを占める不動産，建設，宿泊飲食サービスの 3 業種などに重点的に支援を行うことは，緊急時の経済対策に一定の有効性があると本回帰分析から推測できる．

2.2　中小企業のデジタル化の回帰分析

近年の EU の中小企業振興策では，デジタル化の必要性が度々取り上げられている．特に COVID-19 発生後からはその傾向が顕著である．そこで本項の定量的分析では，COVID-19 と EU 中小企業のデジタル化の関係性を検証する．

図 5-4 は OECD が，横軸に国別の経済封鎖強度，縦軸に COVID-19 パンデミック期間中にデジタル化が進んだ中小企業のシェアを散布図化したものであ

第5章　通商戦略と中小企業振興策の成果　　*167*

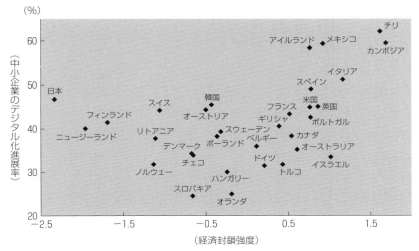

図 5-4　経済封鎖強度と中小企業のデジタル化
(出所) OECD (2021) "SME and Entrepreneurship Outlook 2021".

る（2020年12月時点）．日本のように経済封鎖度合いが弱い（-2.5近辺）にもかかわらずデジタル技術の導入が中小企業で伸長したという例外が一部あるものの，全般的に経済封鎖が強まる（図中で右に動く）につれ，中小企業のデジタル技術導入が進展することが見て取れる．日本の例外は第4章第2節で論じた，越境EC（デジタル化）の利活用などの中小企業振興策が手厚いということに起因するのかもしれない．イタリアは強い経済封鎖を行ったが，結果として中小企業のデジタル化が進展した．フィンランドは経済封鎖度合いが比較的緩い（-1.7），つまり経済的不利益が少ないにも関わらず，デジタル化増加率が高くなっている（41.5%増）．危機の中でも経済封鎖をすることなく，感染対策と経済利益のバランスをうまく取りつつ，デジタル化を促進できた国であろう．

　経済封鎖強度（x）と中小企業のデジタル化進展率（y）の相関係数を計算した．計算式は次のとおりである．

$$r = \frac{\sum_{i=1}^{n}(x_i - \bar{x})(y_i - \bar{y})}{\sqrt{\sum_{i=1}^{n}(x_i - \bar{x})^2}\sqrt{\sum_{i=1}^{n}(y_i - \bar{y})^2}}$$

ピアソン相関係数は 0.437 となった．経済封鎖強度と中小企業のデジタル化進展率には中低程度の相関が存在することが確認できた．Ｔ検定をしてみると，P<0.001 となり，有意であった．従って，経済封鎖度が強まればデジタル化を進展させる中小企業が増えるという正の関係性があることが判明した．

この分析から，経済封鎖という強制的な経済的不利益を緩和するために，中小企業のデジタル化支援が加速したことが推測でき，中小企業の自主的な動きもあろうが，政府などの中小企業向けデジタル化推進策の結果であったとも言えよう．

次に，COVID-19 発生後の中小企業支援策や中小企業のデジタル化進展が EU 加盟国の 2021 年の実質 GDP 成長率の予測値と実績値の差異にどのような影響を与えたか重回帰分析を試みる．目的変数は，前項の EU 加盟国の 2021 年の実質 GDP 成長率の差異のデータを再び使用する．

この 2021 年の実質 GDP 成長率の予測値と実績値の差異に対して先に行った回帰分析は感染率・活動制限厳格指数・中小企業付加価値上位 3 業種などの構造的な要因を説明変数に選定したが，今回は EU の中小企業支援や中小企業の行動に注目して説明変数を選定する．

1 つ目の説明変数として，COVID-19 発生後の中小企業支援の中核は金融へのアクセス支援であると考え，欧州投資基金（EIF）が実施した COSME の「中小企業向け融資保証制度（Loan Guarantee Facility）の実績値」[13]（2021 年 12 月に終了）を集約した．2 つ目の説明変数として，前述の OECD の「中小企業のデジタル化進展度」（2020 年 12 月時点）を採用した．ただし，EU 加盟国全ての「中小企業のデジタル化進展度」のデータが無いため，可能な 16 カ国[14]を対象に分析する．

計算式は次のとおりである．

$$\triangle GDP = a + b1 Lgf + b2 Dig$$

$\triangle GDP$：2021 年実質 GDP 成長率の 2019 年秋予測と実績値の差

Lgf：欧州投資基金（EIF）が実行する「COSME 中小企業向け融資保証制度」（2021 年 12 月に終了）の各国別融資保証累計額を 2019 年の各国名目 GDP で除したもの

Dig：前出の OECD の COVID-19 禍における中小企業のデジタル化進展
（2020 年 12 月時点）の中小企業全体に占めるシェア

　表 5-9 が重回帰分析の結果である．R^2 値は 0.100 と低く，有意 F は 0.198
と 10%の水準でも有意ではなかった．2 つの説明変数が目的変数を説明でき
ているとは言い難い．そこで，*Lgf* と *Dig* をそれぞれ検定してみた．ただし，
Lgf についてはデータ数が 16 カ国の場合（B）と 24 カ国[15]に増やした場合（D）
の 2 つのケースについて検定を試みたが，いずれの場合も *Lgf* は有意ではな
かった．ただし，*Lgf*（中小企業向け融資保証）が増えると GDP に負の影響が出
る可能性は完全には否定できない（16 カ国データの場合：係数 -1.473，P 値 0.102，
24 カ国データの場合：係数 -1.025，P 値 0.201）．中小企業向けの信用保証額が多い
国は，GDP の下落差が緩和（正の効果）されると分析前は予測していたが，あ
くまで可能性の一つではあるが逆の結果となった．これには次の推測が立つで

表 5-8　基本統計量

【16 カ国】

⊿ GDP		(b₁)Lgf		(b₂)Dig	
平均	-0.039	平均	0.006	平均	0.378
標準偏差	0.028	標準偏差	0.008	標準偏差	0.077
最小	-0.092	最小	0.000	最小	0.246
最大	0.000	最大	0.030	最大	0.512
合計	-0.618	合計	0.090	合計	6.050
データの個数	16	データの個数	16	データの個数	16

【24 カ国】

⊿ GDP		(b₁)Lgf	
平均	-0.036	平均	0.006
標準偏差	0.027	標準偏差	0.007
最小	-0.092	最小	0.000
最大	0.005	最大	0.030
合計	-0.875	合計	0.139
データの個数	24	データの個数	24

表 5-9　重回帰分析結果

	⊿ GDP			
	(A)	(B)	(C)	(D) 24 カ国
切片	−0.003	−0.030***	−0.006	−0.031***
	(0.034)	(0.03)	(0.036)	(0.007)
(b_1)Lgf	−1.410	−1.473		−1.025
	(0.854)	(0.841)		(0.777)
(b_2)Dig	−0.073		−0.086	
	(0.088)		(0.093)	
補正 R2	0.100	0.121	−0.010	0.031
標準誤差	0.026	0.026	0.028	0.026
有意 F	0.198	0.102	0.372	0.201

相関係数（Lgf,Dig）＝0.090

（注）*p<0.1, **p<0.05, ***p<0.01
　　　括弧内は標準誤差.

あろう．COVID-19 により経済が激しく痛んでいる国が，より多くの中小企業向け信用保証枠を要していたというシンプルな現象である．

　Dig（デジタル化進展）の結果を別途みると，*Lgf* よりも分析結果の有意性はさらに下がり，議論の価値はあまりないが，係数はマイナスが示され，期待したGDP への正の効果は認められなかった．中小企業のデジタル化は，経済封鎖により一部進展した事実はあるものの，GDP に正の効果を与えるほどの効果はなかったようである．

2.3　輸出力に対する中小企業のデジタル化の回帰分析

　本項では EU の域外輸出に関して分析する．前項では中小企業のデジタル化がGDP に与える正の効果は認められなかった．そこで，EU 加盟国の域外輸出力の差異は中小企業のデジタル化とどのような関係性にあるのか，COVID-19禍での域外輸出額と各種データを使って回帰分析してみる．この分析によって，中小企業のデジタル化が本稿の主眼である通商分野（域外輸出）でどれほど効果があるのか，すなわち中小企業振興策におけるデジタル化の推進が通商戦略に有効であるのかどうかの考察が可能となる．

　表 5-10 は COVID-19 発生前後の国別の財・サービスの域外輸出額の原データである．輸出額は為替やインフレなどによって左右されるため，2015 年の

実質輸出額（Chain Volumed Value）のデータを基準とし，域外輸出の増加率を計算した．2020 年は極めて混乱した年であったため，特殊要因を省くことが難しく，情勢が少し落ち着いた 2021 年のデータと，COVID-19 発生前の 2019 年のデータを 2 種類用意した．

　「2017 年から 2019 年の輸出の増加率」と「2019 年から 2021 年の輸出の増加率」を目的変数として，各期間の域外輸出増加率の要因を探ってみる．説明変数として，域外輸出における「中小企業のデジタル化」に関係するデータを採用した．具体的には，2017 年ならびに 2019 年において，「EC（電子商取引）を使った海外販売（*Ecs*）」「Web を使った海外販売（*Webs*）」に中小企業がどれほど取り組んでいるかというデータである．採用の理由は，EU 加盟国の域外輸出額の増加は，中小企業の ЭC や Web といったデジタルツールを使った域外販売の度合いによって変わるのではないかという仮説を立てたからである．さらに，COVID-19 発生前の「平常時」の 2017 年 → 2019 年データと，COVID-19 発生後の「危機発生時」の 2019 年 → 2021 年データを別々に回帰分析することで，危機発生時に中小企業のデジタル化が域外輸出に影響を及ぼしたか否かが判明すると考え，時期を変えた 2 セットの回帰分析を試みた．広義には通商戦略におけるデジタル化推進（中小企業振興策の一環）の有効性を探るとも言えよう．

　原データをみると，2019 年の平常時（2017 年比）には，EU 域外輸出（全規模）の増加率は全ての国がプラス成長と好調で 2 桁成長の国も少なくない．一転して 2021 年の危機発生時（2019 年比）は COVID-19 禍での回復に差がついた．フランス（-9.5%），スペイン（-8.4%），ポルトガル（-7.7%）などの南欧諸国が苦しんでいる一方で，アイルランド（28.4%），リトアニア（17.5%），キプロス（16.1%）など 2 桁のプラス成長の国も一定数ある．

　回帰分析の計算式は次のとおりである．

$$⊿域外輸出増加率 = a + b1 Ecs + b2 Webs$$

Ecs：2017 年ならびに 2019 年における EC（電子商取引）全般を通じて海外販売する中小企業の割合．WEB や EDI（電子データ交換：BtoB が主）での海外販売を含む．（出所：Eurostat）

Webs：2017 年ならびに 2019 年における EC（電子商取引）のうち Web を

172

表 5-10 　原データ

(単位：%)

	⊿域外輸出増加率 (2017 → 2019)	(b₁)Ecs	(b₂)Webs	⊿域外輸出増加率 (2019 → 2021)	(b₁)Ecs	(b₂)Webs
ベルギー	3.5	9.2	6.3	5.7	11.1	7.2
ブルガリア	5.8	3.4	2.8	-0.5	3.2	2.9
チェコ	5.2	7.5	4.5	-1.7	8.	4.7
デンマーク	8.0	9.3	7.0	1.1	10.8	8.6
ドイツ	4.5	9.4	6.8	-0.5	6.3	6.2
エストニア	8.1	7.4	6.7	15.5	7.3	6.7
アイルランド	22.8	25.5	22.0	28.4	21.4	18.9
ギリシャ	14.4	7.9	7.9	-2.6	7.9	7.9
スペイン	4.0	7.5	6.2	-8.4	7.6	6.4
フランス	6.2	7.4	4.5	-9.5	5.9	3.9
クロアチア	10.7	7.5	6.3	4.7	9.2	8.2
イタリア	3.7	6.3	4.9	-1.4	5.6	4.2
キプロス	16.6	22.2	21.8	16.1	21.3	20.7
ラトビア	6.6	4.2	3.3	5.6	4.8	4.1
リトアニア	17.6	8.1	7.2	17.5	10.6	8.5
ルクセンブルグ	9.8	3.5	2.7	10.9	4.7	3.5
ハンガリー	10.7	3.6	2.9	2.1	3.9	2.9
オランダ	6.4	8.1	5.9	3.3	7.4	5.5
オーストリア	9.4	10.1	8.3	-2.1	11.6	9.5
ポーランド	12.5	3.3	2.7	11.1	4.2	3.3
ポルトガル	8.4	8.7	7.5	-7.7	10.0	7.9
ルーマニア	11.0	1.2	1.1	1.9	2.2	2.2
スロベニア	10.9	5.1	4.0	4.7	6.5	5.7
スロバキア	6.0	3.5	2.4	3.9	3.6	2.2
フィンランド	8.3	5.4	4.2	-2.4	6.4	5.1
スウェーデン	10.5	13.3	9.9	5.1	15.4	11.6

（注１）域外実質輸出額は 2015 年基準.
（注２）中小企業の規模は 50-249 名従業員（ 1 -49 名の零細企業はデータ欠損が多く不採用）. マルタはデータが
　　　　欠損しており除外.
（出所）Eurostat より筆者作成.

通じて海外販売する中小企業の割合．自社ウェブサイトや EC プラット
フォーマーでの海外販売など．（出所：Eurostat）

　まず，2017～2019 年の域外輸出増加率についての重回帰分析の結果である
（**表5-12**）．R^2 値は 0.476 と中低程度の結果であり，有意Ｆは１％水準において
有意であった．*Webs*（WEB での海外販売）の割合が高まれば域外輸出に正の効
果が出るが，*Ecs*（EC を使って海外販売）の割合が高まると逆に域外輸出に負の
影響が出るという結果となり，当初予想していた正の関係とはならなかった．

表 5-11　基本統計量（2019 年分析）

⊿域外輸出増加率 （2017 → 2019）		(b₁)Ecs		(b₂)Webs	
平均	9.291	平均	8.023	平均	6.531
標準偏差	4.633	標準偏差	5.401	標準偏差	5.009
最小	3.492	最小	1.200	最小	1.100
最大	22.814	最大	25.500	最大	22.000
合計	241.561	合計	208.600	合計	169.800
データの個数	26	データの個数	26	データの個数	26

表 5-12　重回帰分析結果（2019 年分析）

	⊿域外輸出増加率 （2017 → 2019）		
	(A)	(B)	(C)
切片	7.232***	5.429***	5.463***
	(1.327)	(1.393)	(1.194)
(b₁)Ecs	-1.610**	0.481***	
	(0.683)	(0.145)	
(b₂)Webs	2.293***		0.586***
	(0.737)		(0.146)
補正 R2	0.476	0.286	0.377
標準誤差	3.354	3.914	3.658
有意 F	0.000	0.003	0.001

相関係数（Ecs,Webs）＝0.983

（注）*p＜0.1，**p＜0.05，***p＜0.01
　　　括弧内は標準誤差．

これは2つの説明変数に0.983という強い相関があり，多重共線性が原因として考えられるためである．そこで，各説明変数をそれぞれ検定してみた．その結果，R^2値は下がるものの，Ecsの負の値は是正され係数0.481，Websは係数0.586，P値は両方とも1％水準で有意となった．EcsまたはWebsが高いと域外輸出に正の効果を与える可能性が指摘できる．

次に2019〜2021年の域外輸出増加率についての重回帰分析である（表5-14）．説明変数は2019年のWebs，Ecsのデータである．R^2値は0.225と低い結果となった．有意Fは0.020となり5％水準では有意となった．説明変数をみると，

表5-13　基本統計量（2021年分析）

⊿域外輸出増加率 (2019 → 2021)		(b₁)Ecs		(b₂)Webs	
平均	3.868	平均	8.342	平均	6.865
標準偏差	8.656	標準偏差	4.891	標準偏差	4.515
最小	-9.537	最小	2.200	最小	2.200
最大	28.375	最大	21.400	最大	20.700
合計	100.561	合計	216.900	合計	178.500
データの個数	26	データの個数	26	データの個数	26

表5-14　重回帰分析結果（2021年分析）

	⊿域外輸出増加率 (2019 → 2021)		
	(A)	(B)	(C)
切片	-2.311	-3.480	-3.090
	(3.173)	(3.015)	(2.714)
(b₁)Ecs	-0.724	0.881***	
	(1.459)	(0.313)	
(b₂)Webs	1.779		1.013***
	(1.581)		(0.332)
補正 R2	0.225	0.216	0.249
標準誤差	7.620	7.663	7.500
有意 F	0.020	0.010	0.006

相関係数（Ecs,Webs）=0.977

（注）*p<0.1, **p<0.05, ***p<0.01
　　　括弧内は標準誤差．

2017〜2019 年の重回帰分析と同様に良い結果は得られなかったため，2 変数を個別に検定した．Ecs は係数 0.881，$Webs$ は係数 1.013，P 値は両方とも 1 ％水準で有意となった．Ecs または $Webs$ が高いと域外輸出に正の効果を与えた可能性が指摘できる．

　COVID-19 発生前の平常時 2017 年〜2019 年のデータセットと危機発生時 2019 年〜2021 年のデータセットを使った 2 つの回帰分析結果を比較すると，Ecs の係数は 0.481 → 0.881，$Webs$ の係数は 0.586 → 1.013 と増えている．このことから，COVID-19 が危機発生した 2019 年〜2021 年の期間においては，Ecs や $Webs$ が域外輸出の増加により効果があったことが指摘できる．COVID-19 は人の往来が強制的に止められ，対面を中心としたスタイルの海外ビジネスは困難になったが，その環境下において，中小企業がデジタルツールを進展させた国のほうが域外輸出をより効果的に取り戻したということであろう．また，2019 年分析と 2021 年分析の基本統計量をみると（**表 5-11** と**表 5-13**），Ecs，$Webs$ の平均割合が 8.023 → 8.342，6.531 → 6.865 と伸びており，中小企業または行政が貿易のデジタル化を進めてきた実績であろう．中小企業ならびに中小企業振興策を実施する行政は，危機発生時のみならず平常時にもこのデジタル化の流れを継続し，域外輸出の獲得に努めなければならない．

　なお，日本の中小企業の例，しかも輸出に関してではないが，COVID-19 禍にデジタル化が進んだ中小企業のほうが，労働生産性や売上高へのマイナス影響が抑えられたという調査結果があり参考になる（**表 5-15**）．

表 5-15　感染症流行下の取組状況の進展別（中小企業のデジタル化進展）**に見た労働生産性と売上高の変化**（2019-2021）

労働生産性（単位：千円／人）	中央値
デジタル化の取組が進展した企業（512 社）	-115
デジタル化の取組が進展しなかった企業（1135 社）	-211
売上高の変化率（単位：%）	中央値
デジタル化の取組が進展した企業（699 社）	-3.6
デジタル化の取組が進展しなかった企業（1558 社）	-6.0

（出所）東京商工リサーチ（2022），「令和 4 年度中小企業の経営戦略及びデジタル化の動向に関する調査に関わる受託事業報告書」より筆者作成．

EUの中小企業に対しても，海外市場を獲得するためにデジタル化を促進し，労働生産性を高めていくという，通商戦略と中小企業振興策の組み合わせは有効な政策であろう．これもまた日本の事例になるが，筆者がCOVID-19渦中に複数の中小企業にインタビューした際も，デジタル化の有効性の話を聞くことがあった．山陰地方の食品関連中小企業は，「COVID-19前は海外商談会参加や，海外顧客メンテナンスの目的で，多額の経費をかけて渡航し海外開拓をしていたが，COVID-19となり強制的にオンラインでの商談や，ECサイトの通販となりデジタル化を進めた．オンライン商談は新規顧客開拓の目的では十分に達成できる．また，既存の海外顧客メンテナンスに関してはオンライン商談で全く問題ない．むしろ打ち合わせ頻度が上がり関係性が向上した．オンライン商談会によって，これまでかかっていた海外渡航費用や商談会出店費用が抑えられ，利益率が劇的に改善された」と語ってくれた．

小　　括

本章では通商戦略と中小企業振興策の互恵関係に関し，定量・定性分析を行った．

2015年以降の中小企業の域外輸出を定量的に分析し，FTAでの輸出成功事例を定性的に分析した．その結果，大企業に比べ，零細企業のほうに高い輸出伸び率があることを確認した．FTA等締結国に対する輸出額を企業規模別に抽出すると，中小企業の輸出額伸び率（平均値）が大企業のそれに劣後していないことが確認できた．零細企業や小企業の伸び率が高く，FTAによって中小企業の輸出が刺激されたことが推測できる．FTA等締結の通商戦略が中小企業に有効であり，中小企業振興策との互恵関係が成果を出しつつあると言えよう．

FTA締結国での中小企業の成功事例では，食品系が多いことが分かった．全業種に共通するのは，関税削減に伴うコスト競争力確保と，輸出にかかる様々な書類手続き軽減のメリットであった．先の中小・零細企業の輸出が伸びている分析結果の要因に，事例で示されたメリットが貢献しているのであろう．

COVID-19禍での経済活動制限や中小企業の対応ならびに中小企業支援策

が，GDP 成長率や域外輸出額に対して影響を与えたのかを定量的に分析した．実質 GDP 成長率の差異に焦点を当て，「感染率」「経済活動の制限」を説明変数として回帰分析した．「経済活動の制限」は予想していた負の値が多少得られた．

　さらに「中小企業が占める付加価値額の割合が高い 3 業種（不動産，建設，宿泊・飲食サービス）の中小企業の付加価値合計額を名目 GDP（2019 年）で除した比率」を説明変数として加え回帰分析を行い，中小企業が高い付加価値額を生み出す業種の中小企業の付加価値合計額の GDP 比率が高い国のほうが，GDP を押し上げるという推計結果が得られた．不動産，建設，宿泊飲食サービスのなど中小企業に優位性がある業種に重点的に支援を行うことは経済対策にも一定の有効性があると結論付けられる．

　COVID-19 と EU 中小企業のデジタル化の関係性を定量分析し，経済封鎖強度と中小企業のデジタル化進展率には中低程度の相関が存在することが確認できた．経済封鎖という強制的な経済的不利益を緩和するために，中小企業のデジタル化支援が加速したことが推測でき，中小企業の自主的な動きもあろうが，政府などの中小企業向けデジタル化推進策の結果であったとも言えよう．

　COVID-19 発生後の「中小企業向け融資保証制度の実績値」「デジタル化進展度」が GDP 成長率の差異にどのような影響を与えたか回帰分析したが，推計結果は低かった．中小企業のデジタル化は，経済封鎖により一部進展した事実はあるものの，GDP に良い影響を与えるほどの効果はなかったようである．

　COVID-19 前の平常時ならびに COVID-19 の危機発生後における EU 加盟国の域外輸出力の差異は，中小企業のデジタル化（EC と Web による海外販売）とどのような関係性にあるのかを回帰分析した．EC と Web による海外販売共に，域外輸出に対して正の影響を与えた可能性がある．COVID-19 前の平常時と COVID-19 の危機発生時の比較では，危機発生時のほうが正の値が大きく，中小企業がデジタルツールを進展させた国のほうが域外輸出をより効果的に取り戻したことが推測できる．中小企業ならびに中小企業振興策を実施する行政は，危機発生時のみならず平常時にもこのデジタル化の流れを継続し，域外輸出の獲得に努めなければならない．

注

1) Kubičková, L., Votoupalová, M., and Toulová, M. (2014), "Key motives for internationalization process of small and medium-sized enterprises", *Procedia Economics and Finance 12*, pp.319-328.

2) European Commission (2020f), "An SME Strategy for a sustainable and digital Europe", COM（2020）103 Final. の 11 頁の 60 万社を総数 2500 万社で割り算した.

3) ベルギー，チェコ，ドイツ，スペイン，リトアニア，オランダ，オーストリア，ポルトガル，ルーマニア，スロベニア

4) 欧州委 DB（https://ec.europa.eu/trade/trade-policy-and-you/in-focus/exporters-stories/）（最終アクセス日 2021 年 11 月 7 日），EU の二国間 FTA レポート，Access2MarketsDB から，欧州委 DB を優先に代表事例を選出した

5) https://ec.europa.eu/trade/trade-policy-and-you/in-focus/exporters- stories/）（最終アクセス日 2021 年 11 月 7 日）.

6) EIB・EBRD（2022），"Business Resilience in the Pandemic and Beyond：Adaptation, innovation, financing and climate action from Eastern Europe to Central Asia".

7) Sapir, A.（2020），"Why has COVID-19 hit different European Union economies so differently?", *Bruegel Policy contribution Issue no 18*.

8) 吉井昌彦（2021），「COVID-19 禍における中東欧経済」，『国民経済雑誌』第 224 巻第 3 号，17-31 頁.

9) 2019 年秋予測で発表された 2020 年 GDP 成長率予測値と 2021 年の同予測値から，複利法により 2019 年基準の 2021 年の成長率を計算した（a）．Eurostat より 2020 年の GDP 成長率実績値と 2021 年の同実績値（一部推計や予測が含まれる）を複利法により 2019 年基準の 2021 年の成長率実績を計算した（b）．（b）から（a）を減ずることでその差を導き出した.

10) Departments of Finance and Public Expenditure and Reform（2021），"Summer Economic Statement".

11) Value added at factor cost＝総売上高－生産費用－間接税

12) 不動産（83.9%），建設（79.5%），宿泊・飲食サービス（78.0%）

13) EIF（2023）"Competitiveness of Enterprises and SMEs-Loan Guarantee Facility Implementation Update".

14) ベルギー，ブルガリア，デンマーク，ドイツ，ギリシャ，スペイン，フランス，イタリア，リトアニア，ハンガリー，オランダ，オーストリア，ポルトガル，スロバキア，フィンランド，スウェーデンの 16 カ国.

15) 上記に加えチェコ，エストニア，クロアチア，ラトビア，ルクセンブルグ，ポーランド，スロベニア，ルーマニア，マルタとキプロスは実績なしで除外.

16) 東京商工リサーチ（2022），「令和 4 年度中小企業の経営戦略及びデジタル化の動向に関する調査に関わる受託事業報告書」.

第 6 章

ポスト COVID-19 における EU・
日本の通商戦略と中小企業振興策

は じ め に

　本章では，ポスト COVID-19（2022～2023 年）の EU の通商や中小企業を取り巻くビジネス環境について触れ，今後の通商戦略や中小企業振興策の課題を提示して，本書を締めくくる.

第 1 節　ポスト COVID-19 の通商，中小企業を取り巻くビジネス環境

　2022 年ならびに 2023 年の EU の域外貿易について特徴を紹介する．2022 年の EU の域外貿易は回復軌道に乗るかと思いきや赤字となった．Eurostat の euroindicators では，2022 年の EU27 の域外輸出は 2 兆 5721 億ユーロ，域外輸入は 3 兆 67 億ユーロとなり，貿易収支は 4346 億ユーロの赤字となった[1]（**表6-1**）．前年の 551 億ユーロの貿易黒字から反転してしまった．前年比では域外輸出は 17.9％増であったのに対し，域外輸入は 41.4％増と急伸した.

　2023 年の EU の域外輸出は 2 兆 5536 億ユーロ，域外輸入は 2 兆 5128 億ユーロとなり，前年比では域外輸出は 0.7％減，域外輸入は 16.4％減と共に縮小した（**表6-1**）．貿易収支は前年の赤字から 408 億ユーロの黒字に転じた.

　EU の域外輸出は 2021 年に COVID-19 前の水準に速やかに回復し，2022 年には前年比 17.9％増と 2019 年の水準を大きく上回る額となっていたが，2023 年は失速した.

　COVID-19 前の 2019 年からのデータで品目別の前年比増減を見てみよう

表 6-1　EU 域外貿易 （単位：10 億ユーロ）

	2021 年	2022 年	前年比増減	2023 年	前年比増減
域外輸出	2,181.0	2,572.1	17.9%	2,553.6	-0.7%
域外輸入	2,125.9	3,006.7	41.4%	2,512.8	-16.4%
貿易収支	55.1	-434.6		40.8	

（出所）Eurostat（2022），"euroindicators, December 2022" ならびに Eurostat（2023），"euroindicators, December 2023" から筆者作成.

（表6-2，表6-3）．食品・飲料・たばこの域外輸出はかろうじて維持（2022年前年比16.2％増，2023年同0.0％）したが，力強さを欠く．一方，機械・輸送機器の域外輸出は2022年同14.6％増，2023年同7.7％増と堅調であった．世界貿易の特徴と同様に，電気自動車などの環境関連製品が牽引したのかもしれない．注目すべきは鉱物性燃料などのエネルギーである．2022年は輸出・輸入ともに大きな増加を示し，特に輸入額は113％増と倍増している（表6-3）．これは主にロシアによるウクライナ侵攻に起因するエネルギー価格高騰ならびに調達先の変更に伴うものであろう．エネルギー価格高騰により2022年はインフレを引き起こし，経済回復への足かせになった．一方，2023年になると，エネルギーは輸出・輸入ともに大きな減少（20.9％減，33.6％減）となった．インフレ抑制のための政策金利の引き上げなどの引き締め策が経済に影響を与え，エネルギー価格の需要減を招いたのであろう．国際エネルギー機関（IEA）によると，2023年の欧州のガス石油やナフサの需要は，世界で最も弱かったとし，それに加えてドイツ経済の低迷も需要減の一つの要因としている（図6-1）[2]．もちろんEUが進める脱炭素の動きや電気自動車の普及もエネルギーの輸出入の減少に影響を与えているであろう．

　次にEUの貿易相手国について特徴を述べる（表6-4）．2022年に，最大の貿易相手国は米国（輸出5093億ユーロ，輸入3584億ユーロ），次いで中国（輸出2303億ユーロ，輸入6260億ユーロ）となった．僅かに米国が中国を上回り，前年と逆転した（表6-4）．EUの域外輸出は米国の前年比増加率が高く（2022年27.5％），これまで輸出先として存在感があった中国は低い増加率（同3.0％）となり，両国への輸出額の差が少しずつ縮まっていたが，ここに来て倍以上の差がついてきた（米国同5093億ユーロ，中国同2303億ユーロ）．米中貿易摩擦を中心とした対中忌避の現れであろう．2023年も引き続き最大の貿易相手国は米国（輸出5021億ユーロ，輸入3442億ユーロ），次いで中国（輸出2235億ユーロ，輸入5144億ユーロ）となった．米国が首位の地位を固めている．対中国に関しては，2023年の貿易額の減少（輸出3.0減，輸入18.0％減）だけを見ると，よく耳にする「中国離れ」がEUにも起こっているように思いがちだが，2019年の貿易額と2023年を比較すると，輸出：1982億ユーロ→2235億ユーロ（12.8％増），輸入：3630億ユーロ→5144億ユーロ（41.7％増）とむしろ増大しており，対中忌避の動きは否

表 6-2 EU 域外輸出（品目別）推移

域外輸出（百万ユーロ）	2019年	前年比	2020年	前年比	2021年	前年比	2022年	前年比	2023年	前年比
全品目合計	2,131,984.9	3.5%	1,932,739.5	-9.3%	2,181,003.2	12.8%	2,570,038.0	17.8%	2,555,545.2	-0.6%
食品・飲料・たばこ	162,980.4	8.0%	166,363.9	2.1%	175,503.1	5.5%	203,854.2	16.2%	203,820.9	0.0%
原材料（鉄鉱石など）	54,312.7	2.6%	53,224.3	-2.0%	70,819.1	33.1%	76,185.6	7.6%	68,023.4	-10.7%
鉱物燃料・潤滑油・関連材料	103,458.3	-8.5%	64,078.3	-38.1%	104,508.3	63.1%	180,356.2	72.6%	142,610.1	-20.9%
製造品	1,764,301.7	3.6%	1,602,670.5	-9.2%	1,783,779.5	11.3%	2,073,196.7	16.2%	2,100,369.2	1.3%
化学品・関連品など	406,787.6	8.8%	410,804.	1.0%	455,678.2	10.9%	550,912.9	20.9%	522,938.3	-5.1%
その他製造品	486,145.8	2.6%	432,017.2	-11.1%	496,785.2	15.0%	569,995.6	14.7%	551,954.9	-3.2%
機械・輸送機器	871,368.6	1.8%	759,849.4	-12.8%	831,316.4	9.4%	952,288.2	14.6%	1,025,475.9	7.7%
その他	46,931.8	20.1%	46,402.9	-1.1%	46,393.3	0.0%	36,445.4	-21.4%	40,721.8	11.7%

（出所）Eurostat から筆者作成

表 6-3 EU 域外輸入（品目別）推移

域外輸入（百万ユーロ）	2019年	前年比	2020年	前年比	2021年	前年比	2022年	前年比	2023年	前年比
全品目合計	1,940,879.6	1.5%	1,717,470.9	-11.5%	2,125,878.3	23.8%	3,006,149.5	41.4%	2,517,590.	-16.3%
食品・飲料・たばこ	117,555.7	2.6%	113,032.8	-3.8%	117,012.1	3.5%	148,503.1	26.9%	144,054.9	-3.0%
原材料（鉄鉱石など）	80,797.5	1.1%	79,697.8	-1.4%	106,395.3	33.5%	125,294.8	17.8%	96,930.8	-22.6%
鉱物燃料・潤滑油・関連材料	363,144.3	-7.4%	221,283.5	-39.1%	390,300.4	76.4%	831,147.2	113.0%	551,961.7	-33.6%
製造品	1,347,948.2	4.2%	1,266,193.5	-6.1%	1,469,849.2	16.1%	1,854,472.	26.2%	1,702,068.1	-8.2%
化学品・関連品など	235,108.2	5.8%	233,124.5	-0.8%	271,346.7	16.4%	363,135.2	33.8%	324,953.6	-10.5%
その他製造品	474,456.2	1.4%	444,815.4	-6.2%	525,202.3	18.1%	662,791.3	26.2%	562,263.	-15.2%
機械・輸送機器	638,384.	5.8%	588,253.6	-7.9%	673,300.4	14.5%	828,545.6	23.1%	814,851.5	-1.7%
その他	31,433.5	-1.7%	37,263.3	18.5%	42,321.2	13.6%	46,732.5	10.4%	22,574.8	-51.7%

（出所）Eurostat から筆者作成.

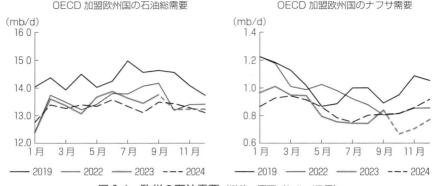

図 6-1　欧州の石油需要（単位：百万バレル／日量）

（注）点線は予測値．
（出所）IEA (2023) "Oil Market Report, Dec 2023".

定できないものの，劇的な中国離れは起きていないという冷静な判断ができよう．

対ロシア輸出は 2021 年の前年比 13.0％増→ 2022 年同 38.1％減→ 2023 年同 30.4％減と大幅なマイナスが続く．

自由貿易協定を締結する対日本・韓国は 2022 年には輸出入とも安定した伸びを示していたが，2023 年は失速した．特に，対日本は，2022 年は輸出 716 億ユーロで対前年比 14.9％増，輸入 697 億ユーロで同 11.9％増と堅調だったが，2023 年は輸出 640 億ユーロで同 10.6％減，輸入 702 億ユーロで同 0.3％増となり，EU の対日貿易は赤字に転じた．輸出について，対米国（同 1.4％減），対中国（同 3.0％減），対韓国（同 5.0％減）は微減に留まる一方，対日本は同 10.6％減と減少幅が大きい．日 EUEPA が発効した 2019 年の輸出額と同等の額に戻ってしまった（611 億ユーロ→ 640 億ユーロ）．対円相場（ユーロ高・円安）の影響もあろうが，EU 企業の日本輸出が伸び悩んでいる．日 EUEPA は 2023 年に発効 5 年という区切りの年を迎えている．これは後述する．

また，EU が FTA 締結を目指すインドは輸出入とも増加し，年々存在感を増している．今やロシアを上回る貿易相手国になっている（2023 年：対インド輸出 483 億ユーロ・輸入 649 億ユーロ，対ロシア輸出 383 億ユーロ・輸入 506 億ユーロ）．ロシア経済制裁・対中国政策に伴うインドシフトの一環であろう．

第 6 章 ポスト COVID-19 における EU・日本の通商戦略と中小企業振興策 *185*

表 6-4　EU 域外貿易相手国の推移 (単位：10 億ユーロ，%)

	域外輸出								
	2019	2020	前年比	2021	前年比	2022	前年比	2023	前年比
米国	384.4	353.0	-8.2	399.4	13.1	509.3	27.5	502.1	-1.4
中国	198.2	202.5	2.2	223.3	10.1	230.3	3.0	223.5	-3.0
英国	319.8	277.5	-13.2	283.6	1.9	328.6	15.9	334.7	1.8
スイス	146.5	142.4	-2.8	156.5	10.0	188.0	20.1	188.5	0.3
ロシア	87.8	79.0	-10.0	89.3	13.0	55.2	-38.1	38.3	-30.4
トルコ	68.3	69.9	2.3	79.2	13.0	99.6	25.9	111.3	11.7
ノルウェー	51.6	48.6	-5.8	56.5	16.3	67.7	19.6	61.0	-9.8
日本	61.1	54.5	-10.8	62.4	13.0	71.6	14.9	64.0	-10.6
韓国	43.3	45.3	4.6	51.9	14.6	60.1	16.0	57.1	-5.0
インド	38.2	32.2	-15.7	41.9	30.1	47.7	14.1	48.3	1.7
	域外輸入								
	2019	2020	前年比	2021	前年比	2022	前年比	2023	前年比
米国	232.6	202.0	-13.2	232.0	14.3	358.4	53.5	344.2	-4.2
中国	363.0	383.5	5.6	472.2	22.6	626.0	32.1	514.4	-18.0
英国	194.3	167.2	-13.9	146.0	-13.6	218.6	48.6	179.8	-17.3
スイス	109.9	108.6	-1.2	123.6	13.5	145.2	16.9	138.3	-5.0
ロシア	145.0	95.2	-34.3	158.5	67.4	203.4	24.3	50.6	-75.0
トルコ	69.8	62.6	-10.3	78.0	25.0	98.6	26.4	95.5	-3.4
ノルウェー	54.1	42.3	-21.8	74.5	75.3	160.7	115.7	119.1	-26.0
日本	62.9	54.9	-12.7	62.3	13.3	69.7	11.9	70.2	0.3
韓国	47.4	44.1	-7.0	55.4	25.6	71.7	29.2	72.8	0.7
インド	39.6	33.1	-16.4	46.2	40.0	67.4	45.9	64.9	-4.1

（注）各年 2 月の euroindicators から作表しているため，増減率が表上の計算と合致しない場合がある．
（出所）各年 2 月の euroindicators，Eurostat から筆者作成．

　概説すると，ポスト COVID-19 の域外輸出入は，2022 年は力強い回復を見せたものの，2023 年にはその勢いは失速した．そしてロシア・中国の存在感が減った．

　これらの地政学的な変動に EU の中小企業含む輸出ビジネス関係者は適切に対応しなければならず，難しい舵取りが通商戦略や中小企業振興策にも求めら

れる.

2023 年は日 EUEPA が発効し，5 年目というひとつの区切りの年であった．そこで，両国・地域の財輸出額の推移を同 EPA が発効した 2019 年を軸に，輸入国側の統計を使って確認する（表6-5，表6-6）.

2020 年は COVID-19 による急激な落ち込みはあったものの，ポスト COVID-19 の 2022 年は，両地域とも輸出は前年比二桁増と回復した．しかし，2023 年になると，EU の輸出は 1.3％減，日本の輸出は 0.5％増と勢いを失った．EPA 発効前後の 5 年間の増減比較では，EPA 発効前（2013 年→ 2018 年）は，EU の輸出が 25.7％増，日本の輸出が 22.9％増であったのに対し，発効後の 5 年間（2018 年→ 2023 年）は，EU の輸出が 28.3％増，日本の輸出が 17.9％増となった．EU の輸出は，EPA 発効後の 5 年間のほうが 2.5 ポイント高い伸びが認められるが，日本のそれは 5 ポイント下がった．この結果をどう判断するかは意見が分かれるところであろう．日 EUEPA の発効は EU の輸出の増進には寄与しなかったという見方と，COVID-19 禍や中国・ロシアとの経済関係見直しといった地政学が激動する時代において同 EPA が EU と日本の貿易関係を「下支えした」という見方である．筆者は後者の「下支えした」という見方をとりたい．同 EPA 発効によって多くの品目の関税が即時撤廃された．譲許スケジュールでは，日本の自動車・部品，ターボジェット，バイク部品，ホタテなどの品目が 4 年目や 6 年目，8 年目に関税撤廃となっており，年月が経てば経つほど関税負担が軽くなる品目が増え，輸出への障壁が下がる．さらに，関税だけではなく，政府調達や規制緩和などの非関税分野の軽減についても両地域間で協議が進んでいる．従って，自由・民主主義・法の支配などといった共通価値観を共有する安定的な貿易パートナーとして継続していくために，日EUEPA の存在は，両地域を向かい合わせ，経済関係を下支えする媒体となっているのである．

なお，EU はポスト COVID-19 においても日本にさらなる市場開放を要望している．2023 年 11 月発表の「EU 貿易協定の履行・施行報告書[3]」の付属資料「個別情報シート[4]」では，EU 企業による政府調達参入が日本において進んでいないことに EU が不満を示しており，自動的かつ迅速に入札情報が単一窓口で提供されるよう日本に求めている．農業・食品分野での複雑で時間がかかる

第6章　ポストCOVID-19におけるEU・日本の通商戦略と中小企業振興策　　*187*

表6-5　EUの対日輸出額（日本側統計での輸入額：1000円）

	輸入額	前年比増減	5年間増減	
2013	7,007,861,901	—		
2014	7,493,491,353	6.90%		
2015	7,836,557,897	4.60%		
2016	7,443,732,113	-5.00%		
2017	7,963,638,885	7.00%		
2018	8,808,974,763	10.60%	25.70%	＊2013年比
2019（日EUEPA発効）	8,834,622,829	0.30%		
2020	7,761,669,001	-12.10%		
2021	9,453,236,021	21.80%		
2022	11,445,664,003	21.10%		
2023	11,300,695,411	-1.30%	28.30%	＊2018年比

（出所）財務省貿易統計．2020年1月までは英国の数値を除去して筆者作成．

表6-6　日本の対EU輸出額（EU側統計での輸入額：100万ユーロ）

	輸入額	前年比増減	5年間増減	
2013	48,579	—		
2014	48,786	0.4%		
2015	51,096	4.7%		
2016	54,653	7.0%		
2017	57,128	4.5%		
2018	59,685	4.5%	22.9%	＊2013年比
2019（日EUEPA発効）	63,031	5.6%		
2020	54,955	-12.8%		
2021	62,284	13.3%		
2022	70,023	12.4%		
2023	70,346	0.5%	17.9%	＊2018年比

（出所）Eurostatより筆者作成．

承認制度について，EU加盟国別に対応するのではなく，EUを単一組織とし
て取り扱い，承認の重複を無くすよう日本に求めている．また，洋上風力発電
の入札に関して外国製風車が参入できるよう，日本の標準・認証制度の規制緩

和に協力する姿勢を打ち出している．さらに，履行・施行報告書では，EU が日本のビジネス団体と協力して日本の医療機器の独特なラベル表示要求の負担減に成功し，その結果 EU 企業の 60〜90 億ユーロのコスト削減につなげたと成果を誇っている．このように EU は日 EUEPA を契機に，EU 企業にとって有利になるよう日本市場の規制緩和にも要求を強めており，そのしたたかさには目を見張るものがある．

　ポスト COVID-19 での貿易状況が明らかになってきたところで，EU の中小企業について紹介する．2023 年 3 月発表の欧州中小企業連合会（SME United）の会員向けアンケート調査[5]では，2022 年後半，中小企業の売上高や受注の減少が確認できる．これは家計の購買力が落ちたことが主な原因としている[6]．中小企業はこの需要減を補うために製品価格に転嫁しているようで，この点は日本の中小企業が価格転嫁になかなか踏み切れないといった事情とは異なる．EU の中小企業は 2023 年前半も価格転嫁を続けており[7]，それがさらなる物価上昇を招き，消費者は高止まりするインフレを甘受せざるを得ないようである．

　また，観光業などの労働集約的なサービス業は，人手不足と賃金上昇の「二重苦」に直面している．EU の中小企業全体の景況感は，COVID-19 禍の緩和期待もあり，2021 年後半には 75.2 と急回復したが[8]，その後のサプライチェーンの混乱，人手不足，ウクライナ侵攻によるインフレや貿易制限などが影響し，緩やかに下落し，2023 年前半（見通し）は 71.3 に落ち込んだ（図 6-2）．同連合会は，「不景気に入るベースラインの 70 に近づいている」と警戒する[9]．

　SME United は，EU や加盟国政府に対して，中小企業対策として，インフレ対策（特にエネルギー価格の安定），倒産急増を回避する対策，復興・回復ファシリティー（RRF）によるデジタル・グリーン化への投資促進，通商戦略関係では，第三国市場（海外）でのレベル・プレイング・フィールドの確保を要望している[10]．

　ポスト COVID-19 においても EU は通商戦略の手綱を緩めていない．2022 年 4 月にはインドとの FTA 交渉再開に合意し，同年 6 月には最初の交渉を持った[11]．ニュージーランドとは 2022 年 6 月 30 日に FTA 交渉妥結に至り，両国間の貿易量は 3 割増となると EU は期待している[12]．また，「貿易及び持続可能な開発」に関する独立した章を同国との FTA に設け，基本労働条約や気候変

第6章 ポスト COVID-19 における EU・日本の通商戦略と中小企業振興策　　189

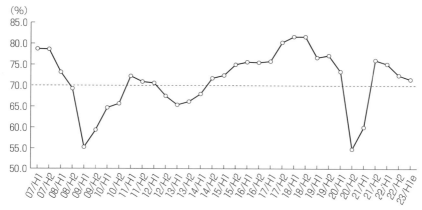

図 6-2　EU 中小企業のビジネス景況感指数

（注）23/H1e: 2023 上半期の予測値.
（出所）SME United (2023), "The SME Business Climate Index and EU Craft and SME Barometer Spring 2023".

動対策のパリ協定への重大な違反への制裁（関税引き上げ）を可能とする制度を導入するなど，先進的な FTA とした．これからの世界の FTA のスタンダード条項になる可能性を秘めている．中小企業についても特出ししており[3]，中小企業用のポータルサイトやコンタクト窓口を設置するなどして，中小企業が新しい FTA から恩恵を受けやすくするシステムを組み込んでいる．

このようにインフレや需要減など困難な局面が続く EU 中小企業のビジネス環境ではあるが，徐々に緊急事態時の支援策という段階から，構造的な体質強化につながる「デジタル化」や「グリーン化」などの中小企業振興策に戻りつつある．

そして EU は，インドネシアやタイ，インドなどの新興国との FTA 交渉を鋭意進め，中小企業のビジネス環境を整備するなど，ポスト COVID-19 において通商戦略と中小企業振興策の互恵関係はさらに進化させていくであろう．

第 2 節　EU の通商戦略・中小企業振興策の課題

本節では EU の通商戦略・中小企業振興策が抱える課題を論じる．これまで

の本書の展開は，通商戦略ならびに中小企業振興策の必要性や増していく役割など，前向きかつ肯定的な内容であった．しかし，EU の政策には構造問題や実行面での課題も存在する．これらを最後に取り上げる．

　まず，EU と加盟国間の権限の構造問題である．EU の運営理念は，いかにして加盟国と適切な権限配分を行うかという点に重きが置かれており，EU の権限は「個別授権の原則」，「補完性の原則」，「比例制の原則」に依拠し行使されている[14]．また，EU が有する権限は「排他的権限」「共有権限」「支援・調整・補充的権限」に分かれている[15]．共通通商政策の分野は，EU に排他的権限が付与されており（EU 運営条約 3 条 1 項），本書で取り上げている通商戦略については同分野に属する．従って，通商戦略内で登場する中小企業振興策などの取り決め（例：自由貿易協定内の中小企業条項など）については EU が排他的権限に有することになる．

　中小企業振興策は幅広い分野に関係するが，産業分野に属する部分が当然多い．産業分野は，EU に権限は排他的に付与されておらず，加盟国に権限があり，EU の権限は支援・調整・補充的権限となる（EU 運営条約 6 条）．すなわち，加盟国の権限行使は EU の権限行使によって何ら妨げられない．従って，EU は中小企業振興策で理念・規範やガイドラインを発表することによって，加盟国の産業政策実行を支援・調整・補充することになる．また，経済政策や雇用政策分野も中小企業振興策に関係してくるが，同分野は加盟国に権限があり，EU の権限は調整的権限となり（EU 運営条約 5 条 1 項），同様である．なお，第 2 章で紹介した欧州小企業憲章や欧州中小企業議定書（SBA）は，法的拘束力はないものの，EU が Think Small First 原則を加盟国に示しており，一定の圧力となっている．ここまで述べてきた，理念・規範やガイダンスを政策として示すことによって加盟国間の政策を調和させる手法は，開放的調整手法（The Open Method of Coordination：OMC）と呼ばれ，近年 EU が取り入れている[16]．

　一方で，単一市場，経済・社会・領域上の格差是正，環境などの分野は EU と加盟国が共有権限を有しているため（EU 運営条約 4 条 2 項），同分野に関係する中小企業振興策は EU にも権限があり，直接的に政策が実行可能となる．

　このように中小企業に関連する分野は広範にわたるため，EU の中小企業振興策の権限はまばらであり，EU 全体の中小企業振興策に迫力が出ないという

問題がある．EU が本気で中小企業の振興に取り組むならば，中小企業振興策という分野を設定し，EU により強力な権限を与えるというも一案であろう．福島（2002）は，中小企業振興策には，1 国経済単位を超えて複数国での政策理念の共通化（広域的地域中小企業政策）や，世界的レベルでの理念の普遍化（政策の世界共通化）が要請されているとする[17]．加盟国と EU の政策決定の主体が誰であるのかをクリアーにするのが課題であると指摘する．また，Wilson（2006）は中小企業の国際化において，地方政府・開発公社による支援は重要であり，国から地方政府・開発公社への権限移譲が望ましいとしている．ただし，支援態度は決して独裁的（dictatorial）ではなく，助長的（facilitative）であるべきで，企業への公的助成金については 50％を超えないようにすべきと指摘する[18]．EU の行使を必要最小限にとどめるべきという比例制の原則に通ずる考え方である．これには過度な支援を中小企業が受けることで，本来の競争力を失いかねない問題も含まれる．ポスト COVID-19 の成長をデジタル化やグリーン化を支援することで達成しようとする復興・回復ファシリティー（RRF）においても，多額の公的助成金の投入によって，中小企業本来の競争力を失わせる悪影響が出ないか注視が必要である．Wilson は支援が輸出支援にばかり重点が置かれていることも問題とし，社内の人材育成，製品開発・研究などの内的支援の必要性も強調する．

　Meunier（2007）は，欧州委員会は共通通商政策の交渉において 3 つの自主的効果（autonomous impact）を獲得していると指摘する．① アジェンダ設定，② エージェンシー・スラック[19]，③ 規範リパッケージング（norm repackaging）である[20]．いわゆるプリンシパル・エージェント・フレームワークの考え方で，加盟国（プリンシパル）と欧州委員会（エージェント）の力関係の適切性を考察するものである[21]．既述のとおり，共通通商政策は EU の排他的権限であるため，EU が通商戦略の文脈で中小企業振興策をより多く取り込み，権限を広げようとするのは理解できる．一方で，EU が必要以上に権限を拡大していないかなど，現行制度においては EU と加盟国の適切な力関係が求められよう．

　EU は中小企業のグリーン化に関する課題を有している．2022 年 4 月発表の中小企業年次報告書では次のように指摘している[22]．人的・資金的リソースが限られる中小企業が，不確実性の残る市場や政策下において，持続可能な転換

（グリーン化）を達成するのは挑戦的である．しかも中小企業は概してニッチ市場に存在することが多く，同市場にはグリーン化のノウハウが蓄積されておらず，自ら転換するには苦労が伴うであろう．従ってこれらの障害によって，中小企業は，グリーン化の政策変更や対応に関する情報不足に陥りやすく，新規投資や金融アクセスに躊躇してしまう課題を同報告書では指摘している．

さらに，近年 EU が通商戦略の中で注力する「政府調達」に関しても EU は課題を抱える．例えば，日 EUEPA は発効後に両国間で複数の専門委員会が設置され，定期的に履行状況を確認している．EU は交渉時から，EU 企業が（日本政府や自治体の）公共調達にレベル・プレイング・フィールドで参入できるように強く求めていた．しかし，2021 年 2 月の政府調達の専門委員会議事録には，委員会開催前から "EU reiterated the concerns"（繰り返し懸念を表明した）とあり[23]，今も政府調達の分野でレベル・プレイング・フィールドを巡って攻防が続いている様子が分かる．2021 年 6 月，EU 理事会は国際調達規則（International Procurement Instrument : IPI）を定めた[24]．EU は元々海外での政府調達に関し，EU 企業が不公平に扱われているケースがあるという不満を有していた．IPI は当該国の政府調達が EU 企業へのアクセスを十分に認めない場合は，EU の政府調達の際に当該国企業に対して制限措置を設けることを可能にする．EU の政府調達は外国企業にも平等に開放しているのだから，同様に海外の政府調達も EU 企業に差別無く開放してほしいという強い意向の表れである．IPI を 2012 年から主導していた EU 議員のダニエル・キャスパリー氏は「（IPI の成立で）政府調達のレベル・プレイング・フィールド達成に寄与し，EU の通商ツールが近代化される．（EU 企業の）政府調達の事務手続き負担が最小化される」と評価している[25]．これは当然ながら EU の中小企業の政府調達の参入障壁を減らすことにもつながるであろう．

EU はこのところ，各国と締結した貿易協定の履行状況の監視に力を入れ出している．前述の日本政府との「政府調達」の専門委員会での要求はその一例である．2021 年 12 月の第 3 回専門委員会においても，日本の地方政府のいくつかの入札で短い入札期間を要求された EU 企業があったと EU は苦言を呈している[26]．また，EU は 2020 年 7 月に首席貿易執行オフィサーを新設し，EU の貿易協定の履行強化，貿易障壁の申告窓口の運営と障壁調査，WTO や二国間

第6章　ポストCOVID-19におけるEU・日本の通商戦略と中小企業振興策　　193

での貿易紛争解決の調整などの役割を担わせた．言わば「貿易協定の監視官」のような存在である．

　政策の実行面での課題を考察するにあたって，図6-3 を使って整理してみる．中小企業を経済活力の源泉（成長ドライバー）として捉え，輸出を増進させるには，簡潔に言えば，外部環境の障害を「軽減」させ，内部環境の企業力を「増強」することである．本書では主に，外部環境の「隠れたコスト要因」の軽減（通商戦略），内部環境の「基礎知識・経験」の増強，「生産性（デジタル化）」の増強，そしてそれをバックアップする「公的支援・振興策（中小企業振興策）」について対策を考察してきた．しかし，図にもあるように，「地政学リスク」「コスト要因」「イノベーション」など中小企業の輸出増強に必要な対策は他にもあり，多面的である．従って，中小企業の輸出を増進するためには，多方面からアプローチし，通商戦略や中小企業振興策に解決策を総合的に混ぜ込んでいく高度な術が行政には求められる．

　最後にEU通商戦略の地政学的拡張についての課題についても記す．第1章第4節においてEUとASEANの経済関係の発展を論じた．EUは地政学的にはCIS地域や西バルカン地域，北アフリカ，中東に近いが，非民主主義や非

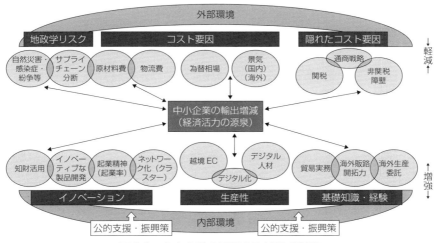

図6-3　中小企業の輸出を取り巻く環境

（出所）筆者作成．

自由貿易主義など様々な問題を抱えるこれらの地域に大きな成長は期待できない．従って，地政学的には遠いにも関わらず，EU が成長著しい ASEAN に手を伸ばすことは自然である．しかし，かつて，日本が ASEAN に低生産コストを求めて進出し，サプライチェーンを構築したモデルは，EU の中小企業に適合するには限界があろう．ASEAN の労賃も上昇傾向にあり，かつ地政学的にもサプライチェーンを組むには遠すぎる．従って，成長著しい消費市場に対しての輸出先として取り込んでいくことが EU にとっては最適解である．そのためには，ASEAN 各国との FTA が増え，中小企業にとって参入ハードルが下がることが必要である．また，ASEAN はマレーシアやフィリピンなど英語使用国が複数あるため，EU の中小企業にとっても参入しやすい地域であろう．

　もっとも，ASEAN という経済共同体が存在するのであれば，EU と ASEAN の各国による二国間では無く，究極的には ASEAN と FTA が締結されることが望ましい．ASEAN ビジネスに従事する欧州企業が集う EU-ASEAN ビジネスカウンシルの 2022 年の会員向け調査によると，97％が「ASEAN や加盟国との FTA 交渉加速を希望」(2019 年は 94％)としており，極めて高い水準である[28]．さらに，85％が「二国間 FTA よりも EU・ASEAN の地域間 FTA を望む」とする[29]．会員企業が FTA に解決を求める内容は「関税の撤廃」が 1 位で，「非関税障壁の撤廃」と続く[30]．

　また，EU の政策で ASEAN に影響力を行使できる分野として「持続可能性」(31％)，次いで「貿易・投資」(26％)，「デジタル経済」(17％)と回答している[31]．EU の通商戦略とこれらの分野の政策が相乗効果を図り，ビジネス界のニーズを踏まえながら，中小企業を含めた EU の対 ASEAN ビジネスが発展することを期待したい．

　EU は，自由で開かれた貿易が経済の発展には欠かせないという信条を有している．二度の大戦で荒廃した地を，再び戦火に巻き込まないための知恵として，単一市場という「経済による相互依存関係」を構築し，その自由貿易の思想を海外にも拡大することで発展してきた．すなわち，自由貿易主義は EU の DNA なのである．そしてその中心には中小企業の成長が不可欠である．しかし，EU の構造的な問題や，FTA の進捗状況，中小企業への更なる環境整備など，課題は山積している．加えて，COVID-19 という緊急事態やウクライ

ナ侵攻にも直面し，ますます政策の舵取りは難しくなっている．これらの障壁を軽減・克服するためにも強力な通商戦略と中小企業振興策の戦略的な互恵関係がEUには必要なのである．

本章の締めくくりとして，「欧州小企業憲章」の前文を紹介する．

> 中小企業は欧州企業の屋台骨である．雇用の源であり，ビジネスアイデアを育てる大地である．ニューエコノミーの到来を告げる欧州の努力は小企業が政策課題のトップに挙げられてこそ成功を収めるものである[32]．

先行き不透明な世界情勢において，経済成長の基盤となり得るのは優れた中小企業であり，それを振興するためにも優れた通商戦略と優れた中小企業振興策の戦略的な互恵関係が重要なのである．

小　　括

本章ではポストCOVID-19（2022〜2023年）のEU域外貿易や，EUの抱える課題を扱った．

2022年の域外貿易は前年の黒字から赤字に反転した．エネルギー価格高騰による輸入超過により，インフレを引き起こし，経済回復への足かせとなった．EUの最大の貿易相手国は米国，次いで中国となり，前年と入れ替わった．2023年の域外貿易は赤字から黒字に戻ったものの，輸出・輸入共に減少し，失速した．ロシアや中国の存在感が薄れ，対インド貿易が年々増えてきている．これらの地殻変動にEUの中小企業含む輸出ビジネス関係者は適切に対応しなければならず，難しい舵取りが通商戦略や中小企業振興策に求められる．2023年は日EUEPAが発効し，5年目であったため，発効前の5年間と発効後の5年間の両国・地域の輸出額の推移を確認したところ，EUの対日輸出は発効後5年間のほうが高い伸びであったが，日本の対EU輸出のそれは逆に減少した．しかし，同EPA発効は両国・地域の経済関係を下支えしていると筆者は結論付けた．

EUの中小企業全体の景況感は，サプライチェーンの混乱，人手不足，ウクライナ侵攻によるインフレや貿易制限などが影響し，欧州中小企業連合会は，

「不景気に入るベースラインに近づいている」と警戒する．同連合会は，中小企業対策として，インフレ対策（特にエネルギー価格の安定），倒産急増を回避する対策，復興・回復ファシリティー（RRF）によるデジタル・グリーン化への投資促進，通商戦略関係では，第三国市場（海外）でのレベル・プレイング・フィールドの確保を EU に要望している．

ポスト COVID-19 においても EU は通商戦略の手綱を緩めておらず，インドとの FTA 交渉再開，ニュージーランドとの FTA 交渉妥結に至った．「貿易及び持続可能な開発」に関する独立した章をニュージーランドとの FTA に設け，また，中小企業用のポータルサイトやコンタクト窓口を設置するなどして，中小企業が FTA から恩恵を受けやすくする先進的な FTA とした．EU は，インドネシアやタイ，インドなどの新興国との FTA 交渉を鋭意進める中で，中小企業のビジネス環境を整備するなど，ポスト COVID-19 においても通商戦略と中小企業振興策の互恵関係はさらに進化していくであろう．

EU の抱える課題に関しては，EU と加盟国の権限の根本的な構造問題や実行面の課題を説明し，考察した．

EU は，中小企業のグリーン化に関して，人的・資金的リソースの限界や，ニッチ市場におけるグリーン化のノウハウ不足を課題とする．中小企業は，グリーン化の政策変更や対応に関する情報不足に陥りやすく，新規投資や金融アクセスに躊躇してしまう課題を指摘した．

また，海外における「政府調達」に関しての課題を抱えており，各国と締結した FTA の履行状況の監視に力を入れ出している．

中小企業を経済活力の源泉（成長ドライバー）として捉え，輸出を増進させるには，簡潔に言えば，外部環境の障害を「軽減」させ，内部環境の企業力を「増強」することである．しかし，「地政学リスク」「コスト要因」「イノベーション」など中小企業の輸出増強に必要な対策は他にもあり，多面的である．従って，中小企業の輸出を増進するためには，多方面からアプローチし，通商戦略や中小企業振興策に解決策を総合的に混ぜ込んでいく高度な術が行政には求められる．

成長著しい消費市場の ASEAN 各国との FTA が増え，中小企業にとって参入ハードルが下がることが必要である．ただし，究極的には ASEAN と FTA

が締結されることが望ましい．EU の政策で ASEAN に影響力を行使できる分野として「持続可能性」，「貿易・投資」，「デジタル経済」があると産業界は期待している．

　EU の構造的な課題や，FTA の進捗状況，中小企業への更なる環境整備など，課題は山積している．これらを軽減・克服するためにも強力な通商戦略と中小企業振興策の戦略的な互恵関係が必要であると結論付けた．

注
1 ）Eurostat（2023），"euroindicators, December 2023".
2 ）IEA（2023），"Oil Market Report Dec 2023".
3 ）European Commission（2023c），"Report from the Commission to the Council, the European Parliament, the European Economic and Social Committee and the Committee of the Regions, on the Implementation and Enforcement of EU Trade Policy", COM（2023）740 final.
4 ）https://eur-lex.europa.eu/legal-content/EN/TXT/PDF/?uri=CELEX:52023SC0740 （2024 年 4 月 5 日アクセス）．
5 ）SME United（2023），"The SME Business Climate Index and EU Craft and SME Barometer Spring 2023".
6 ）同上 p.2.
7 ）同上 p.2.
8 ）景況感指数は業績の実績・見通しが「ポジティブ」または「堅調」と回答した会員企業数の割合を示す．最大値 100（全ての企業がポジティブ／堅調と回答）から 0（全ての企業がネガティブ）で表される．SME United は 70 以下が不景気に入るベースラインとしている．
9 ）同上 p.3.
10）同上 p.12.
11）https://policy.trade.ec.europa.eu/news/eu-and-india-kick-start-ambitious-trade-agenda-2022-06-17_en（最終アクセス日 2023 年 3 月 13 日）
12）https://ec.europa.eu/commission/presscorner/detail/en/ip_22_4158（最終アクセス日 2023 年 3 月 13 日）．
13）https://policy.trade.ec.europa.eu/news/key-elements-eu-new-zealand-trade-agreement-2022-06-30_en（最終アクセス日 2023 年 3 月 13 日）．
14）金子寿太郎（2021），『EU ルールメイカーとしての復権』，35 頁，日本経済新聞社．
15）EU と加盟国の権限分担については次に詳しい．https://eumag.jp/questions/f0613/.
16）https://www.europarl.europa.eu/RegData/etudes/ATAG/2014/542142/EPRS_ATA (2014)542142_EN.pdf（最終アクセス日 2024 年 8 月 30 日）．

17）福島久一（2002），「中小企業政策の国際比較―分析方法と比較基準をめぐって―」，『経済科学研究所紀要』第 32 号，183-192 頁.

18）Wilson, K. (2006), "Encouraging the internationalization of SMEs", Promoting Entrepreneurship in South East Europe POLICIES AND TOOLS, OECD, Chapter 2.

19）エージェント（代理人＝欧州委員会）が，プリンシパル（依頼人＝加盟国）の利益のために委任されているにもかかわらず，プリンシパルの利益に反してエージェント自身の利益を優先した行動をとってしまうこと.

20）Meunier, S. (2007), "Managing Globalization? The EU in International Trade Negotiations", *JCMS Volume 45. Number 4*, pp.905-926.

21）プリンシパル・エージェントフレームワークについては次に詳しい.
Delreux, T., and Adriaensen, J. (2019), "Principal-Agent Analysis and the European Union", *Oxford Research Encyclopedia of Politics*.

22）European Union (2022a), "Annual Report on European SMEs 2021/2022".

23）Ministry of Foreign Affairs of Japan (2021), "EU-Japan EPA Joint Minutes of the 2nd meeting of the Committee on Government Procurement between the European Union and Japan for an Economic Partnership".

24）https://www.consilium.europa.eu/en/press/press-releases/2021/06/02/trade-council-agrees-its-negotiating-mandate-on-the-international-procurement-instrument/（最終アクセス日 2023 年 3 月 13 日）.

25）https://www.europarl.europa.eu/news/en/press-room/20220309IPR25152/international-public-procurement-instrument-new-tool-to-support-eu-firms（最終アクセス日 2023 年 3 月 13 日）.

26）https://www.mofa.go.jp/mofaj/files/100431261.pdf（最終アクセス日 2023 年 3 月 13 日）.

27）EU-ASEAN Business Council (2022), 2022 EU-ASEAN Business Sentiment Survey".

28）同上 p.4.

29）同上 p.27.

30）同上 p.30.

31）同上 p.32.

32）'European Charter For Small Enterprises", pp.1, 2000.

終　章

問われる通商戦略と中小企業振興策の
互恵関係の強化

第1節　まとめ

通商戦略の文脈において中小企業の登場が増えている背景には，中小企業は「保護」されるだけではなく，例えば海外市場開拓の環境を整えれば，中小企業はEU経済の「成長ドライバー」になり得るという通商戦略が中小企業を積極的に取り込むアプローチが出てきているからではないかという仮説を持って執筆を開始した．そして，そのために通商戦略が中小企業振興策と長い時間をかけて互恵関係を戦略的に築いてきたのではないかと仮説を立てた．

本書では，EUが推し進める通商戦略において転機となったのは2006年の「グローバル・ヨーロッパ」であるとし，中小企業やその成長を促す中小企業振興策の重要性や，中小企業振興策を通商戦略に積極的に取り込むことで，通商戦略と中小企業振興策が戦略的関係を築いた変遷を明らかにした．EUの通商戦略が拡大する中，海外のレベル・プレイング・フィールド確保やCOVID-19などの経済危機で不利益を被りやすいのは中小企業であるため，保護する必要性はあるものの，EU経済の成長ドライバーとして中小企業を捉えることが，通商戦略と中小企業振興策の互恵関係を強める結果となった．

中小企業を取り巻く世界情勢の変化，特にCOVID-19禍の経済影響も併せて探究しながら，通商戦略と中小企業振興策の有機的な政策効果を明らかにしようと試みた．定量分析では回帰分析が想定していたものが得られなかった部分が一部あったものの，FTAによる中小企業の輸出増は確認でき，総じて通商戦略にとって中小企業振興策を取り込むことはポジティブな効果をもたらすことを確認した．特に中小企業のデジタル化推進は通商戦略にとっても今後有効であろう．

中小企業振興策は，EUの雇用を保持し，持続可能な経済成長を導く中心的存在である．そのためには，中小企業の負担を軽減し，中小企業を主役とした成長の舞台を整えること，いわゆる「Think Small First」原則が不可欠である．2006年以降，中小企業振興策は「海外市場拡大」→「優位性回復」→「社会課題解決」→「二対転換による復興」と経済・社会情勢に応じて発展してきた．そして，経済成長の果実を得るためには，力強い通商戦略による海外市場の確

保が必須であり，通商戦略と中小企業戦略は，どちらも欠かすことができない相互依存の関係（互恵関係）となった．

　EU の構造的な課題や，ASEAN や新興国との FTA の交渉状況，中小企業の海外ビジネス獲得の環境整備など，課題は山積している．これらを軽減・克服するためにも強力な通商戦略と中小企業振興策の戦略的な互恵関係の強化が今後も必要である．

　本書では折に触れ EU と日本の政策の共通点や相違点も紹介した．日本の「越境 EC」と「支援パートナー」を組み合わせた最大効用を目指す政策のあり方は EU にも参考となろう．

　また，EU の通商戦略が中小企業のデジタル化やグリーン化による振興策や，貿易及び持続可能な開発などの先進的な FTA を推進することで，世界の通商をリードする姿勢に我々は学ぶべき点が多い．

第 2 節　今後の研究課題

　本書では，通商戦略の文脈において，中小企業振興策を政策の歴史をたどりながら論じてきた．本来ならば，クラスター論などの地域振興政策における中小企業の役割や，中小企業が協働して海外市場を獲得する可能性についても検討すべきであった．フランスやイタリアに代表される，特定分野に強みを有するクラスターに存在する中小企業群が地域内で連携し，地域内の大企業と組みながら，特定分野の技術に磨きをかける取り組みも存在するであろう．

　また，EU 内の先進地域と後進地域における中小企業の実力差の問題についても議論があろう．多くの中小企業がドイツのチャンピオン企業（Hidden Champion）のような実力を有しているとは限らず，経営学的なアプローチから問題点・改善策を紹介できればよかったが，取り扱えなかった．さらに，中小企業の輸出効果や業種別の個別分析が十分に行えなかった．企業規模別の輸出統計や中小企業の財務情報開示が少ない，または公表に数年単位の時差があるという制約もあるが，今後の課題としたい．

　また，ウクライナ侵攻危機から受ける通商戦略や中小企業への影響ついて詳細に分析できなかった．加えて一部のアフリカ，中国など自由貿易主義に反す

る政策を取る国々との通商分野の関係性など，対象範囲を広げて論じることできなかった．今後の研究課題としたい．

あとがき

　2025年がいよいよ幕開けた．2025年はEUにとって，日本にとってどのような年になるだろうか．　1月20日には米国で第二次トランプ政権が発足する．本書の中でもEUと米国の経済関係を紹介したが，EUはトランプ政権とどのような関係を築けるのか頭を悩ましているであろう．本書は2020～2023年に執筆した論文や学会・研究会での発表，博士論文などの成果物をベースに2024年8月に加筆修正したものである．この間，そして現在もEUを取り巻く政治・経済・社会情勢は日々変化しており，本書を最新情報に常にアップデートすることにはどうしても限界があった．本来ならば，本書でも紹介したEU・米国の関係をトランプ2.0の観点から書き足すことができればよかったが叶わなかった．また，EUの通商戦略も2024年12月にメルコスールとのFTAに最終合意するなど動きがあったが，本書には反映できなかった．これらの動向が中小企業にどのような影響を与えていくのか，今後の研究課題にしていきたい．

　私事で恐縮であるが，筆者は23年間，日本貿易振興機構（JETRO）に勤務し，その後現在の大学での職務に就いた．大学で国際関係学や国際ビジネスについて教えるという新しい職責を遂行しながら，EUの経済政策を研究・論文化することは部分的にはシナジーはあるものの，分野が違い，異なる発想や能力を求められるものであった．いわば二足の草鞋を履くような感覚で執筆に取り組んできた．そのため，従来のEUの専門書とは少し系統が違うと感じる読者がいるかもしれない．本書の内容で誤解を招くような表現や説明が不足している部分があれば，それは筆者の力量の問題であり，今後改善していきたい．他方で，前職において，中小企業の海外進出のサポートを東京・大阪・ロンドンの現場で関与してきた経験から，中小企業が抱える課題や経済活動における中小企業の重要性は身をもって知っているという自負は有している．その経験や知見が少しでも本書ににじみ出ているようであれば幸いである．ビジネスと経済政策は表裏一体であると筆者は信じている．優れた経済政策を作るためにはビ

ジネス界と政府・行政機関の対話が必要であり，中小企業か大企業かの企業規模は関係なく，企業人はボトムアップで経済政策を動かしていくという気概を持ってほしいと願っている．次世代を担う大学生にもビジネスと政治・行政の間に心理的な壁を作らないように繰り返し説いているところでもある．

　最後に，本書の完成に至るまでは多くの方々の助言やサポートを得てきたことを紹介したい．吉井昌彦神戸大学名誉教授には筆者の論考や博士論文でご指導をいただいた．分断になりがちな研究活動に対して辛抱強くご指導いただき，研究範囲が拡張しそうな際には，常に冷静かつ的確な助言を施してくれた．また，同大学大学院経済学研究科のヴィエシボフスカ アガタ准教授，金京拓司教授，水野倫理教授には，分析方法や中小企業の優位性の捉え方，先行研究などについて貴重なご助言をいただいた．これらのご指導やご助言に対しては感謝の念に堪えない．国際貿易投資研究所（ITI）の欧州経済研究会では発表する機会を何度かいただいた．研究会メンバーから頂いた貴重な助言に感謝したい．京都海外ビジネスセンターの京都商工会議所とは海外展開企業の COVID-19 影響調査をご一緒させていただき，京都企業のリアルな声を拾うことが可能となった．また，インタビューを受けていただいた京都企業，そして JETRO 勤務時代にビジネスの厳しさや課題を教えてくれた多くの中小企業の関係者にお礼申し上げたい．当然ながら，様々な経験をさせてくれた JETRO や京都産業大学国際関係学部にもこの場を借りて感謝申し上げる．そして，転職後からこれまで，ほぼ休み無しで教職や研究活動に明け暮れていたにも関わらず，挑戦に理解を示し，全面的にサポートしてくれた家族にも感謝の意を示したい．

　本書は出版化するにあたり，公益財団法人 全国銀行学術研究振興財団から刊行助成を受けた．また，晃洋書房の丸井清泰氏や櫻井天真氏，編集部の方々には細かい編集作業をしていただき，多大なご尽力を頂いた．本助成と編集作業がなければ本書は世に出なかったであろう．衷心より感謝申し上げる．

　2025 年 1 月 4 日

京都の自宅にて

植 原 行 洋

参 考 文 献

英文献

Birch, D. (1979), *The Job Generation Process*, M.I.T. Program on Neighborhood and Regional Change.

Business Europe (2020), "Business Europe proposals for a European economic recovery plan".

Caiazza, R., Volpe, T., and Stanton, J. (2015), "Global supply chain: The consolidators' role", *Operations Research Perspectives 3*, pp.1-4.

Cernat, L., Jakubiak, M., and Preillon, N. (2020), "The Role of SMEs in Extra-EU Exports: Key Performance Indicators".

Commission of the European Communities (2006), "Communication from the Commission to the Council, the European Parliament, the European Economic and Social Committee and the Committee of the Regions, Global Europe: Competing in the world", COM (2006) 567 final.

Commission Of The European Communities (2008), "Think Small First: A Small business Act for Europe", COM (2020) 394 final.

Council of the European Union (2022a), "Framework Agreement on Comprehensive Partnership and Cooperation between the European Union and its Member States, of the one part, and the Kingdom of Thailand, of the other part", 11910/22.

———— (2022b), "EU-ASEAN Commemorative Summit (Brussels, 14 December 2022)-Joint Leaders' Statement", COASI 244.

Delegation of the European Union to the Association of Southeast Asian Nations (2022), "EU-ASEAN Strategic Partners", EU-ASEAN Blue Book 2022.

Delreux, T., and Adriaensen, J. (2019), "Principal-Agent Analysis and the European Union", *Oxford Research Encyclopedia of Politics*.

Departments of Finance and Public Expenditure and Reform (2021), "Summer Economic Statement".

EIB・EBRD (2022), "Business Resilience in the Pandemic and Beyond : Adaptation, innovation, financing and climate action from Eastern Europe to Central Asia".

EIF (2023) "Competitiveness of Enterprises and SMEs-Loan Guarantee Facility Implementation Update".

EU-ASEAN Business Council (2022), 2022 EU-ASEAN Business Sentiment Survey". "European Charter For Small Enterprises", 2000.

EU DG Trade (2023), "EU-TH FTA -SMES- EU TEXT PROPOSAL".

European Association for Business and Commerce (2022), "2022 European Business Position Paper".

European Commission (2010), "Communication from the Commission to the European Parliament, the Council, the European Economic and Social Committee and the Committee of the Regions, Trade, Growth and World Affairs".

———— (2013), "The impact assessment on the future of the EU-US trade relations".

———— (2015), "Trade for All".

———— (2016), "Annual Report on the Implementation of the EU-Korea Free Trade Agreement".

———— (2017a), "Report from the 2nd round of negotiations for a Free Trade Agreement between the European Union and the Philippines".

———— (2017b), "The EU Proposal on Small and Medium-sized Enterprises (SMEs) Explanatory note ".

———— (2019a), "2019 Report on Implementation of EU Free Trade Agreements".

———— (2019b), "Liberalization of tariffs on industrial goods between the United States of America and the European Union: An economic analysis".

———— (2020a), "MAIN BENEFITS Opportunities to increase trade and support jobs and growth".

———— (2020b), "AGRICULTURAL BENEFITS New opportunities for farmers".

———— (2020c), "The role of SMEs in EXTRA-EU Exporter".

———— (2020d), "Communication from the Commission to the Council, the European Parliament, the European Economic and Social Committee and the Committee of the Regions, Europe's moment: Repair and Prepare for the Next Generation", COM (2020) 456 final.

———— (2020e), "Renewed trade policy for a stronger Europe: Consultation Note".

———— (2020f), "An SME Strategy for a sustainable and digital Europe", COM (2020) 103 final.

———— (2020g) "Trade Policy Review 2020: Summary of contributions received"

———— (2021a), "Trade Policy Review - An Open, Sustainable and Assertive Trade Policy", COM (2021) 66 final.

———— (2021b), "The annual report on European SMEs 2020/2021".

———— (2022), "RECOVERY AND RESILIENCE SCOREBOARD Thematic analysis SME Support".

———— (2023a), "Overview of FTA and other trade negotiations".

———— (2023b), "Report of the 13th round of negotiations for a Free Trade Agreement between the European Union and Indonesia".

————— (2023c), "Report from the Commission to the Council, the European Parliament, the European Economic and Social Committee and the Committee of the Regions, on the Implementation and Enforcement of EU Trade Policy", COM (2023) 740 final.

European Commission Directorate-General for Trade (2020), "European Union, Trade in goods with Japan".

European Commission High Representative of The Union for Foreign Affairs and Security Policy (2015), "Joint Communication to the European Parliament and the Council the EU and ASEAN: a partnership with a strategic purpose", JOIN (2015) 22 final.

European Parliament (2020), "A new strategy for European SMEs European resolution of 16 December 2020 on a new strategy for European SMEs", 2020/2131INI.

————— (2021), "Benefit of EU trade agreements for small and medium-sized enterprises (SMEs)".

European Union (2022a), "Annual Report on European SMEs 2021/2022".

————— (2022b), "Plan of Action to Implement the ASEAN-EU Strategic Partnership (2023-2027)", AFM-EU/2022/01/POA.

Eurostat (2022), "euroindicators, December 2022".

Hermann, S. (2009), "Hidden Champions of the 21st Century : Success Strategies of unknown World Market Leaders" *Springer*.

IEA (2023), "Oil Market Report Dec 2023".

Kantar (2020), "Flash Eurobarometer 486", European Commission Directorate-General for Internal Market, Industry, Entrepreneurship and SMEs.

KfWResearch (2021), "Business sentiment jumps- a vote of confidence in the coming economic rebound", KfW0-ifo SME Barometer.

Kubíčková, L., Votoupalová, M., and Toulová, M. (2014), "Key motives for internationalization process of small and medium-sized enterprises", Procedia Economics and Finance 12, pp.319–328.

Marsleva, K., and Staritz, C. (2022), "Towards a stronger EU approach on the trade-labornexus? The EU-Vietnam Free Trade Agreement, social struggles and labor reforms in Vietnam", *REVIEW OF INTERNATIONAL POLITICAL ECONOMY Volume 30*, pp.1125–1150.

McKinsey & Company (2020), "COVID-19 and European small and medium-size enterprises : How they are weathering the storm".

Meunier, S. (2007), "Managing Globalization? The EU in International Trade Negotiations", *JCMS Volume 45. Number 4*, pp.905–926.

Ministry of Foreign Affairs of Japan (2021), "EU-Japan EPA Joint Minutes of the 2nd meeting of the Committee on Government Procurement between the European Union and Japan for an Economic Partnership".

Mission of the European Union to ASEAN (2020), "EU-ASEAN Natural Partners", EU-ASEAN Blue Book 2020.

OECD (2020), "Coronavirus (COVID-19): SME Policy Response".

─────── (2021), "One year of SME and entrepreneurship policy responses to COVID-19: Lessons learned to "build back better".

Sapir, A. (2020), "Why has COVID-19 hit different European Union economies so differently?", Bruegel Policy contribution Issue no 18.

SME United (2020), "The SME Business Climate Index and EU Craft and SME Barometer Autumn 2020".

─────── (2022), "The SME Business Climate Index and EU Craft and SME Barometer Autumn 2022".

─────── (2023), "The SME Business Climate Index and EU Craft and SME Barometer Spring 2023".

The Commission of The European Communities (2003), "COMMISSION RECOMMENDATION of 6 May 2003 concerning the definition of micro, small and medium-sized enterprises", C (2003) 1422.

The Directorate-General for Internal Market, Industry, Entrepreneurship and SMEs (2020), "Overview of EU Instruments Contributing to The Internationalisation of European Business 2020".

Von der Leyen, U. (2019), "A Union that strives for more My agenda for Europe", Political Guidelines for the Next European Commission 2019–2024.

Wilson, K. (2006), "Encouraging the internationalization of SMEs", Promoting Entrepreneurship in South East Europe Policies And Tools, OECD, Chapter 2.

和文献

植田浩史 (2004), 『現代日本の中小企業』, 岩波書店.

金子寿太郎 (2021), 『EU ルールメイカーとしての復権』, 日本経済新聞社.

京都海外ビジネスセンター (2022), 「海外ビジネスにおける新型コロナウィルス感染症が京都企業に及ぼす影響に関する調査」.

経済産業省 (2020), 「通商白書 2020 年版」.

─────── (2021), 「通商白書 2021 年版」.

─────── (2023), 「通商白書 2023 年版」.

ジェトロ (2008), 「日本・EU タスクフォース合同報告書」.

─────── (2009), 「EU の FTA 戦略および主要 FTA の交渉動向」, 『ユーロトレンド 2009 年 6 月』.

─────── (2011), 『EU 韓国 FTA の概要と解説』, ジェトロ.

─────── (2014), 「EU 米国間の包括的貿易投資協定 (TTIP) の交渉の進捗状況」.

─────(2016),"EU 米国の包括的貿易投資協定(TTIP)に関わる交渉進捗状況と交渉を取り巻く課題".

─────(2020),「ジェトロ世界貿易投資報告 2020 年版」.

─────(2022),「日本企業の海外事業展開に関するアンケート調査」.

高田亮爾(2011),「中小企業研究の歴史と課題」,『流通科学大学論集』第 23 巻第 2 号, 1-24 頁.

田中俊郎(2016),「EU とアジア」,『日本 EU 学会年報』第 36 号, 1-28 頁.

田中信世(2009).「EU と ACP 諸国の経済連携協定(EPA)」,『国際貿易と投資 Spring 2009/No.75』, 68-85 頁.

田村考司(2019),「アメリカ・グローバリゼーションの限界とトランプ政権の通商政策」,『桜美林エコノミックス』第 11 号.

中小企業庁(2014),「中小企業政策審議会小規模企業基本政策小委員会(第 6 回)資料：各国の中小企業・小規模事業者政策を巡る現状」.

寺岡寛(1998),「比較中小企業政策論の課題：欧州諸国の中小企業政策展開をめぐって」,『中京経営研究』7(2), 101-126 頁.

東京商工リサーチ(2022),「令和 4 年度中小企業の経営戦略及びデジタル化の動向に関する調査に関わる受託事業報告書」.

日・EUEIA 研究会事務局(2009),「日本・EU EIA 研究会報告書」.

福島久一(2002),「中小企業政策の国際比較―分析方法と比較基準をめぐって―」,『経済科学研究所紀要』第 32 号, 183-192 頁.

─────(2002),「中小企業政策の国際比較―分析方法と比較基準をめぐって―」,『経済科学研究所紀要』第 32 号, 183-192 頁.

三井逸友(1995),『EU 欧州連合と中小企業政策』, 白桃書房.

─────(2005),「21 世紀最初の 5 年における EU 中小企業政策の新展開」,『中小企業総合研究』創刊号, 37-91 頁.

─────(2011),『中小企業政策と中小企業憲章』, 花伝社.

吉井昌彦(2021),「COVID-19 禍における中東欧経済」,『国民経済雑誌』第 224 巻第 3 号, 17-31 頁.

【公的機関などの Web サイト】

https://single-market-economy.ec.europa.eu/smes_en など(最終閲覧日 2023 年 12 月 1 日)

https://ec.europa.eu/commission/presscorner/detail/en/IP_20_1409(最終アクセス日 2023 年 10 月 9 日)

https://www.mofa.go.jp/mofaj/press/release/press1_000474.html(最終アクセス日 2023 年 10 月 9 日)

https://www.mofa.go.jp/mofaj/press/release/press4_009162.html(最終アクセス日 2023 年 10 月 9 日)

https://ec.europa.eu/trade/policy/countries-and-regions/negotiations-and-agreements/（最 終 アクセス日 2020 年 8 月 9 日）

http://eumag.jp/feature/b0216/（最終アクセス日 2020 年 8 月 14 日）

https://ec.europa.eu/info/strategy/priorities-2019-2024_en#documents（最終アクセス日 2020 年 8 月 14 日）

https://ec.europa.eu/trade/policy/countries-and-regions/countries/united-states/（最 終 ア ク セス日 2020 年 8 月 19 日）

https://data.worldbank.org/indicator/SP.POP.TOTL?name_desc=false（最終アクセス日 2020 年 8 月 19 日）

https://www.vrt.be/vrtnws/fr/2016/11/10/de_gucht_je_pensequelettipestmortmaintenant-1-2816689/（最終アクセス日 2020 年 8 月 31 日）

https://trade.ec.europa.eu/doclib/press/index.cfm?id=2171（最終アクセス日 2020 年 8 月 31 日）

https://trade.ec.europa.eu/doclib/press/index.cfm?id=2178（最終アクセス日 2020 年 8 月 30 日）

http://warp.da.ndl.go.jp/info:ndljp/pid/8729139/www.meti.go.jp/press/2014/07/20140722008/20140722008.html（最終アクセス日 2020 年 8 月 23 日）

https://ec.europa.eu/trade/policy/countries-and-regions/countries/south-korea/（最終アクセス日 2020 年 8 月 28 日）

https://www.acea.be/press-releases/article/auto_industry_welcomes_parliaments_vote_for_stronger_safeguards_in_con1（最終アクセス日 2020 年 8 月 28 日）

https://www.mofa.go.jp/mofaj/ecm/ie/page4_002804.html（最終アクセス日 2020 年 8 月 28 日）

https://www.mofa.go.jp/mofaj/ecm/ie/page4_003105.html（最終アクセス日 2020 年 8 月 28 日）

https://warp.da.ndl.go.jp/info:ndljp/pid/11457100/www.jterc.or.jp/members/journal/assets/no57-03.pdf（最終アクセス日 2020 年 8 月 28 日）

https://www.maff.go.jp/j/kokusai/renkei/fta_kanren/f_eu/attach/pdf/1seisann0925.Pdf（最終アクセス日 2020 年 8 月 28 日）

https://www.meti.go.jp/press/2017/12/20171225008/20171225008-3.pdf（最終アクセス日 2020 年 8 月 28 日）

https://trade.ec.europa.eu/doclib/press/index.cfm?id=2107（最終アクセス日 2020 年 8 月 28 日）

https://www.customs.go.jp/toukei/shinbun/trade-st/gaiyo2019.pdf（最終アクセス日 2020 年 8 月 28 日）

https://www.mofa.go.jp/mofaj/ecm/ie/page22_003347.html（最終アクセス日 2020 年 8 月 28 日）

参 考 文 献　　*213*

https://www.eeas.europa.eu/asean/european-union-and-asean_en?s=47#10059（最終アクセス日 2023 年 3 月 13 日）

https://eeas.europa.eu/sites/eeas/files/EU-ASEAN_factsheet_july_2019.pdf（最終アクセス日 2023 年 3 月 13 日）

https://www.eeas.europa.eu/sites/default/files/fact-sheet-eu-asean-strategic-partnership.pdf（最終アクセス日 2023 年 3 月 13 日）

https://www.businesseurope.eu/publications/efforts-must-be-stepped-trade-agreements-ASEAN-countries-0（最終アクセス日 2023 年 3 月 13 日）

https://trade.ec.europa.EU/doclib/docs/2017/march/tradoc_155416.%20AEM-EU%2015%20-%20Draft%20JMS%209%20March%20-cln.pdf（最終アクセス日 2023 年 3 月 13 日）

https://ec.europa.eu/commission/presscorner/detail/en/ip_23_1628（最終アクセス日 2023 年 3 月 13 日）

https://policy.trade.ec.europa.EU/EU-trade-relationships-country-and-region/countries-and-regions/philippines/EU-philippines-agreement/documents_en（最終アクセス日 2023 年 3 月 13 日）

https://policy.trade.ec.europa.eu/analysis-and-assessment/sustainability-impact-assessments_en（最終アクセス日 2023 年 3 月 13 日）

https://www.pna.gov.ph/articles/1195952（最終アクセス日 2023 年 3 月 13 日）

https://www.businesseurope.eu/events/eu-philippines-business-roundtable（最終アクセス日 2023 年 3 月 13 日）

https://policy.trade.ec.europa.eu/eu-trade-relationships-country-and-region/countries-and-regions/malaysia_en（最終アクセス日 2023 年 3 月 13 日）

https://policy.trade.ec.europa.eu/analysis-and-assessment/sustainability-impact-assessments_en（最終アクセス日 2023 年 3 月 13 日）

https://policy.trade.ec.europa.eu/eu-trade-relationships-country-and-region/countries-and-regions/vietnam/eu-vietnam-agreement/texts-agreements_en（最終アクセス日 2023 年 3 月 13 日）

https://policy.trade.ec.europa.eu/news/eu-vietnam-trade-agreement-memo-2018-10-17_en（最終アクセス日 2023 年 3 月 13 日）

https://www.businesseurope.eu/publications/ratification-eu-vietnam-agreements-high-economic-and-strategic-value（最終アクセス日 2023 年 3 月 13 日）

https://www.eurochambres.eu/wp-content/uploads/2020/06/200212_-_ECH_Press_Release_Ratification_of_EU-Vietnam_trade_agreement_underlines_Europes_ambition_as_a_Global_Player-2020-00013-01.pdf（最終アクセス日 2023 年 3 月 13 日）

https://www.vcci.com.vn/hop-tac-doanh-nghiep-viet-nam-dan-mach-thuc-day-chuyen-doi-xanh（最終アクセス日 2023 年 3 月 13 日）

https://www.vcci.com.vn/dien-dan-doanh-nghiep-viet-nam-sec（最終アクセス日 2023 年 3 月

13 日）

https://www.vcci.com.vn/mo-rong-quan-he-hop-tac-doanh-nghiep-viet-nam-duc（最終アクセス日 2023 年 3 月 13 日）

https://ec.europa.eu/growth/smes/cosme_en（最終アクセス日 2021 年 11 月 7 日）

https://eyeglobal.eu/about-the-programme/1-the-programme-and-its-benefits/（最終アクセス日 2023 年 12 月 5 日）

https://docs.wto.org/dol2fe/Pages/FE_Search/FE_S_S009-DP.aspx?language=E&CatalogueIdList=257654,257616,257416,257397,257239,257137,256142,255928,255239,255024&CurrentCatalogueIdIndex=5&FullTextHash=&HasEnglishRecord=True&HasFrenchRecord=True&HasSpanishRecord=True#（最終アクセス日 2021 年 11 月 7 日）

https://www.wto.org/english/tratop_e/msmesandtra_e/rtaprovisions_e.htm（最終アクセス日 2021 年 11 月 7 日）

https://trade.ec.europa.eu/doclib/docs/2020/july/tradoc_158910.pdf（最終アクセス日 2021 年 11 月 7 日）

https://trade.ec.europa.eu/doclib/docs/2015/january/tradoc_153028.pdf（最終アクセス日 2021 年 11 月 7 日）

https://trade.ec.europa.eu/doclib/docs/2015/november/tradoc_153934.pdf（最終アクセス日 2021 年 11 月 7 日）

https://trade.ec.europa.eu/doclib/docs/2015/june/tradoc_153543.pdf（最終アクセス日 2021 年 11 月 7 日）

https://trade.ec.europa.eu/doclib/docs/2016/may/tradoc_154554.pdf（最終アクセス日 2021 年 11 月 7 日）

https://trade.ec.europa.eu/doclib/docs/2016/october/tradoc_155060.pdf（最終アクセス日 2021 年 11 月 7 日）

https://trade.ec.europa.eu/doclib/docs/2017/march/tradoc_155450.pdf（最終アクセス日 2021 年 11 月 7 日）

https://trade.ec.europa.eu/doclib/docs/2018/august/tradoc_157228.pdf（最終アクセス日 2021 年 11 月 7 日）

https://www.mofa.go.jp/mofaj/files/100158757.pdf（最終アクセス日 2021 年 11 月 7 日）

https://www.eu-japan.eu/epa-helpdesk（最終アクセス日 2021 年 11 月 7 日）

https://trade.ec.europa.eu/access-to-markets/en/content/eu-japan-economic-partnership-agreement（最終アクセス日 2021 年 11 月 7 日）

https://trade.ec.europa.eu/access-to-markets/en/content/online-tools-and-services-smaller-businesses（最終アクセス日 2021 年 11 月 7 日）

https://trade.ec.europa.eu/doclib/docs/2014/march/tradoc_152266.pdf（最終アクセス日 2021 年 11 月 7 日）

https://www.bsg.ox.ac.uk/research/covid-19-government-response-tracker（最終アクセス日

2023 年 3 月 13 日）

https://www.imf.org/en/Publications/WEO/Issues/2022/01/25/world-economic-outlook-update-january-2022（最終アクセス日 2023 年 3 月 13 日）

https://www.cna.it/effetti-negativi-sul-72-delle-imprese-6-327-risposte-al-questionario-cna/（最終アクセス日 2022 年 3 月 2 日）

https://www.smeunited.eu/news/a-view-on-the-covid-impact-on-and-support-measures-for-smes（最終アクセス日 2021 年 3 月 1 日）

https://textmining.userlocal.jp/（最終アクセス日 2022 年 3 月 2 日）

https://www.chusho.meti.go.jp/soshiki/teigi.html（最終アクセス日 2022 年 3 月 2 日）

https://elaws.e-gov.go.jp/document?lawid=338AC0000000154（最終アクセス日 2022 年 3 月 2 日）

https://www.chusho.meti.go.jp/hourei/download/kensho.pdf（最終アクセス日 2022 年 3 月 2 日）

橋本由紀（2020），「なぜ中小企業に早急な支援が必要か：リーマン・ショック時のエビデンス」，www.rieti.go.jp/jp/columns/a01_0578.html（最終アクセス日 2022 年 3 月 2 日）

https://www.ilo.org/global/topics/coronavirus/impacts-and-responses/WCMS_739047/lang--en/index.htm.（最終アクセス日 2022 年 3 月 2 日）

https://dataviz.worldbank.org/views/SME-COVID–19/Overview?%3Aembed=y&%3AisGuestRedirectFromVizportal=y&%3Adisplay_count=n&%3AshowAppBanner=false&%3Aorigin=viz_share_link&%3AshowVizHome=n&fbclid=IwAR0vfwIVUpPgT9qn7w9473B7hyi8mVlB4PZVkosOLRJCQR6NgS1ZJPeR5qM（最終アクセス日 2022 年 3 月 2 日）

https://ec.europa.eu/info/business-economy-euro/economic-and-fiscal-policy-coordination/financial-assistance-eu/funding-mechanisms-and-facilities/sure_en（最終アクセス日 2022 年 3 月 2 日）

https://www.jetro.go.jp/world/COVID-19/europe/（最終アクセス日 2022 年 3 月 2 日）

https://ec.europa.eu/competition-policy/system/files/2022-02/State_aid_decisions_TF_and_107_2b_107_3b_107_3c_0.pdf（最終アクセス日 2022 年 3 月 2 日）

https://ec.europa.eu/economy_finance/recovery-and-resilience-scoreboard/thematic_analysis.html?lang=en（最終アクセス日 2022 年 3 月 2 日）

https://www.meti.go.jp/main/yosan/yosan_fy2021/pdf/keisanshoyosan1.pdf（最終アクセス日 2022 年 3 月 2 日）

https://www.meti.go.jp/main/yosan/yosan_fy2021/hosei/pdf/hosei_yosan_pr.pdf（最終アクセス日 2022 年 3 月 2 日）

https://www.chusho.meti.go.jp/shogyo/chiiki/japan_brand/download/r4_japan_brand.pdf（最終アクセス日 2022 年 3 月 2 日）

https://ec.europa.eu/trade/trade-policy-and-you/in-focus/exporters-stories/)（最終アクセス日 2021 年 11 月 7 日）

https://policy.trade.ec.europa.eu/news/eu-and-india-kick-start-ambitious-trade-agenda-2022-06-17_en（最終アクセス日 2023 年 3 月 13 日）

https://ec.europa.eu/commission/presscorner/detail/en/ip_22_4158（最終アクセス日 2023 年 3 月 13 日）

https://policy.trade.ec.europa.eu/news/key-elements-eu-new-zealand-trade-agreement-2022-06-30_en（最終アクセス日 2023 年 3 月 13 日）

https://eumag.jp/questions/f0613/（最終アクセス日 2023 年 12 月 13 日）

https://www.europarl.europa.eu/RegData/etudes/ATAG/2014/542142/EPRS_ATA(2014) 542142_EN.pdf（最終アクセス日 2024 年 8 月 30 日）

https://www.consilium.europa.eu/en/press/press-releases/2021/06/02/trade-council-agrees-its-negotiating-mandate-on-the-international-procurement-instrument/（最終アクセス日 2023 年 3 月 13 日）

https://www.europarl.europa.eu/news/en/press-room/20220309IPR25152/international-public-procurement-instrument-new-tool-to-support-eu-firms（最終アクセス日 2023 年 3 月 13 日）

https://www.mofa.go.jp/mofaj/files/100431261.pdf（最終アクセス日 2023 年 3 月 13 日）

【新聞・ビジネスニュース】

ジェトロビジネス短信，「米 USTR，EU とのエアバス補助金への報復関税対象を変更，一部食品の追加など」，2020 年 8 月 14 日.

ジェトロビジネス短信，「環大西洋貿易投資パートナーシップ（TTIP）交渉開始へ」，2013 年 2 月 14 日.

ジェトロビジネス短信，「欧州委米国との TTIP 交渉は停止状態との見解示す」，2017 年 2 月 1 日.

ジェトロビジネス短信，「タイ，EU との FTA 交渉を再開へ」，2023 年 02 月 02 日.

ジェトロビジネス短信，「EU・ベトナム FTA 発効から 2 年，地場企業の活用には課題も」，2022 年 11 月 21 日.

日本経済新聞朝刊，「特集―米欧 FTA，中国意識，貿易ルール，国際標準狙む，日 EU は自動車が焦点」，2013 年 2 月 17 日.

日本経済新聞朝刊，「EU，米与党地盤狙う」，2018 年 6 月 22 日.

日本経済新聞朝刊，「「車関税ゼロ」米をけん制」，2018 年 9 月 11 日.

索　引

〈アルファベット〉

Access2Markets　　71, 76, 77, 137
ASEAN　　34-49, 194, 202
Brexit　　29, 91
COSME　　63-65, 67, 68, 78, 80, 81, 139, 168
COVID-19　　19, 50, 72, 74, 76, 80, 89-91, 94,
　　102, 104, 108, 110, 115, 117, 118, 127, 128,
　　130, 136, 138, 144, 145, 160-162, 170, 175,
　　176, 186, 194, 201
　　──中小企業支援策　　129, 135
　　ポスト──　　79, 89, 181-189, 191, 196
Erasmus for Young Entrepreneurs Programme
　　64
EU
　　──-ASEAN アクションプラン　　35
　　──・ASEAN 首脳会議　　35, 41
　　──・ASEAN 戦略パートナーシップ　　38
　　──・ASEAN の FTA　　38
　　──-ASEAN ビジネスカウンシル　　194
　　──-ASEAN ブルーブック　　35
　　──-CARIFORUM（2008）　　66
　　──-Central America（2012）　　66
　　──-Columbia and Peru（2012）　　66
　　──-Mercosur（2019）　　71
　　──-UK（2020）　　66, 71
　　──域外オンライン販売　　96
　　──域外の輸出割合　　4
　　──カナダ包括的経済貿易協定（CETA）
　　　　15, 16, 67, 71, 82, 154
　　──韓国 FTA　　29, 30, 66, 67, 154
　　──・タイ FTA　　40
　　──中小企業の輸出シェア　　97, 98
　　──の COVID-19 支援　　130, 132
　　──の域外輸出　　181
　　──の域外輸出増加率　　171-173
　　──の長期成長戦略「欧州 2020」　　63
　　──の貿易相手国　　18, 91, 182
　　──ベトナム FTA　　16, 43-45, 154

　　──貿易協定の履行・施行報告書　　153,
　　　　154, 186
EU の中小企業　　94-99, 116, 117, 188
　　──海外支援策　　139
　　──振興策　　59-64
　　──の定義　　3, 124
euroindicators　　91, 181
Flash Eurobarometer　　94, 95
GSP+　　41
JICA　　139
Natural Partners　　35, 36
OECD　　128, 131, 136, 145, 166
Once Only 原則　　76, 77
RCEP　　143
SBA　　82
SIA　　42
SME Policy Response　　136
Strategic Partners　　36, 50
SURE　　145
Think Small First 原則　　7, 60-62, 64, 68,
　　76-78, 80, 81, 126, 144, 190. 201
WTO
　　──改革　　17, 24, 74, 75
　　──のドーハ開発アジェンダ　　14
　　──ルール　　24

〈ア　行〉

ILO の中核的労働基準　　44
IPR SME ヘルプデスク　　64
アジア欧州会合（ASEM）　　35
安定化連合協定（SAA）　　14, 34
安定成長協定の一時的運用緩和　　131, 145
イタリア工芸品貿易・中小企業連合会（CNA）
　　99
インド太平洋戦略　　37
インドネシア　　42, 50
インフレ　　182, 195, 196
ウクライナ侵攻　　182, 188, 194, 195
エアバス補助金問題　　24

エージェンシー・スラック　　191
越境EC　　112, 140, 144, 145, 167, 202
　　──支援策　　139
FTA利用率（PUR）　　34, 45
欧州安定メカニズム（ESM）　　131
欧州委員会　　13, 16, 25, 36, 50, 99, 134, 191
欧州議会　　76, 137
欧州企業ネットワーク（Enterprise Europe
　　Network：EEN）　　64, 68, 71, 76, 77, 139
欧州共同体（EC）　　14
欧州グリーン・ディール　　16, 37, 72, 80, 137
欧州経済共同体（EEC）　　14
欧州経済領域（EEA）　　14
欧州小企業憲章　　7, 60-62, 80, 81, 126, 144,
　　195
欧州産工会議所　　44
欧州石炭鉄鋼共同体（ECSC）　　14
欧州中央銀行（ECB）　　130
欧州中小企業議定書（SBA）　　7, 60-62, 80,
　　81, 126, 144
欧州中小企業連合会（SME United）　　100,
　　188, 195
欧州投資基金（EIF）　　168
欧州投資銀行（EIB）　　131, 145
「欧州の節目：回復と次世代への準備」　　72
オックスフォード大学 COVID-19 GOVERN-
　　MENT RESPONSE TRACKER　　89

〈カ　行〉

海外市場獲得　　152, 159, 176
海外進出日系企業実態調査　　105
開放的・持続可能性・影響力ある通商戦略
　　72, 80, 82
開放的調整手法（OMC）　　190
活動制限厳格指数　　89, 90, 163, 164
関税同盟　　14
関税払い戻し制度（ドローバック）　　67
環大西洋貿易投資パートナーシップ（TTIP）
　　15, 22, 23, 68, 69, 71, 82
　　──における中小企業の機会　　68
環太平洋パートナーシップ協定（TPP11）
　　20

規範リパッケージング　　191
共起分析　　105, 106
京都海外ビジネスセンター　　110, 114
京都の中小企業　　111-113
共有権限　　190
近代世界システム　　35
グリーン化　　77, 78, 82, 189, 191, 192, 202
グリーン・チームヨーロッパ・イニシアティブ
　　36
グリーン・ディール戦略　　74, 82
グローバル・ゲートウェー　　37
　　──・イニシアティブ　　36
グローバル・ヨーロッパ　　14, 15, 50, 64, 75,
　　78, 80, 82, 201
経済活動の制限　　177
経済効果予測　　26
経済の屋台骨　　3, 4, 38, 59, 69, 81
経済パートナーシップ協定（EPA）　　14
経済封鎖強度　　167
ゲートウェイ中国プログラム　　62
公正貿易主義　　22
公平で開かれた自由貿易　　71
互恵関係　　79, 83, 196, 202
国際エネルギー機関（IEA）　　182
国際協力銀行（JBIC）　　105, 108
国際調達規則（International Procurement
　　Instrument：IPI）　　192
国家輸出イニシアティブ（輸出倍増戦略）
　　23
個別授権の原則　　190

〈サ　行〉

債権・国債の購入プログラム　　130
サプライチェーン　　103, 105, 112, 118, 139,
　　140, 143, 194, 195
暫定的国家補助枠組みの一時的緩和措置
　　131, 145
JETRO（ジェトロ）　　45, 105, 107, 108, 110,
　　111, 131, 139, 141, 143
支援・調整・補充の権限　　190
支援パートナー　　144, 145, 202
資金流動性支援　　128, 131, 137, 145

自国優先主義　30
持続可能性インパクト評価（SIA）　41
持続可能・デジタル欧州のための中小企業戦略
　　75, 80, 96
ジャストインタイム生産方式　125
JAPAN ブランド育成支援等事業　139, 140,
　　144
自由貿易主義　13, 30, 194
「重力方程式」理論　114
首席貿易執行オフィサー　13, 75, 77, 192
新アジア戦略に向けて　35
新世代型 FTA　14, 15, 50
新中小企業振興策　76, 137, 152
スピルオーバー効果　25
スマート・サステナブル・インクルーシブ成長
　　133, 134, 139, 145
政府・公共調達　43, 67, 70, 79, 192, 196
世界におけるより強い欧州　72
世界貿易投資報告書　105

〈タ　行〉

タイ　46, 50
中国 EU 中小企業センター　64, 139
中国依存脱却　91
中国離れ　20, 182, 184
中小企業
　　――章　68-71
　　――基盤整備機構　139, 141
　　――基本法　124-126
　　――憲章　126
　　――条項　65-68, 78
　　――庁　144
　　――年次報告書　191
　　――の課題意識　95
　　――の定義　59, 60
　　――向け EPA ヘルプデスク　71
駐タイ欧州商工会議所（EABC）　40, 46
地理的表示（GI）　43, 44
　　――保護　156
通商拡大法232条　24
通商白書（経済産業省）　105, 108
テキストマイニング　105, 118

デジタル化（DX）　77, 78, 82, 105-107, 110,
　　115, 118, 129, 133, 137, 139, 166, 167,
　　169-171, 175-177, 189, 191, 201, 202
デジタル・グリーン化　196
デジタル戦略　74, 82
電子商取引　67, 70
ドイツの製造業輸出期待値　99
ドイツ復興金融公庫（KfW）リサーチの「中小
　　企業バロメーター」　99
トランプ大統領　23, 30, 80

〈ナ　行〉

内需中心型の企業　159
二対転換による復興　78, 79, 82, 201
2020 年度日本企業の海外事業展開に関するアン
　　ケート調査　111
日 EUEPA　15, 16, 30-32, 34, 50, 68, 71, 82,
　　154, 184, 186, 192, 195
日英 EPA　13
日欧産業協力センター　64, 71, 139
日本企業の海外事業展開に関するアンケート調
　　査　105, 110
日本的経営　125
日本・EU 合同タスクフォース報告書　28
日本の COVID-19 の中小企業支援策
　　138-144
日本の中小企業　104-113, 116, 118
日本の中小企業の定義　123, 124

〈ハ　行〉

排他的権限　190
ハーレーダビッドソン　24, 28
万人のための貿易　15, 16, 23, 65, 67, 68, 71,
　　78, 80, 82
東アジア地域包括的経済連携（RCEP）　13
非関税障壁　43, 44
ビジネス景況感指数　101
ビジネスヨーロッパ　19, 44
開かれた戦略的な自立性　16, 72, 74
比例制の原則　190
フィリピン　41, 46
フォン・デア・ライエン委員長　16, 72

「二つの対への転換」（Twin Transition）　76, 78

復興・回復ファシリティー（RRF）　131, 133, 134, 137, 139, 145, 188, 191, 196

プリンシパル・エージェント・フレームワーク　191

米国　20-28

ベトナム　46, 50

ベトナム商工会議所　45

貿易・成長・世界問題　15, 50, 80

貿易及び持続可能な開発（TSD）　16, 40-44, 50

補完性の原則　190

保護貿易主義　30

〈マ　行〉

マッキンゼー　102

マレーシア　42, 46

三井逸友　7, 62, 77, 78, 125

ミャンマー　46

　──の人権問題　39

〈ヤ・ラ・ワ行〉

輸出中心型（輸出向の売上比率が高い）の企業　159

リスボン戦略　80

リーマン・ショック　127

レベル・プレイング・フィールド　14, 15, 23, 44, 75, 79, 188, 192, 196, 201

連合協定（AA）　14, 34

わが国製造業企業の海外事業展開に関する調査報告　105

《著者紹介》

植 原 行 洋（うえはら　ゆきひろ）

山梨県生まれ．獨協大学経済学部経営学科卒業，早稲田大学大学院経営管理研
究科（早稲田大学ビジネススクール）修了（経営管理修士：MBA），神戸大学
大学院経済学研究科博士後期課程修了（博士：経済学）．

職歴

日本貿易振興機構（JETRO）にてロンドン事務所リサーチディレクター，欧
州ロシア CIS 課長代理，海外地域戦略主幹（欧州），ヘルスケア産業課長等を
歴任．経済産業省，中小企業庁，近畿経済産業局の海外展開支援事業の審査委
員，京都産業大学キャリア教育センター長を歴任．
現在は京都産業大学国際関係学部　教授．

主要な業績

『地場・伝統産業のプレミアムブランド戦略』，同友館（共著），2009年．
『欧州債務危機はどのような影響をもたらしたのか』，ジェトロ（分担執筆），
　　2015年．
『EU の回復力』，勁草書房（分担執筆），2021年．

EU の通商戦略と中小企業振興策の戦略的互恵関係

2025年 3 月30日　　初版第 1 刷発行	＊定価はカバーに 表示してあります

著　者　　植　原　行　洋ⓒ

発行者　　萩　原　淳　平

印刷者　　田　中　雅　博

発行所　株式会社　晃　洋　書　房

〒615-0026　京都市右京区西院北矢掛町 7 番地
電話　075 (312) 0788番代
振替口座　01040-6-32280

装丁　宮澤新一（藤原印刷株式会社）　印刷・製本　創栄図書印刷㈱

ISBN 978-4-7710-3946-9

JCOPY 〈(社)出版者著作権管理機構　委託出版物〉
本書の無断複写は著作権法上での例外を除き禁じられています．
複写される場合は，そのつど事前に，(社)出版者著作権管理機構
（電話 03-5244-5088, FAX 03-5244-5089, e-mail: info@jcopy.or.jp)
の許諾を得てください．